PROMENADES EN FRANCE

THIRD EDITION

RENÉ BELLÉ
The University of Southern California

ANDRÉE FÉNELON HAAS
The Westridge School

HOLT, RINEHART AND WINSTON
New York   London   Toronto

Cover photograph by Virginia P. Dawson

Copyright © 1972 by Holt, Rinehart and Winston, Inc.
Previous editions Copyright © 1951, 1957 by Holt, Rinehart and Winston, Inc.
All Rights Reserved

Library of Congress Catalog Card Number: 73-163909

Printed in the United States of America
ISBN: 0-03-080294-6

4567 090 98765432

AVIS AU LECTEUR

Promenades en France présente quelques aspects saillants de la civilisation française à l'étudiant qui a une connaissance élémentaire du français. Dans le choix des textes qui composent ce livre, nous avons cherché, avant tout, la facilité et la variété.

La liste de Vander Beke a servi de base au vocabulaire qui commence avec 850 mots pour les six premiers chapitres pour s'enrichir graduellement jusqu'à 2000 mots de cette liste dans les derniers chapitres. Après des études d'un semestre à l'université ou d'une année dans une école d'enseignement secondaire, l'élève de français aura acquis des notions grammaticales suffisantes pour pouvoir lire le texte avec assez d'aisance et étendre ainsi ses connaissances sur la France et sa culture.

Comme nous avons voulu donner, de la France, une image diverse et variée, ce livre contient des esquisses de quelques grands hommes: Pasteur, Henri IV, etc.; il décrit aussi quelques promenades en France: à Paris, en Normandie, en Provence, etc. Il donne enfin des extraits, en langue simplifiée, d'œuvres de célèbres humoristes comme Rabelais, Molière et Voltaire, ayant pour double but d'égayer cet ouvrage et de fournir à l'élève une première initiation à « l'esprit français ».

R. B.
A. F. H.

FRENCH EMBASSY: *Le château de Chaumont-sur-Loire*

TABLE DES MATIÈRES

1. La Gaule romaine 1
2. La Provence 5
3. La farce de maître Pathelin 11
4. Saint-Louis 15
5. Le pauvre et le rôtisseur 18
6. Jeanne d'Arc 20
7. La Touraine 23
8. Henri IV 29
9. Les moutons de Panurge 32
10. La Bretagne 35
11. Molière 41
12. Les malheurs d'un parvenu 45
13. Versailles 50
14. Monsieur Jourdain et le philosophe 57
15. Le Quartier latin 59
16. L'art de ne pas payer ses dettes 65

17.	Voltaire	68
18.	Jeannot et Colin (I)	73
19.	Les quais de la Seine	76
20.	Jeannot et Colin (II)	84
21.	La prise de la Bastille	88
22.	Première aventure de Gil Blas	91
23.	La Normandie	95
24.	Gil Blas et l'évêque	101
25.	Napoléon	104
26.	L'Alsace	110
27.	Victor Hugo	115
28.	Gavroche	119
29.	Montmartre	126
30.	Pasteur	131
31.	Les cafés de Paris	133
32.	Mon oncle Jules	137
33.	La mule du Pape	143
34.	La vie scolaire	149
35.	Le proverbe	153
Exercices		158
Vocabulaire		i

I
LA GAULE ROMAINE

L'histoire de la France commence avec les Gaulois. Les Romains appelaient *Gallia*—la Gaule—le pays qui est aujourd'hui la France. Ils donnaient à ses habitants le nom de *Galli*—les Gaulois. Les Gaulois n'étaient pas vraiment un seul peuple, mais plutôt des groupes de peuples qui étaient divisés en un grand nombre de tribus; en effet, la Gaule ne formait pas un État.

Des forêts immenses couvraient la plaine et les montagnes de la Gaule. Elle était limitée à l'est par le Rhin et les Alpes; au sud par la Méditerranée et les Pyrénées; à l'ouest par l'Atlantique et la Manche; au nord par la mer du Nord.

La plupart des Gaulois vivaient dans les champs. Ils aimaient faire la guerre et passaient une grande partie de leur vie à combattre. Il y avait souvent des guerres entre tous ces peuples.

Parfois, dans leurs guerres, les Gaulois n'hésitaient pas à appeler les étrangers à leur aide. Les Romains qui étaient leurs voisins, surent profiter de ces querelles. En l'an 58 avant Jésus-Christ, une des tribus de la Gaule demanda de l'aide au grand général Jules César qui commandait alors les légions romaines. Il saisit aussitôt cette occasion: il entra en Gaule, avec l'intention de prendre et d'occuper la Gaule entière et de rentrer à Rome en triomphe après la victoire.

Cette guerre fut longue et diffi- cile: les Gaulois combattirent avec beaucoup de courage, et ils trouvè- rent, pour les conduire, un grand chef, Vercingétorix. Ce chef fut ca- pable d'unir pendant quelque temps les Gaulois. Il ne réussit cependant pas à arrêter et à battre les Ro- mains; car les Gaulois ne savaient pas, comme les Romains, obéir longtemps à un seul chef.

Les Gaulois ignoraient le but véritable de Jules César. Pourtant, la guerre, commencée en l'an 58 avant Jésus-Christ, fut terminée seulement en l'an 51. César rem- porta la victoire, et emmena avec lui à Rome Vercingétorix prison- nier.

Après la guerre, beaucoup de

A DROITE:
*Vercingétorix
se rend à César.*
  THE BETTMANN ARCHIVE
A GAUCHE:
Le Pont du Gard.
  RENÉ MESSAGER
FROM RAPHO-GUILLUMETTE

Romains restèrent en Gaule et, à ce moment-là, commença la civilisation gallo-romaine.

Comme les Romains étaient très civilisés, les Gaulois acceptèrent facilement leur domination, qui transforma complètement la Gaule. Les Romains construisirent de grandes villes pleines de monuments magnifiques, de belles maisons en pierre décorées de mosaïques et d'objets d'art; ils élevèrent des temples, des théâtres, des aqueducs et des écoles. Les diverses régions du pays furent réunies par de larges routes, dont certaines existent encore aujourd'hui.

Les Gaulois devinrent presque semblables aux Romains. Dans les villes, ils parlèrent bientôt latin, comme les Romains. Le français qu'on parle aujourd'hui en France, en Belgique, en Suisse et au Canada vient du latin que parlaient les Gallo-Romains. Ils faisaient, en le parlant, beaucoup de fautes: et ainsi, petit à petit, le latin devint le français.

Au premier siècle, la religion chrétienne pénétra en Gaule, et, deux cents ans plus tard, le pays tout entier était chrétien. Chaque cité forma un diocèse administré par un évêque qui devint le personnage le plus important de la cité. A la fin du quatrième siècle et au cinquième, au moment de la chute de l'empire romain, les évêques jouèrent en Gaule un rôle considérable.

On peut dire que la civilisation française d'aujourd'hui est, en grande partie, le résultat de la conquête romaine.

3

AU-DESSUS: *Orange—le Théâtre romain.*   LIMOT FROM RAPHO-GUILLUMETTE
A DROITE: *Orange—l'Arc de triomphe.*

II
LA PROVENCE

Souvent, lorsqu'on parle de la Provence, quelqu'un remarque:

« Ah! la Provence; c'est le pays du soleil!... »

En effet, s'il y a en France bien des endroits pleins de beautés de toute sorte, il n'y en a sans doute pas où on éprouve davantage le plaisir de vivre: hiver comme été, le ciel y est clair, la mer y est bleue; il y fait presque toujours beau. Lorsqu'on habite en Provence pendant l'hiver, et qu'on pense aux vents froids des côtes de Bretagne et de Normandie, on est vraiment comme le lézard à qui Mistral donnait ce conseil:

« Gai lézard, bois ton soleil... »

La Provence est située au bord de la mer Méditerranée, entre le Rhône et les Alpes qui, comme un mur énorme, la protègent contre le froid du nord. A cause de cette situation, la civilisation est apparue de très bonne heure sur cette côte. Des voyageurs grecs atteignirent la côte de Provence au sixième siècle avant Jésus-Christ, à l'endroit où est aujourd'hui la grande ville de Marseille.

Au deuxième siècle avant Jésus-Christ, la ville de Marseille, qu'on appelait alors *Massilia*, et qui était en guerre avec des peuples voisins, demanda de l'aide aux Romains. Les Romains restèrent dans le pays, et plus tard, en 122, ils lui donnèrent le nom de *Provincia*, qui veut dire « province ». Ce nom est resté, depuis cette époque, le nom de la Provence d'aujourd'hui.

Voilà pourquoi la Provence est plus riche en monuments romains qu'aucune autre partie de la France. On trouve aujourd'hui, en traversant les villes de Provence, un grand nombre de ces monuments, qui sont encore en bon état. Ainsi la petite ville d'Orange contient un beau théâtre romain, dans lequel, de nos jours encore, on donne de temps en temps des représentations dramatiques. On y trouve aussi un arc de triomphe romain.

En Camargue. SAVITRY FROM RAPHO-GUILLUMETTE

AU-DESSUS: *Arènes de Nimes.*
　　　　EWING GALLOWAY

A DROITE: *Un gardien de bœufs en Camargue.*
　　　　FRENCH EMBASSY

Les jolies villes d'Arles et de Nîmes contiennent des arènes où avaient lieu des jeux publics. Tout près d'Arles, entre les deux bras du Rhône, sont situés les champs de Camargue, où des gardiens mènent leurs bêtes. Ces gardiens, montés sur de petits chevaux, sont protégés du soleil par des chapeaux à larges bords: ils font penser aux cowboys des États-Unis.

A GAUCHE:
Le Pont d'Avignon
 FRENCH EMBASSY
EN BAS:
Avignon: le Palais des Papes.
 JEAN ROUBIER
 FROM RAPHO-
 GUILLUMETTE

Le Château d'If.   EWING GALLOWAY

En remontant le Rhône, nous passons par Avignon, où nous allons voir le palais des Papes qui dresse ses tours gothiques en haut de la ville. Les Papes y demeurèrent au quatorzième siècle, de 1309 à 1377. De là, on aperçoit la ville tout entière, et au pied des maisons, le Rhône, que traverse le pont d'Avignon, dont tout le monde a entendu parler en France, car tout le monde a appris à chanter:

    Sur le pont d'Avignon,
    On y danse, on y danse;
    Sur le pont d'Avignon,
    On y danse tout en rond.

En revenant vers la mer, nous arrivons encore une fois à Marseille, d'où de nombreux navires partent pour l'Afrique et pour l'Orient. Nous allons visiter le Château d'If qui nous rappelle le livre d'Alexandre Dumas: *Le Comte de Monte-Cristo.* On nous montre la salle du château où Monte-Cristo est resté pendant des années, et aussi l'endroit par où il a fui. Mais nous savons que tous ces évènements ne sont arrivés que dans l'imagination d'Alexandre Dumas.

Nice.   FRENCH EMBASSY

Après avoir quitté Marseille, nous prenons la route de la Côte d'Azur. Nous traversons Cannes, Antibes, et nous arrivons à Nice. Là, beaucoup de gens viennent de tous les pays du monde, passer l'hiver sous les palmiers, au bord de la mer toujours tranquille et toujours bleue. Dans la ville de Nice, il y a de très beaux jardins pleins de fleurs, et chaque année, pendant les fêtes du carnaval, ont lieu de grandes batailles de fleurs. Le Mardi-Gras est le dernier jour du carnaval. On dit que ces batailles de fleurs remontent à l'époque des Romains. A Nice et sur toute la Côte d'Azur il fait si doux, qu'on peut, n'importe quand, nager dans la Méditerranée. Le ciel clair de ce pays rappelle le ciel de la Californie: en effet, un des beaux quartiers de la ville de Nice porte le nom de *Californie*.

Le ciel, la mer, les montagnes, les maisons aux vives couleurs, les fleurs, tout fait de la Côte d'Azur un des lieux les plus agréables de France. Paul Arène disait: « Dieu, avant de sculpter le monde, voulut faire une maquette: il fit le Midi de la France. »

Maistre
pierre pathelin Hystorie.

III

LA FARCE DE MAÎTRE PATHELIN

Voici quelques scènes d'une des comédies les plus célèbres de la littérature française du moyen âge.

Maître Pathelin est un avocat habile; il n'y a pas, dans le pays, d'homme plus savant que lui. Pourtant, depuis quelque temps, il n'a pas de clients. Sa femme Guillemette lui reproche leur pauvreté: «Nous allons mourir de faim, lui dit-elle. Qu'allons-nous devenir? Nous n'avons plus de vêtements» «Je saurai en trouver, lui répond son mari. Je vais aller au marché et je vous apporterai un bel habit. Quelle couleur préférez-vous, le gris ou le vert?»

Maître Pathelin va à la place du marché, et rencontre le drapier Guillaume, qui est devant sa boutique.

— Bonjour, Guillaume, lui crie Pathelin. Comment va la santé?

— Très bien, et vous?

— Je vais très bien, merci. Et les affaires vont-elles bien aussi?

— Comme ci, comme ça.

— Comme vous ressemblez à votre père! C'était un homme si bon, si honnête... Vous êtes son portrait...

— Excusez-moi, maître Pathelin, prenez un siège.

— Merci. Oui, votre père était un homme charmant, un honnête homme, toujours gai, et qui, à l'occasion, vendait à crédit... (Il touche une pièce de drap.) Comme ce drap est doux, comme il est beau!

— Je l'ai fait avec la laine de mes moutons!

— Quel homme habile vous êtes! Et comme cette laine est forte!

— C'est du beau drap de Rouen, je vous assure.

— Je l'aime tellement que je veux l'acheter... Pour faire un habit pour ma femme, et un aussi pour moi.

— Ce drap est très cher, car il est bon... Il vous coûtera vingt francs.

— Qu'importe... J'ai beaucoup d'argent.

— Eh bien, choisissez. Dites-moi combien d'aunes vous en voulez pour vos habits. Je suis à votre service. Tenez le bout: je vais mesurer... Une, deux, trois, quatre, cinq, six aunes.

— Merci, monsieur le drapier. Venez chez moi, et je vous paierai. Venez donc boire un bon verre de

12

vin avec moi... Et puis vous mangerez un morceau de l'oie que ma femme prépare pour ce soir.

— Très bien. Je vous apporterai le drap.

— Non, non, je l'emporte, moi... Venez donc bientôt à la maison... Nous allons rire et boire ensemble, et je vous paierai en belles pièces d'or.

Maître Pathelin arrive chez lui avec le paquet de drap qu'il montre à sa femme. Il lui explique comment il a trompé le drapier avec de belles paroles et des flatteries. Comme il n'a pas un sou, il n'a pas l'intention de payer. Que va-t-il faire? Comment va-t-il garder le drap sans le payer?

Voici le drapier qui arrive; il crie du dehors:

— Ho, maître Pathelin!

C'est Guillemette qui ouvre la porte.

— Parlez bas, monsieur, je vous prie.

— Pourquoi? répond le drapier, en parlant bas.

— Parce que mon pauvre mari est très malade... Il est au lit depuis onze semaines... le pauvre martyr! Ne faites pas de bruit... le pauvre homme a besoin de dormir.

— Mais, madame, votre mari était dans ma boutique, il y a quelques minutes. Il a emporté plusieurs aunes de mon meilleur drap...

— C'est impossible, monsieur le drapier, il n'est pas sorti depuis longtemps.

— Ne plaisantez pas, madame, je n'ai pas envie de rire. Je suis venu ici pour être payé.

— Ne faites pas tant de bruit... Ne criez pas si fort, je vous en prie...

— Je veux voir votre mari... Assez de plaisanteries... Vous me devez vingt francs.

— Mais, monsieur le drapier, je vous répète, mon mari est si malade qu'il n'a pas pu sortir de son lit depuis onze semaines.

— Payez-moi, madame, et je partirai.

— Vous criez trop fort, monsieur... Vous avez trop bu!

— Moi, j'ai trop bu?... Par Saint-Pierre... Payez-moi, ou rendez-moi mon drap.

— A qui avez-vous donné ce drap?

13

— Mais, à votre mari.

— Eh bien, répond Guillemette, en ouvrant la porte de la chambre de son mari. Regardez-le, et voyez si je mens.

En effet, maître Pathelin est couché, immobile, pâle, dans son lit. Il a l'air très malade. Quand il aperçoit le drapier, il fait semblant de ne pas le reconnaître. Il commence à pleurer et à prononcer des mots bizarres; il a vraiment l'air d'un fou.

A la fin, le drapier, furieux, quitte la maison de maître Pathelin, en jurant de punir ce voleur.

Quelques jours plus tard, maître Pathelin reçoit la visite d'un berger qui garde les moutons pour le drapier. C'est avec la laine de ces moutons que Guillaume fait son fameux drap. Le berger vient demander de l'aide à l'avocat Pathelin, car son maître veut le punir pour avoir tué et volé plusieurs de ses moutons pour les manger. Maître Pathelin accepte de l'aider; mais il demande au berger de suivre ses conseils: « Promets-moi, lui dit-il, de ne pas prononcer un seul mot quand nous serons devant le juge. Quand le juge te posera des questions, fais simplement comme un de tes moutons, et crie: Bê! » Le berger suit ces conseils, et le juge, le croyant fou, refuse de le punir et le renvoie à ses moutons.

Après le jugement, maître Pathelin demande au berger:

— Dis-moi, berger, ai-je bien défendu ta cause?

— Bê... répond le berger.

— Il est inutile de continuer, berger. Ne dis plus bê... Ton maître est parti. T'ai-je bien conseillé?

— Bê...

— Tu peux parler maintenant... Personne ne t'entend.

— Bê...

— Oui, oui. Tu as bien joué ton rôle...

— Bê...

— Allons! ne répète plus cela; sois gentil et paie-moi...

— Bê...

— Cesse de crier ainsi, et pense à me payer.

— Bê...

— Assez, assez!

— Bê...

— Encore une fois, je t'ai assez entendu. Mon argent, je veux l'argent que tu me dois.

— Bê...

— Est-ce que tu espères me tromper?

— Bê...

— Être trompé par un berger! Par une tête de mouton! Un imbécile! Moi, un avocat!

— Bê...

— Et moi qui croyais être le maître des voleurs... Par Saint-Jacques, j'espère que tu seras pendu!

— Bê...

Et ainsi finit la comédie du voleur volé.

(d'après *la Farce de maître Pathelin*)

IV
SAINT-LOUIS

Nous connaissons très bien la vie du roi Saint-Louis, car elle nous a été racontée par Joinville, qui était l'ami du roi et qui l'accompagna dans ses voyages. L'histoire de la vie du roi, qu'il nous a laissée, est une des œuvres importantes de la littérature française.

Saint-Louis, nous dit Joinville, était grand et beau; il avait l'air sérieux, mais très doux. A la guerre, il montrait un immense courage.

Il avait été très bien élevé par sa mère, l'admirable Blanche de Castille, qui, lorsque son fils était encore enfant, avait dû le défendre contre ses propres sujets. Elle lui avait donné des sentiments chrétiens, et Saint-Louis essaya, pendant

toute le feu dont dieu // di de mort et de peril a la
le gart a petit pont. // nuer la ou nous attua
Or disons dont q̃ // mes a pie et courumes
Quant grace nous // sus a nos ennemis q
fist dieu le tout puissãt // qui estoient a cheual.
quant il nous deffen
di deule comment da
miete fu prinses

rant grace // miete que il nous de
nous fist // liura. La quele nous
nostre seig // ne deussions pas auoir
neur de da // prise sanz affamer. Et

toute sa vie, d'agir en suivant les conseils de sa mère, et selon la foi chrétienne.

Il était bon pour les malheureux. Selon la tradition, il rendait souvent la justice sous un arbre, un grand chêne, à Vincennes, et tous, pauvres et riches, pouvaient venir le trouver et lui raconter le tort qu'on leur avait fait.

Mais ce grand roi voulait la paix en France, et il obligea tous ses sujets, même les plus puissants, à reconnaître la loi et le droit. Pour empêcher les seigneurs féodaux de faire trop souvent la guerre, il établit « la quarantaine le roi »; cela voulait dire que, pendant quarante jours, il était défendu à deux ennemis de prendre les armes: ils devaient attendre la fin de la quarantaine. Pendant ce temps, chacun des deux ennemis était protégé par le roi. C'était la première fois en France qu'un roi essayait ainsi d'établir la justice et, avant tout, la paix. Aujourd'hui, les pays civilisés essayent aussi d'établir la paix, et tel est le but que tâchent d'atteindre les Nations Unies.

Cependant, Saint-Louis avait appris que le tombeau du Christ était tombé au pouvoir des Turcs. Aussi, ayant été gravement malade, il promit, s'il guérissait, d'aller délivrer la Terre Sainte. Il partit avec de nombreux vaisseaux qu'il conduisit en Égypte; mais il ne put délivrer la Terre Sainte et fut fait prisonnier par le sultan d'Égypte.

Saint-Louis mourut de la peste en 1270, au cours d'une nouvelle croisade qu'il dirigeait contre les Turcs. Quand on apprit sa mort, le bon roi fut regretté et pleuré non seulement en France, mais dans le monde chrétien tout entier. C'est son nom que porte aujourd'hui Saint-Louis, la belle ville américaine de l'État de Missouri.

Saint-Louis est resté une des figures les plus belles et les plus nobles de l'histoire de France.

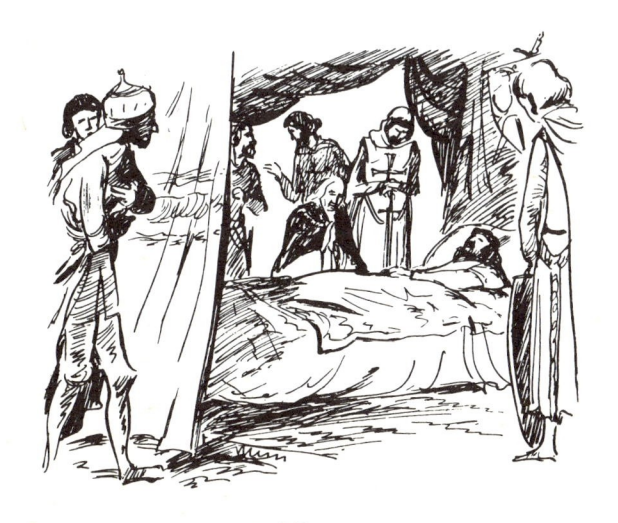

V
LE PAUVRE ET LE RÔTISSEUR

A Paris, un jour, il y a très longtemps, au moyen âge, probablement au temps du roi Louis XI, un pauvre se tenait dans la rue devant une rôtisserie. Il était triste et il avait froid, car il faisait mauvais temps. Il regardait en tremblant à l'intérieur de la rôtisserie et il pouvait y voir mille bonnes choses que le rôtisseur avait mises sur le feu. Beaucoup de gens passaient dans la rue sans faire attention au pauvre. Mais lui restait là, tranquille, les yeux fixés sur les excellents rôtis qu'il voyait à l'intérieur de la rôtisserie, par la fenêtre ouverte, et qui sentaient si bon. Bientôt, il s'approcha tout près de la fenêtre, porta à sa bouche du pain qu'il tenait à la main et commença à manger.

A ce moment-là, le patron de la rôtisserie, qui l'observait depuis un moment, demanda au pauvre ce qu'il faisait là.

Le pauvre lui répondit que, comme il n'avait pas assez d'argent pour acheter du rôti, il était obligé de manger son pain sec, en s'approchant le plus près possible de la fenêtre, et en regardant les rôtis qui sentaient si bon.

Aussitôt le rôtisseur voulut le faire payer et lui demanda de l'argent. Le pauvre refusa, disant qu'il ne payerait rien, car il ne lui avait rien pris et puis, tout le monde pouvait, en restant dans la rue, s'approcher de la fenêtre et manger son pain tout en regardant les rôtis à l'intérieur.

Tout à coup, comme le pauvre restait là, devant la fenêtre, le rôtisseur sortit de sa boutique et commença à pousser des cris afin d'attirer l'attention des gens qui passaient. Il voulait même donner des coups au pauvre si celui-ci continuait à refuser de le payer.

Mais l'autre répondit que l'air de la rue appartenait à tout le monde, et qu'il ne lui devait donc rien.

Attirés par les cris que poussaient les deux hommes, les gens les entourèrent, afin de ne perdre ni un geste ni une parole de cette scène; car les Parisiens sont toujours heureux de profiter d'une occasion de s'amuser.

A cet instant, quelqu'un, dans la foule des gens qui regardaient la scène, demanda de quoi il s'agissait et pourquoi les deux hommes faisaient tant de bruit. On lui raconta toute l'affaire, tandis que la foule écoutait dans le plus profond silence. Après cela on choisit cet homme pour qu'il décide lequel des deux avait raison.

Il demanda alors au pauvre de lui donner une pièce de monnaie. Le pauvre en trouva une au fond d'une de ses poches. L'homme la prit, l'éleva en l'air, la regarda de très près et la jeta plusieurs fois par terre en écoutant avec attention le bruit qu'elle faisait.

Dans un silence parfait, il prononça alors ces paroles:

«Vous,» dit-il, en se tournant vers le pauvre, «vous avez mangé votre pain en regardant et en sentant les rôtis, à la fenêtre de la rôtisserie. Vous devez donc payer le rôtisseur.» Puis, se tournant vers ce dernier qui avait l'air très content, il ajouta:

«Quant à vous, rôtisseur, vous avez entendu le bruit que la pièce de monnaie a fait en tombant. Ainsi vous êtes assez payé.»

En entendant ces paroles si justes, tous les gens éclatèrent de rire et trouvèrent que l'affaire avait été jugée d'une manière admirable!

(d'après Rabelais)

VI
JEANNE D'ARC

Pendant la guerre de Cent Ans, la France était occupée par les Anglais, et les Français souffraient beaucoup. En l'année 1429, le pays était dans une terrible situation: les ennemis du roi de France Charles VII, en particulier les Anglais et les Bourguignons, étaient partout les plus forts. La France semblait perdue.

C'est à ce moment qu'elle fut sauvée par une jeune fille de dix-sept ans, Jeanne d'Arc, née le 6 janvier 1412 dans le petit village de Domrémy, en Lorraine. Elle appartenait à une bonne famille: son père était une sorte de chef de village. Jeanne ne savait ni lire ni écrire, mais sa mère lui avait appris les devoirs de la religion chrétienne.

Un jour, en revenant des champs où elle gardait ses moutons, elle dit à son père et à sa mère qu'elle avait entendu des voix qui lui conseillaient de quitter le village, de partir sur la route et d'aller trouver le roi pour l'aider et pour le défendre.

Son père refusa d'abord de la laisser partir, mais au bout de quelques mois, elle put enfin quitter son village. Elle partit, montée sur un cheval qu'on lui avait donné, accompagnée de quelques hommes

THE BETTMANN ARCHIVE

A GAUCHE:
La Maison de Jeanne d'Arc à Chinon.
FRENCH EMBASSY

A DROITE:
Tapisserie du moyen âge.
THE BETTMANN ARCHIVE

d'armes. Après un voyage difficile sur des routes remplies d'ennemis, elle arriva dans la ville de Chinon, au bord de la Vienne, où demeurait alors le jeune roi Charles VII. Elle le reconnut, alla vers lui, et le salua en lui disant: «Saint-Michel m'a envoyée vers toi pour te conduire à Reims.»

Le roi lui donna une petite armée, avec laquelle Jeanne d'Arc surprit les Anglais, et les obligea à lever le siège d'Orléans. Après ce succès, Jeanne d'Arc poursuivit et battit plusieurs grands chefs anglais, et alors le roi Charles VII décida d'aller à Reims, comme Jeanne d'Arc le lui avait demandé. Il traversa tout le pays qui s'étend de la Loire à Reims, et qui était à ce moment-là entre les mains des Anglais et des Bourguignons. A Reims, il fut reconnu par tout le peuple comme «le roi auquel devait appartenir la France.»

Quelques mois plus tard, au siège de Compiègne, Jeanne d'Arc tomba de son cheval et fut prise par les Bourguignons qui la vendirent aux Anglais.

Les Anglais la firent juger et la firent déclarer sorcière. Elle fut condamnée à mort, et elle fut menée, le matin du 30 mai 1431, à Rouen, sur la place du Vieux Marché, où elle fut brûlée vive. Elle avait alors dix-neuf ans.

Jusqu'à la fin, l'admirable jeune fille déclara que les voix qu'elle avait entendues exprimaient la volonté de Dieu. Elle mourut avec courage en prononçant le nom de Jésus.

Le peuple fut frappé de douleur en apprenant sa mort. Jeanne d'Arc est une figure unique dans l'histoire de France, une des plus nobles avec Saint-Louis et Henri IV.

VII
LA TOURAINE

Entre l'Orléanais et l'Anjou est située une des plus belles provinces de France, la Touraine.

La Touraine est traversée d'un bout à l'autre par la Loire, rivière large et lente. Sur les rives de la Loire sont bâties de petites villes aux maisons de pierre blanche, au milieu des vergers et des vignes.

On dit souvent que le français que l'on parle en Touraine est le français le plus pur, car c'est en Touraine que se sont rencontrées et mêlées les deux langues de l'ancienne France, la langue d'oïl que l'on parlait dans les provinces situées au nord de la Loire, et la langue d'oc que l'on parlait dans le Midi. Ainsi, cette vallée de la Loire et de ses affluents est le berceau de la langue française.

La Touraine est célèbre pour le grand nombre de châteaux qui y furent construits à la fin du moyen âge et à l'époque de la Renaissance; si bien que, pour beaucoup d'étran-

A GAUCHE:
Château de Chinon.
A DROITE:
Château d'Ussé.
FRENCH EMBASSY

gers, la Touraine est connue sous le nom de: Pays des châteaux.

C'est dans la petite ville de Chinon, traversée par la jolie rivière, la Vienne, que se trouvent les ruines majestueuses d'un des plus vieux châteaux de la Touraine. Pendant la guerre de Cent Ans, alors que des armées étrangères ou rebelles dévastaient ses domaines, le roi de France, le faible Charles VII, choisit comme résidence le solide château fort de Chinon. A cette époque, chaque fois que Paris était menacé, la Touraine devenait l'abri des rois et le siège du gouvernement.

C'est aussi à Chinon que Jeanne d'Arc, venue de Lorraine, fut introduite au château où résidait le roi Charles VII.

A Chinon, demeure, très vivant, le souvenir du joyeux écrivain François Rabelais. Né à Chinon, Rabelais fit ses études à l'abbaye de Seuilly, tout près de là. Dans le récit qu'il a écrit sur les aventures des deux géants, Gargantua et son fils Pantagruel, on trouve beaucoup de noms de villes et de villages de Touraine: la guerre de Picrochole a lieu dans la plaine de

Seuilly qu'il voyait de sa maison natale. Rabelais aime aussi rappeler des souvenirs de sa jeunesse, comme le cabaret de la Cave Peinte, où il allait, avec des amis, causer, rire et boire le bon vin du pays.

Mais, plus célèbres encore que le château de Chinon, sont ceux de la Loire, qui datent, pour la plupart, du seizième siècle. A cette époque, les rois de France continuent à séjourner sur les bords de la Loire. Certains, qui sont allés faire la guerre en Italie, en reviennent avec une grande admiration pour les palais et les jardins italiens. De retour en France, ils se font construire de magnifiques châteaux de plaisance, très différents de ceux du moyen âge qui avaient des murs épais et qui étaient sombres et tristes.

Château d'Azay-le-Rideau.   FRENCH EMBASSY: INFORMATION DIVISION

Ces châteaux de la Renaissance française sont construits pour que leurs habitants puissent y goûter la joie de vivre: les murs sont moins épais, de larges fenêtres s'ouvrent sur de grands jardins, sur des terrasses, sur des bassins. A l'intérieur, on trouve de vastes salons, des bibliothèques, des galeries, dont les murs sont ornés de tableaux, de statues et d'objets d'art de toute sorte.

Le roi François Ier, qui vivait en Touraine dans la première moitié du seizième siècle, fit construire le magnifique château de Chambord. Ce roi mérite bien le titre de « Père des Arts et des Lettres, » car il

Château de Chenonceaux. PHOTO JEAN ROUBIER FROM RAPHO-GUILLUMETTE

protégea les écrivains et les artistes et fit même venir d'Italie de célèbres architectes, peintres et sculpteurs, comme Léonard de Vinci, et Benvenuto Cellini. C'est François Ier qui créa vraiment, sur les bords de la Loire, la vie de cour, moins pompeuse que ne fut celle du château de Versailles un siècle plus tard, mais pleine de gaîté, avec ses fêtes, ses danses, ses chasses et ses tournois.

Il faut citer aussi, parmi tant d'autres châteaux de la Renaissance, ceux d'Ussé et d'Azay-le-Rideau, et surtout le château de Chenonceaux. Celui-ci est remarquable car il se tint d'abord sur les

Château de Chambord.   FRENCH EMBASSY: INFORMATION DIVISION

piles d'un vieux moulin au milieu du Cher, puis, plus tard, le grand architecte Philibert Delorme bâtit sur la rivière un pont de cinq arches sur lequel il éleva une galerie de deux étages qui compléta le château, si bien qu'on peut dire que le château de Chenonceaux est à cheval sur une rivière.

Très souvent, ces châteaux sont entourés d'un beau jardin. Non loin de là, on aperçoit un village, avec ses maisons aux fenêtres ornées de pots de fleurs. Une rivière coule lentement entre les arbres. Avec ses collines couvertes de vignes et de vergers, la Touraine a vraiment l'air d'un jardin: «le jardin de la France.»

VIII
HENRI IV

A une époque sombre de l'histoire de France, tandis que le pays était engagé dans de terribles guerres de religion, apparut le roi Henri IV.

Henri IV naquit en l'année 1553, au château de Pau, dans la province de Béarn. Son père voulut qu'il fût élevé très simplement. Il mena donc la même vie que les autres petits garçons de son âge avec lesquels il jouait et courait dans la campagne. Cette vie simple lui donna beaucoup de force et de courage.

Quand il eut l'âge de devenir roi, un grand nombre de gens refusèrent de le reconnaître, parce qu'il était protestant. Il fut donc obligé de faire la guerre à ses ennemis français, ainsi qu'aux Espagnols qui occupaient la France. Il fut aidé par la reine Elisabeth d'Angleterre et par ceux des Français qui désiraient la paix.

Ses ennemis étaient très puissants et il dut leur faire la guerre pendant plusieurs années. Mais Henri IV connaissait tous les secrets de

indicatif
passé simple → passé composé
passé antérieur → plus-que-parfait

être   nous fûmes
je fus   vous fûtes
tu fus   ils furent
il fut

A GAUCHE:
Henri IV à vingt ans.
EN BAS: *Ravaillac
se précipite sur le roi.*

FRENCH EMBASSY

avoir
j'eus   nous eûmes
tu eus   vous eûtes
il eut   ils eurent

l'art de la guerre et le but qu'il voulait atteindre était la paix à tout prix.

Il mit le siège devant la ville de Paris, car les Parisiens refusaient de lui ouvrir leurs portes. Enfin, en 1594, il fit son entrée dans cette ville et fut reçu avec une joie très vive par les Parisiens, qui le reconnurent pour roi. Tout le peuple le suivit jusqu'à Notre-Dame. Les guerres de religion étaient terminées.

Par l'Édit de Nantes, en l'année 1598, ce grand roi accorda à tous les Français le droit de prier et de servir Dieu comme ils le voudraient. Les autres pays d'Europe avaient alors une religion d'État: la France fut donc le premier pays d'Europe dans lequel tous les gens eurent une entière liberté de religion.

Le pays était maintenant tranquille et on pouvait travailler. La France devint, encore une fois, riche et heureuse.

Henri IV aimait beaucoup les gens de la campagne avec lesquels il avait vécu quand il était enfant. Il voulait qu'ils aient toujours assez à manger; il les aida et les défendit contre leurs ennemis. C'est pourquoi le peuple français n'oublia jamais le «bon roi Henri.»

Malgré tout, Henri IV avait un assez grand nombre d'ennemis qui n'acceptaient pas son esprit de tolérance et qui regrettaient le temps des guerres. Plusieurs avaient essayé de le tuer. En 1610, comme il allait en voiture faire une visite à son ami Sully, un fanatique nommé Ravaillac se précipita sur lui et le tua d'un coup de couteau.

Ainsi mourut le meilleur des rois de France, qui, le premier, avait su donner à son peuple la paix et la liberté.

IX
LES MOUTONS DE PANURGE

Voici une aventure arrivée à Panurge, telle qu'elle nous est racontée par Rabelais, le joyeux conteur du seizième siècle.

Panurge voyageait dans des pays lointains, en compagnie de son ami, le géant Pantagruel, lorsqu'il rencontra sur un bateau un marchand de moutons, qui s'appelait Dindenault.

Celui-ci, voyant Panurge, se moqua de lui en faisant tout haut une remarque désagréable. Panurge voulut se battre avec lui pour lui donner une leçon, mais Pantagruel et ses amis se jetèrent sur lui pour l'en empêcher.

Panurge obéit donc à ses amis, mais il décida de se venger du marchand.

Un peu plus tard, Panurge, faisant semblant d'avoir oublié l'injure, s'approcha du marchand et se mit à lui parler aimablement:

— Je voudrais acheter un de vos moutons, lui dit-il en regardant les magnifiques bêtes qui étaient rangées sur le pont du bateau.

— Mais, lui répondit le marchand, ce sont des moutons extraordinaires, des merveilles de moutons, les plus gros, les plus beaux que vous puissiez trouver en France ou en Turquie.

— Sans doute, répliqua Panurge, mais, je vous en prie, vendez-m'en un.

— Peut-être, mon ami; mais remarquez que leur laine est la plus précieuse qu'on puisse voir. Tou-

32

Chinon—la Maison de Rabelais.   FRENCH NATIONAL TOURIST OFFICE

chez-la et sentez quelle douceur elle a! C'est avec elle qu'on fabrique les draps de Rouen les plus fins!

— Je ne dis pas non, continua Panurge, mais je vous en supplie, vendez-moi un de vos moutons! Quel prix en voulez-vous?

— Patience, monsieur, mon ami! Et le marchand continuait à lui nommer tous les objets merveilleux et extraordinaires qu'on pouvait fabriquer avec toutes les parties du corps de chacun de ses moutons.

Panurge était fort en colère contre le marchand, mais il n'en laissait rien voir, et, toujours souriant, lui posa encore une fois la même question:

— Voulez-vous me vendre un mouton?

Tout à coup, le capitaine du navire, que cette scène commençait à ennuyer, s'adressa au marchand et lui dit:

— Vas-tu conclure un marché, oui ou non? Il y a assez longtemps que tu fais attendre Panurge.

Vends-lui un de tes moutons, si tu veux! Si tu ne veux pas, tais-toi, laisse-nous tranquilles et retourne à tes moutons.

A ces mots, le marchand, inquiet, se dépêcha de répondre qu'il voulait bien vendre un de ses moutons, mais que, comme il s'agissait d'animaux extraordinaires, il en demandait un prix très élevé.

— J'en demande mille francs pièce, dit-il à Panurge.

— C'est bon, j'accepte, répondit celui-ci au marchand étonné. Et voyant un mouton énorme qui passait près de lui, il le saisit par la laine, le prit dans ses bras, et courant sur le pont du navire, le jeta par-dessus bord, de toutes ses forces.

Tous les voyageurs étaient accourus pour assister à cette scène, s'amusant beaucoup, poussant des cris et faisant des remarques sur le marché. Mais, soudain, les autres moutons, ayant vu leur compagnon que Panurge venait de jeter à la mer, coururent à la hâte vers l'endroit d'où Panurge l'avait lancé, et sautant par-dessus bord, l'un après l'autre, se précipitèrent jusqu'au dernier dans la mer à la suite du premier mouton.

Le marchand essayait en vain de les retenir. Mais, comme il avait saisi un des plus gros moutons, il fut entraîné par celui-ci et précipité avec lui dans la mer.

Pendant ce temps, Panurge, qui riait de bon cœur de sa vengeance, lui cria, qu'après tout, il avait de la chance de se noyer avec ses moutons, car, disait-il, une fois mort, il serait plus heureux, au ciel, que sur terre, et il devait se réjouir de ce qui lui arrivait. A quoi tous les voyageurs répondirent par de grands éclats de rire: le marchand, pensaient-ils, avait bien mérité son triste sort pour l'injure qu'il avait faite à Panurge et pour ses mensonges.

Combien de gens ressemblent aux moutons de Panurge! Ils imiteront et suivront n'importe quel sot, sans réfléchir, simplement parce que c'est la mode!

(D'après Rabelais)

Finistère—l'enfer de Plogoff.   REFOT A.-B. FROM RAPHO-GUILLUMETTE

X
LA BRETAGNE

Au sud-ouest de la Normandie, de l'autre côté du Mont-Saint-Michel, se trouve l'antique terre de Bretagne. C'est une des provinces les plus intéressantes, et même les plus étranges de France.

C'est une longue presqu'île de granit qui doit son nom aux tribus celtiques qui, venues de Grande-Bretagne au cinquième et au sixième siècles, s'établirent dans le pays: c'est pourquoi, d'un côté de la Manche, on trouve la Grande-Bretagne, et de l'autre, la Bretagne.

Les hommes de ces tribus celtiques apportèrent avec eux en Bretagne une langue, très différente de la langue française, et que l'on parle aujourd'hui en Irlande, dans le Pays de Galles et en Écosse. De nos jours, tous les Bretons parlent français, mais, dans les villages, dans les fermes, on parle encore le breton. Les jours de fête, en particulier, on peut entendre chanter, en breton, de vieilles chansons, qu'accompagnent des joueurs de biniou, habillés de noir et portant des chapeaux à larges bords.

En effet, tandis que d'autres régions de France sont françaises depuis de longs siècles, la Bretagne est restée bretonne et autonome pendant tout le moyen âge: elle n'est devenue française qu'en 1491, lorsque la duchesse Anne de Bretagne épousa le roi de France Charles VIII.

La Bretagne fut, en tout temps, une terre de marins, de pêcheurs et d'explorateurs.

Si, en partant du Mont-Saint-Michel, nous suivons la côte de Bretagne, nous arrivons bientôt à la merveilleuse petite ville de Saint-Malo. Saint-Malo, d'où, avant la Révolution, les corsaires s'en allaient attaquer les navires anglais ou hollandais, est aujourd'hui un port de pêche important. C'est de Saint-Malo que chaque année, au printemps, partent les bateaux qui, pendant la belle saison, vont pêcher dans les environs de Terre-Neuve. Jusqu'au mois de septembre, ils restent dans les mers froides, et pêchent la morue.

Quand vient l'automne, les

A GAUCHE :
*Vue d'un
port breton.*
    RAPHO-GUILLUMETTE
A DROITE :
*Fortifications
à Saint Malo.*
    FRENCH EMBASSY

femmes, les fiancées, les mères des pêcheurs attendent le retour des bateaux et, chaque année, des bateaux manquent, perdus au large de Terre-Neuve. Le romancier Pierre Loti a décrit la vie dure de ces marins dans son roman *Pêcheur d'Islande:* le Breton Yann, que sa jeune femme Gaud attend patiemment, disparaît dans la tempête. Le poète Victor Hugo pensait à ces marins et à leurs familles lorsqu'il a écrit :

> « Oh ! que de vieux parents,
>   qui n'avaient plus qu'un rêve,
> Sont morts en attendant
>   tous les jours sur la grève
> Ceux qui ne sont pas revenus ! »
>   *(Océano Nox)*

C'est à Saint-Malo que naquit l'explorateur Jacques Cartier, qui quitta sa ville natale en 1534 pour aller explorer Terre-Neuve et le Canada, et en prendre possession pour le roi François Ier.

Toute la Bretagne est faite de granit : c'est la terre la plus ancienne de France. La mer grise bat sans cesse la côte bretonne. Le ciel y est presque toujours gris, comme la mer. La nature y est sauvage et mélancolique. La race celtique qui y habite a l'imagination vive et l'amour de la poésie. Aussi, les légendes y sont-elles nombreuses.

La plus célèbre de ces légendes est celle du roi d'Ys. Il y avait autrefois, sur la côte, une ville, la ville d'Ys, qui était protégée de la mer, à marée haute, par une énorme digue. La fille du roi, Dahut, vola à son père la clef d'or qui ouvrait la porte de la digue, pour

37

Au-dessus: *Un enterrement en Bretagne.* En bas: *Calvaire.*
PHOTO SERGE DE SAZO FROM RAPHO-GUILLUMETTE—FRENCH EMBASSY

aller, à marée basse, rejoindre son ami. Le soir vint. La mer montait. La nuit vint: la mer montait toujours et Dahut restait avec son ami,
5 oubliant le danger. Enfin, la mer se precipita dans la ville et engloutit les maisons, les églises et les habitants. Depuis ce jour, raconte la légende, Dahut, qui est
10 devenue une sirène, fait parfois entendre son chant mélodieux: les marins qui l'écoutent sont entraînés par elle au fond de la mer. Parfois aussi, quand l'orage gronde, on en-
15 tend des cloches: ce sont celles de la ville d'Ys qui sonnent encore.

Cette légende est un beau symbole de la vie des marins bretons, qui aiment profondément la mer,
20 qui sont attirés par elle, mais qui la craignent et luttent continuellement contre elle.

Les Bretons sont restés fidèles à

Au-dessus: *Joueurs de biniou.* En bas: *Jeunes filles bretonnes.*
LANDAU FROM RAPHO-GUILLUMETTE—FRENCH NATIONAL TOURIST OFFICE

leurs coutumes et à leurs traditions. C'est peut-être pour cela qu'on dit qu'ils sont têtus. Ils ont gardé la foi de leurs ancêtres, et partout, de Paimpol à Quimper, de Quiberon à Brest, les forêts et les landes bretonnes sont remplies de vieux calvaires et d'humbles petites chapelles où viennent prier les Bretonnes qui attendent leurs hommes. Malgré la pluie, le brouillard et le vent humide qui souffle de l'océan, les antiques pierres sculptées sont restées intactes, car elles sont faites de granit comme la côte.

   La Bretagne est le pays des «Grands Pardons», c'est-à-dire des pèlerinages qui, chaque année, ont lieu dans des villes ou des villages en l'honneur d'un saint patron, comme Saint-Yves, Sainte-Anne, ou Saint-Gildas. On raconte que Saint-

Menhirs géants.
PHOTO FEHER,
FRENCH NATIONAL
TOURIST OFFICE

Gildas avait demandé que, quand il mourrait, son corps soit placé sur une barque abandonnée aux vagues. Pendant trois jours, la barque sauta sur les flots et fut ramenée par la mer à l'endroit qui est devenu un lieu de pèlerinage. C'est au moment des «Grands Pardons», comme celui de Sainte-Anne-d'Auray, qui est un des plus beaux, que l'on peut encore voir les vieux costumes et entendre les chansons «naïves et monotones» en langue celtique.

Du reste, cette terre si chrétienne a conservé aussi des marques de son passé païen. On sait que, lorsque le christianisme triompha en Bretagne, un certain nombre de Druides, prêtres païens, refusèrent d'accepter la religion nouvelle et se réfugièrent sur l'île rocheuse du Mont-Saint-Michel. Aujourd'hui, près de la petite ville de Carnac, sont encore debout les lignes de menhirs et de dolmens. On ne sait au juste à quoi ils servaient. Peut-être étaient-ils des tombes, car on a trouvé des restes humains sous les dolmens. On sait aussi que, jadis, on croyait que ces pierres dressées possédaient des pouvoirs magiques.

Malgré les grands changements qui se sont produits depuis une trentaine d'années, la Bretagne conserve encore, de nos jours, sa physionomie originale. Les croix de pierre dans les bois, les grands arbres dans le vent, le bruit de la mer, le ciel gris, les chapelles de granit, les forêts où passèrent le roi Arthur et les chevaliers de la Table ronde, c'est tout cela qui fait de la vieille Bretagne une des régions les plus émouvantes de France.

XI
MOLIÈRE

Le dix-septième siècle, «Siècle de Louis XIV,» comme l'a appelé Voltaire, a été aussi l'époque où la littérature française a compté les plus grands écrivains. Parmi ceux-ci, il n'y en a sans doute pas de plus génial que Molière, l'auteur de comédies universellement admirées, que le roi Louis XIV aima, aida, et protégea contre ses ennemis.

C'est à Paris que naquit Molière, de son vrai nom Jean-Baptiste Poquelin, au mois de janvier 1622, dans une famille de marchands assez riches. Son père et sa mère étaient eux-mêmes parisiens, et on a souvent remarqué que la gaîté et le rire qui éclatent dans les comédies de Molière sont une expression de l'esprit parisien qui, à l'époque de François Villon, comme au temps de Voltaire, a toujours été vif et moqueur.

Molière eut une enfance assez triste. Il n'était âgé que de dix ans quand il perdit sa mère. Quelque temps après, il fut mis au Collège de Clermont, à Paris, collège que dirigeaient, à ce moment-là, les Jésuites, et que fréquentaient les fils des familles de la noblesse. Dans cette école, il reçut de ses maîtres une excellente éducation: il y fut un très bon élève et acquit une connaissance solide de l'histoire, de la géographie, des langues anciennes, des sciences et de la philosophie.

Au collège, le régime n'était pas trop sévère: les élèves y jouaient,

Au-dessus: *Molière.* A droite: *Représentation du «Malade imaginaire» à Versailles.* THE BETTMANN ARCHIVE—FRENCH EMBASSY: INFORMATION DIV.

sous la direction des professeurs, des pièces en français ou en latin. Le jeune Poquelin y montrait déjà du goût pour le théâtre, et y faisait des amis qui allaient, plus tard, lui être très utiles au cours de sa carrière.

Quand Molière sortit du collège, son père, tapissier du roi, qui désirait que son fils lui succède, l'initia aux devoirs de sa future profession. Justement, le roi Louis XIII se préparait à partir, accompagné du cardinal de Richelieu, pour un voyage dans le sud de la France. Le père de Molière en profita pour obtenir pour son fils la faveur de suivre le roi en voyage. Nous savons que, pendant son séjour dans le sud de la France, Molière s'intéressa beaucoup aux représentations de théâtre qui y furent données.

A son retour de voyage, malgré les prières de son père, qui aurait voulu qu'il poursuive le métier familial, Molière refusa, et déclara qu'il avait décidé de devenir acteur. Son père fut très mécontent du refus de son fils, mais celui-ci, qui venait d'avoir vingt et un ans, ne céda pas.

Il devint alors directeur de l'Illustre Théâtre: il espérait, avec sa troupe, réussir à Paris. Mais bientôt, malgré ses efforts et son talent, Molière fut obligé de quitter Paris où il n'avait obtenu aucun succès et où il avait fait des dettes. Pendant treize ans, avec ses compagnons, il mena une vie assez difficile, parcourant la France, jouant dans les grandes villes de province, mais apprenant merveilleusement son métier d'acteur et aussi d'auteur dramatique.

L'Illustre Théâtre se trouvait à Rouen, en Normandie, où il avait reçu des habitants un accueil enthousiaste, quand arriva une nouvelle extraordinaire: Louis XIV, le Roi Soleil lui-même, exprimait le désir d'entendre Molière et l'Illustre Théâtre.

On ne résistait pas à un vœu du roi. Molière et l'Illustre Théâtre quittèrent Rouen et, bientôt après, jouèrent devant le roi et la cour. Ce fut pour Molière un succès complet.

Ce soir-là, après avoir joué une tragédie de Corneille, Molière s'avançant sur la scène, demanda au roi de lui permettre de présenter une petite comédie qu'il avait écrite lui-même: *Le Docteur amoureux*. Le roi accepta, et la petite comédie lui plut beaucoup. A partir de ce jour, Molière avait vraiment conquis Paris.

C'est alors qu'il écrivit ses comédies qui sont connues et jouées aujourd'hui dans le monde entier: *Don Juan, Le Misanthrope, Le Médecin malgré lui, Le Tartuffe, L'Avare* et beaucoup d'autres encore.

Naturellement, son succès lui avait attiré des ennemis: beaucoup de gens le haïssaient et souhaitaient la chute de l'Illustre Théâtre. Heureusement, le roi aimait Molière et le protégeait. On raconte même que le roi l'invita une fois à sa table, au palais de Versailles, pour donner une leçon aux jaloux et aux envieux qui avaient osé l'attaquer. Le roi parlait amicalement à Molière. Un jour il lui demanda des nouvelles de sa santé:

— Vous avez un médecin, lui dit le roi. Que vous fait-il?

— Sire, répondit Molière, il m'ordonne des remèdes. Je ne les prends pas et je guéris.

Pourtant, malgré cette plaisanterie, Molière était gravement malade. Sa santé n'avait jamais été bonne, et il était épuisé de travail. Il continuait pourtant à jouer, malgré les conseils que lui donnaient ses amis, et il mourut brusquement, presque sur la scène, au moment où il était en train de jouer une de ses pièces: *Le Malade imaginaire*.

Comme Shakespeare pour les Anglais, Molière est sans doute, pour les Français, l'écrivain le plus vivant et le plus aimé. Depuis le dix-septième siècle, les Français et les hommes libres de tous les pays aiment Molière, car, comme l'a dit un critique, il n'a pas peint seulement les ridicules qui passent, mais l'homme, qui ne change pas.

XII
LES MALHEURS D'UN PARVENU

Au temps du roi Louis XIV, habitait à Paris Monsieur Jourdain, le *Bourgeois Gentilhomme* bien connu de la comédie de Molière. Il était riche, il se portait bien, il avait une femme et une fille charmantes et il aurait pu vivre tranquille et heureux. S'il avait été sage, il aurait dû jouir simplement de l'immense fortune acquise par son père, ancien marchand de drap. Malheureusement, Monsieur Jourdain, qui était très vain, avait honte de la boutique qu'avait tenue son père: bien qu'il n'appartînt pas à la noblesse, son vœu le plus cher était d'être pris pour un gentilhomme.

Monsieur Jourdain n'était pas très instruit: il savait lire et écrire, mais c'était tout. Aussi résolut-il un jour de faire venir chez lui quatre professeurs pour lui enseigner toutes les belles choses qu'il ignorait et qu'il jugeait nécessaires au gentilhomme qu'il voulait devenir.

Un matin, donc, arrivent chez lui un professeur de musique et un professeur de danse. Monsieur Jourdain, suivi de deux domestiques, et portant un vêtement ridicule aux couleurs très vives mais

45

LE BOURGEOIS GENTIL-HOMME.
COURTESY, NEW YORK PUBLIC LIBRARY

LE BOURGEOIS
GENTILHOMME,
COMÉDIE - BALLET.

ACTE PREMIER.
SCENE PREMIERE.

UN MAITRE DE MUSIQUE, UN ELEVE *du maître de musique, composant sur une table qui est au milieu du théatre,* UNE MUSICIENNE, DEUX MUSICIENS, UN MAITRE A DANSER, DANSEURS.

LE MAITRE DE MUSIQUE *aux musiciens.*

Enez, entrez dans cette sale, & vous reposez-là, en attendant qu'il vienne.
LE MAITRE A DANSER
aux danseurs.
Et vous aussi, de ce côté.

Nnn ij

qu'il croit de bon goût, demande aux deux professeurs comment ils le trouvent.

— Fort joli... Magnifique.... Ce vêtement vous va à ravir, s'écrient-ils ensemble—car, comme Monsieur Jourdain est riche et naïf, ils tiennent surtout à recevoir son argent le plus longtemps possible.

Monsieur Jourdain, qui, comme beaucoup de gens riches sans éducation, aime qu'on lui dise des choses agréables, est très satisfait de leur réponse et les prie de commencer la leçon.

Le professeur de musique a amené un de ses élèves qui chante pour Monsieur Jourdain une chanson à la mode. Mais celui-ci n'est pas content: il trouve la chanson trop triste et il se met à leur chanter, fort mal—car il a une voix aiguë et il chante faux—une chanson qu'il aime:

> Je croyais Jeanneton
> Aussi douce que belle;
> Je croyais Jeanneton
> Douce comme un mouton.

Les deux professeurs ne disent mot. Ils trouvent, bien entendu, la chanson ridicule, mais dès que Monsieur Jourdain a fini, ils s'écrient tous les deux qu'il chante à ravir et que la chanson est fort belle.

Maintenant, c'est au professeur de danse le tour d'enseigner quelque chose à son nouvel élève. Monsieur Jourdain veut apprendre comment on danse dans le grand monde. Alors le professeur de danse le fait marcher, sauter, lui fait faire toutes sortes de saluts, en avant, en arrière, si bien que le pauvre Monsieur Jourdain, qui est gros et lourd, et qui n'a jamais dansé de sa vie, tombe par terre et se fait grand mal.

Les deux professeurs ont envie de rire et de se moquer de lui; mais ils ne veulent pas perdre un élève aussi riche, aussi, tout en aidant Monsieur Jourdain à se lever, lui jurent-ils qu'il est très gracieux et qu'il danse le mieux du monde.

A ce moment-là, arrive un troisième professeur, le maître d'armes, car Monsieur Jourdain veut apprendre les armes: les gentilshommes, pense-t-il, savent faire des armes—et si, dans le grand monde, quelqu'un lui disait des injures, il faudrait qu'il se batte. Il n'est pas très brave, et il croit que s'il apprend à faire des armes, il pourra tuer n'importe qui sans danger. Le maître d'armes qui, comme les deux autres, veut simplement tirer le plus d'argent possible de son élève, promet à Monsieur Jourdain, que grâce à ses leçons, il saura tuer n'importe qui.

Les deux autres professeurs, regardent avec envie le maître d'armes. Celui-ci s'en aperçoit et se met, pour plaire à Monsieur Jourdain et pour ennuyer les deux autres, à faire des remarques pleines d'orgueil sur ce qu'il lui enseigne:

— Seule, dit-il, la science des armes est utile... Les autres, comme la danse et la musique, ne sont que des jeux inutiles... Elles ne servent à rien, qu'à amuser les sots...

Les deux autres, fort en colère, commencent par lui dire des injures, auxquelles le maître d'armes répond, si bien qu'ils finissent par se jeter les uns sur les autres. Monsieur Jourdain, épouvanté, les supplie d'être plus calmes et plus raisonnables et réussit à les séparer non sans avoir reçu quelques coups.

C'est alors qu'entre le quatrième professeur. C'est le professeur de philosophie, homme solennel, rempli d'orgueil, et qui aime les grands mots. Il demande à Monsieur Jourdain pourquoi ils étaient en train de se battre. Celui-ci répond qu'il s'agissait de savoir quelle était la plus belle des sciences, la danse, la musique ou les armes, et que, comme chacun prétendait que la science qu'il enseignait était la plus belle, ils avaient fini par en venir aux coups.

A ces mots, jetant sur les trois professeurs un regard de mépris, le philosophe leur dit:

— Comment osez-vous vous conduire de la sorte? Oubliez-vous le métier que vous faites? Ne savez-vous pas qu'un professeur doit donner l'exemple de la sagesse? D'ailleurs, les philosophes nous enseignent que la colère est une courte folie et qu'elle nous rend semblables aux bêtes...

— Mais, Monsieur, lui répond le professeur de musique, le maître d'armes vient de nous dire des injures à tous deux, en méprisant la danse et la musique.

— Qu'importe? réplique le philosophe. Un homme sage est au-dessus de toutes les injures qu'on peut lui dire.

Mais chacun soutient que son métier est supérieur aux autres. Le maître d'armes se joint aux deux autres professeurs. Alors le philosophe leur répond à tous, que leurs sciences ne valent rien, et que, du reste, la philosophie seule, qui enseigne la sagesse, a de la valeur. Des injures, ils en arrivent aux coups, et sous les yeux épouvantés de leur élève, Monsieur Jourdain, tous les quatre sortent de chez lui en se battant. Pourquoi Monsieur Jourdain ne comprend-il pas que savoir et sagesse sont souvent des choses bien différentes, et qu'on peut être peu instruit et pourtant sage—tandis qu'on peut être parfois sot et méchant malgré son savoir?

(D'après Molière)

Versailles—L'Allée du Château.   FRENCH NATIONAL TOURIST OFFICE

XIII
VERSAILLES

La ville de Versailles est située à une quinzaine de milles de Paris, mais, à cause du rôle qu'elle a joué, cette ville fait presque partie de Paris et on ne doit pas visiter Paris sans visiter aussi Versailles.

Autrefois Versailles n'était qu'un petit village perdu au milieu des bois qui entouraient Paris. Les rois de France, qui aimaient beaucoup chasser, s'y arrêtaient souvent: c'est là que le roi Louis XIII avait, au début du dix-septième siècle, un pavillon de chasse. L'endroit plut

Versailles—Vue du Château. FRENCH NATIONAL TOURIST OFFICE

tellement à son fils, Louis XIV, que celui-ci résolut d'y faire construire un palais et dessiner un jardin. Ce palais et ce jardin existent encore aujourd'hui.

Le palais comprend une suite de galeries et de vastes salons, pleins de meubles gracieux, et dont quelques-uns sont encore tels qu'ils étaient à l'époque de Louis XIV: ainsi la chambre où couchait le Grand Roi, avec son lit monumental. Aux murs des salons et des galeries sont suspendus des tableaux représentant des scènes de l'histoire de France.

Quand on visite le château, on a, de chaque fenêtre, une vue sur quelque coin de l'immense parc qui l'entoure. Ce parc, que le roi Louis XIV avait fait dessiner par l'architecte Le Nôtre, est un exemple parfait du style classique français: les allées droites, les arbres bien taillés, les statues, les bassins et les canaux sont disposés pour donner aux jardins un air symétrique et noble.

Il avait été, au dix-septième siècle, très difficile de construire tous ces bassins et ces canaux, car Versailles manquait d'eau. Louis XIV avait voulu faire venir l'eau de l'Eure, petite rivière qui se trouve à soixante milles de là; mais devant la difficulté de ce projet, on fut obligé de faire venir l'eau de moins loin, d'un plateau situé entre Versailles et la ville voisine de Rambouillet.

C'est dans le château et dans le parc de Versailles que vivait le Grand Roi,— le Roi Soleil, au milieu de sa cour. Comme le roi désirait être le maître absolu de la France, et comme il se souvenait des troubles et des guerres civiles du temps de son enfance, il voulait avoir près de lui, sous ses yeux, les chefs de la noblesse française. Sans doute, personne n'était forcé de venir à Versailles, mais, si l'on ne s'y montrait pas souvent, le roi ne vous le pardonnait pas, et si l'on demandait une faveur pour quelqu'un qui ne venait pas à Versailles, le roi répondait d'un air froid: «C'est un homme que je ne vois jamais!»

Afin de donner à la cour de la dignité et de la grandeur, le roi y avait réglé la vie dans ses plus petits détails, pour chaque repas, chaque réception, chaque fête. L'étiquette décrivait, par exemple, qui aurait le droit de se tenir près de la table du roi quand il prendrait son repas, et sur quelle sorte de siège, fauteuil, chaise ou tabouret, telle personne devrait s'asseoir.

Château de Versailles. A GAUCHE: *La Galerie des Glaces.*
A DROITE: *Maison de la reine.* MAYWALD FROM THREE LIONS

Tout, jusqu'au moindre geste, était ordonné.

La vie, à Versailles, était très animée, la conversation brillante, les costumes élégants. Il y avait souvent des comédies de Molière, de la musique de Lulli, des ballets, et aussi des fêtes sur le canal, avec des gondoles vénitiennes. Le roi aimait la musique et le son des violons se mêlait au bruit des fontaines: les violons du roi jouaient pour lui, du matin au soir, aux repas et pendant ses promenades.

Versailles avait connu sa période la plus brillante pendant la première partie de la vie de Louis XIV. Peu de temps avant sa mort, regrettant ses dépenses et son orgueil, il disait à son arrière-petit-fils, le futur Louis XV, âgé de cinq ans:

«Mon enfant, vous pouvez être un grand roi; mais n'imitez pas le goût que j'ai eu pour les bâtiments, ni celui que j'ai eu pour la guerre.»

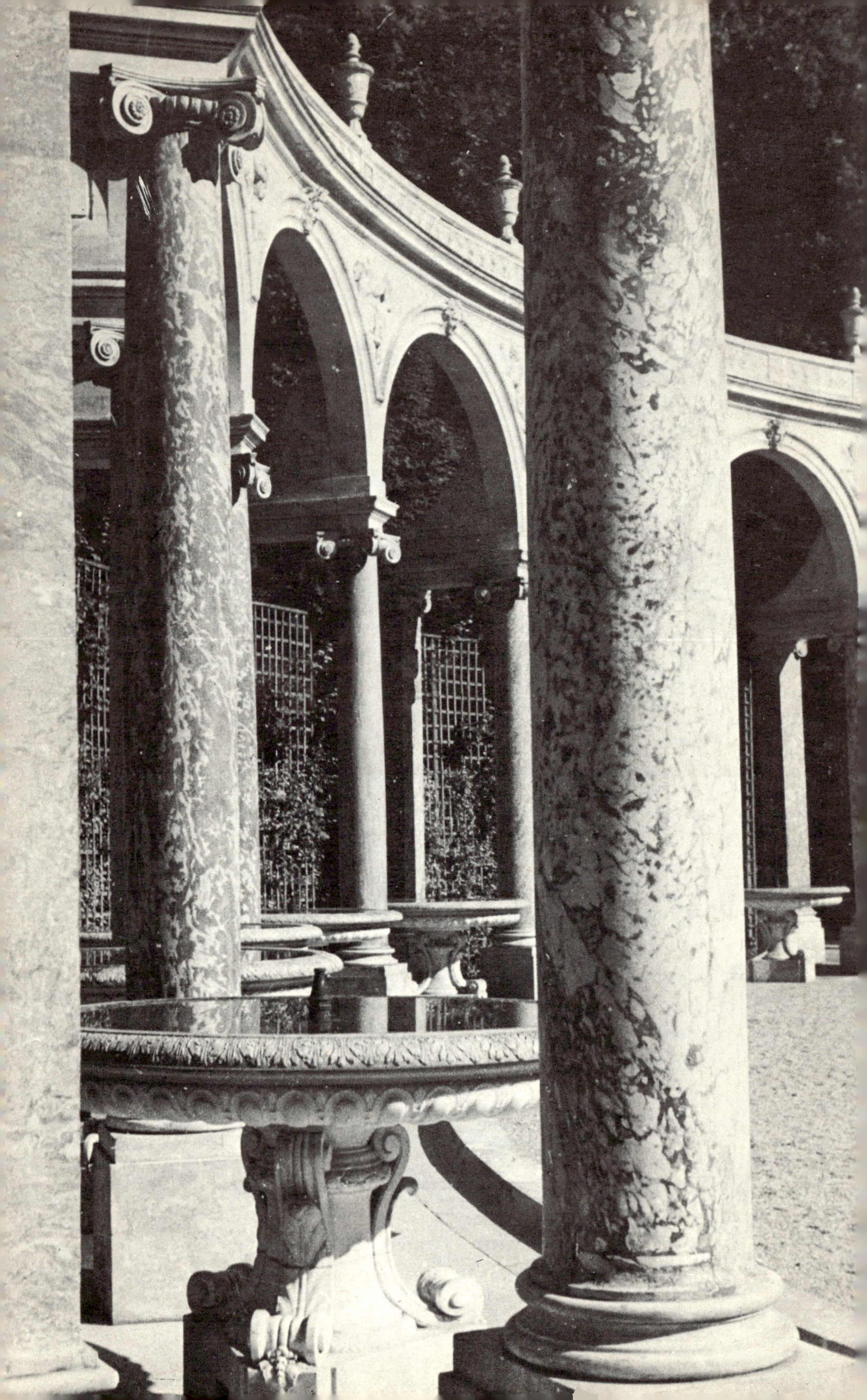

Et, en effet, les folles dépenses de Louis XIV furent une des causes lointaines de la Révolution de 1789, qui mit fin à l'ère de Versailles.

Au fond du parc, on aperçoit, cachés par les arbres, les deux châteaux du Grand Trianon et du Petit Trianon, dont le premier fut construit sous Louis XIV, et l'autre sous Louis XV.

Comme la reine avait exprimé le désir d'avoir une maison de campagne, où elle pût faire ce qu'elle voudrait, le roi Louis XVI, qui l'avait appris, lui dit:

«Madame, je suis en état de satisfaire votre désir. Je vous prie d'accepter, pour votre usage particulier, le Grand et le Petit Trianon.»

La reine fut très sensible à ce cadeau et répondit en riant au roi, qu'elle l'acceptait s'il promettait qu'il n'y viendrait que lorsqu'il serait invité.

Le Grand Trianon est un somptueux palais de marbre rose et vert, mais c'est le Petit Trianon qui est le plus gracieux et le plus agréable. C'est là, au milieu des arbres, que se trouve le village de Marie-Antoinette. Celle-ci y venait, avec quelques amies, oublier les soucis et l'étiquette de la cour. Elle habitait une ferme: elle y avait des vaches, et des poulets qu'elle nourrissait elle-même. C'était, à ce moment, la mode de mener une vie plus simple et plus naturelle.

De nos jours, le palais de Versailles est, avant tout, un musée, et quand on se promène dans les tranquilles allées du parc, on ne peut s'empêcher de penser à tous les personnages, aimables ou terribles, qui y passèrent.

Versailles fut d'abord la demeure d'un roi admiré dans toute l'Europe: en effet, les manières, le genre de vie, le palais lui-même, furent imités, et des copies du château et du parc furent construites un peu partout.

Mais Versailles est aussi un des chefs-d'œuvre de l'esprit classique français. Quand un visiteur s'attarde, un soir, au coucher du soleil, dans le parc, parmi les arbres, les statues, les bassins calmes, il songe à l'hommage que le poète français contemporain Henri de Régnier a rendu à Versailles, dans «*La Cité des Eaux,*» où il parle de:

> La grandeur taciturne et la paix monotone
> De ce mélancolique et suprême séjour,
> Et ce parfum de soir et cette odeur d'automne
> Qui s'exhalent de l'ombre avec la fin du jour.

Versailles—La Rotonde de Mansard.   MAYWALD FROM THREE LIONS

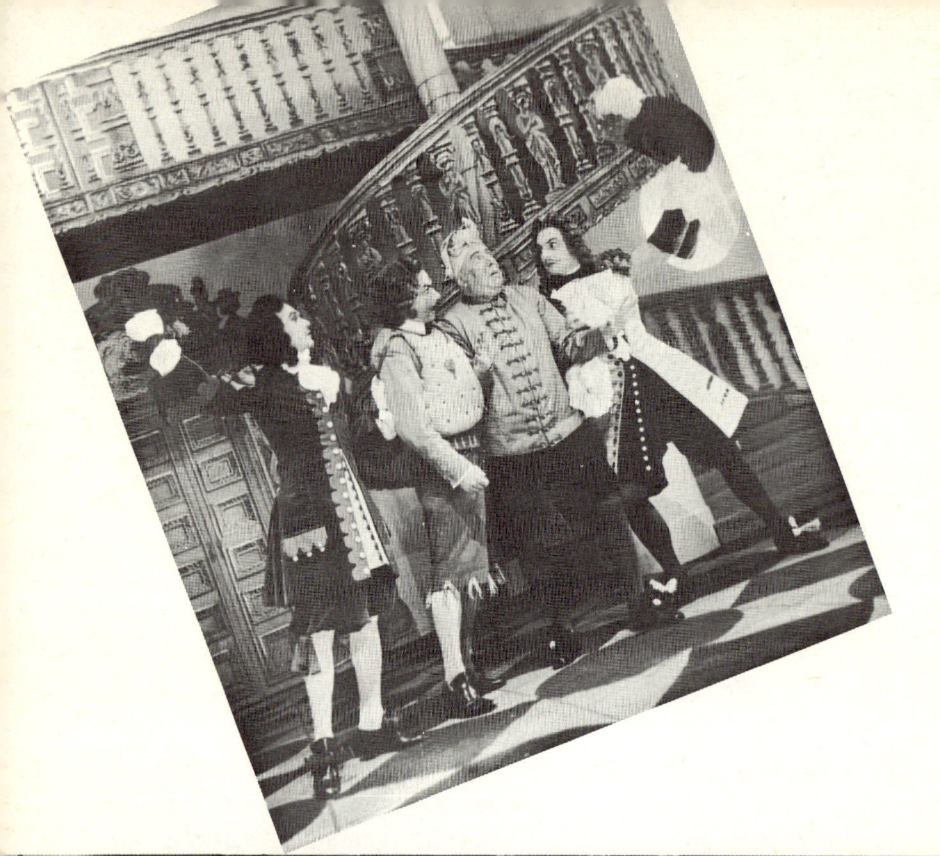

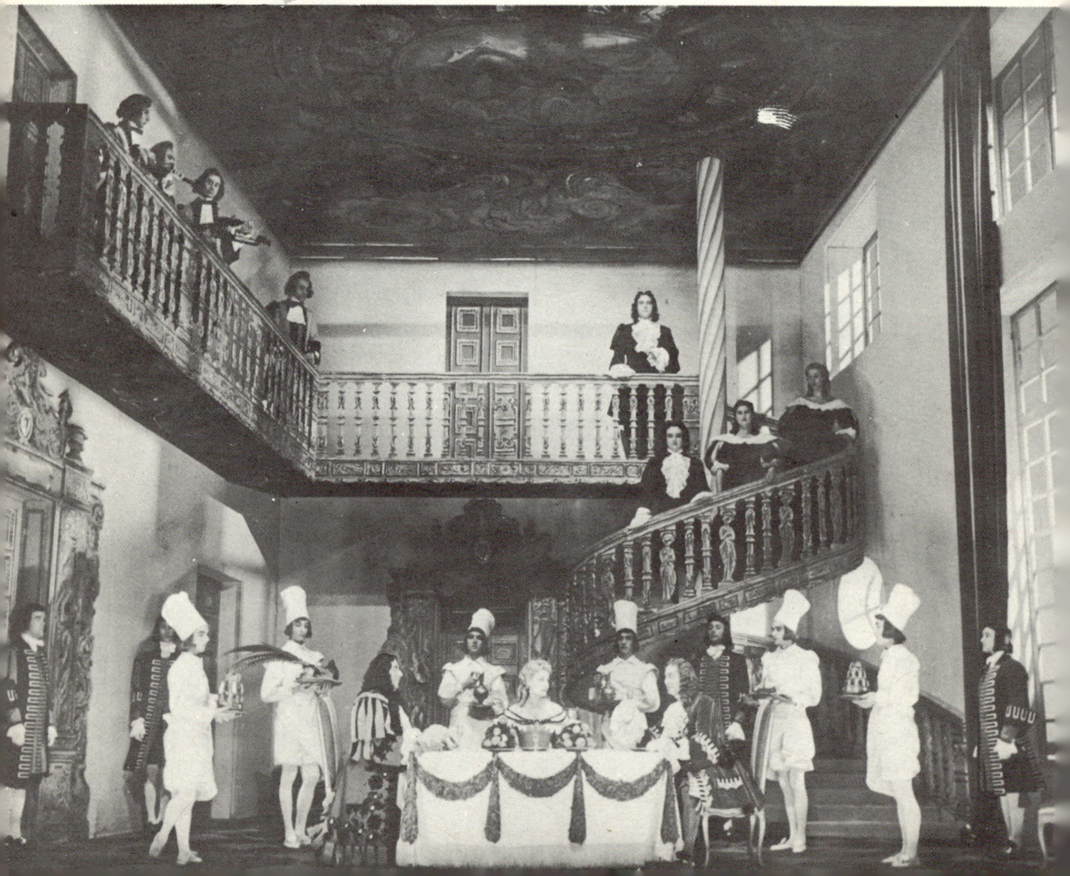

XIV
MONSIEUR JOURDAIN ET LE PHILOSOPHE

Les professeurs de Monsieur Jourdain sont sortis en se battant. Quelques instants après la bataille, le professeur de philosophie revient.

— Monsieur, lui dit poliment Monsieur Jourdain, je suis fâché des coups qu'ils vous ont donnés.

— Cela n'est rien, Monsieur, répond le professeur. Un philosophe sait recevoir les coups du sort. Oublions cela. Que voulez-vous apprendre?

— Je veux apprendre toutes les sciences.

— Bien... Avez-vous quelques principes des sciences?

— Oh oui, je sais lire et écrire.

— Bien... Par où commencerons-nous? Voulez-vous apprendre la logique?

Mais, quand le professeur lui décrit la logique, Monsieur Jourdain trouve cette science trop difficile. Le professeur lui décrit ensuite la morale, la physique, mais ces sciences ne plaisent pas davantage à Monsieur Jourdain.

— Que voulez-vous donc apprendre? demande le professeur.

— Enseignez-moi l'orthographe.

— Bon... Pour traiter cette science en philosophe, commençons par étudier la nature des lettres: les lettres sont divisées en voyelles et en consonnes. Il y a cinq voyelles: A, E, I, O, U.

— Je comprends tout cela....

— On prononce A en ouvrant bien la bouche.

— A, A, oui...

Et le professeur lui explique comment il faut prononcer chaque voyelle. Monsieur Jourdain trouve cette leçon admirable.

— Vous voyez, remarque le professeur, que votre bouche, quand vous prononcez la voyelle O, est comme un petit rond qui représente un O.

— Ah oui... O, O. Il n'y a rien de plus vrai! Cela est merveilleux...

A GAUCHE: *Deux scènes de la comédie "Le Bourgeois Gentilhomme" de Molière.* FRENCH EMBASSY

57

— C'est assez pour aujourd'hui, conclut le professeur, qui commence à être fatigué. Demain je vous expliquerai les consonnes.

— Y a-t-il des choses aussi intéressantes dans les consonnes que dans les voyelles? demande Monsieur Jourdain.

— Oh oui! Par exemple, on prononce la consonne D, en plaçant la langue contre les dents. D, D...

— Da, Da... Oui, en effet. C'est merveilleux! Mais avant votre départ, Monsieur le professeur, je veux vous confier quelque chose. Je suis amoureux d'une dame de qualité. Pouvez-vous m'aider à composer pour elle une lettre d'amour?

— Volontiers, Monsieur... Voulez-vous lui écrire un lettre... en vers?

— Non, je ne veux pas de vers...

— Alors vous voulez de la prose.

— Non, je ne veux ni prose, ni vers.

— Mais, Monsieur, il faut écrire en vers, ou bien en prose.

— Pourquoi...

— Parce que, Monsieur, il n'y a, pour s'exprimer, que la prose ou les vers.

— Vraiment? Et quand on parle, qu'est-ce que c'est?

— De la prose...

— Quoi? Quand je dis: Nicole, apportez-moi mes souliers et donnez-moi mon chapeau, c'est de la prose?

— Oui, Monsieur...

— Alors, je dis de la prose depuis plus de quarante ans, et je ne le savais pas! Je vous suis fort obligé, Monsieur, de m'avoir enseigné cela! Eh bien, je voudrais écrire à cette dame: «Belle marquise, vos beaux yeux me font mourir d'amour.» Mais je veux dire cela d'une manière plus élégante.

— Bon... Dites-lui que votre cœur brûle...

— Non! Je ne veux pas cela... Je veux ce que je vous ai dit...

— Bon. On peut mettre, comme vous avez dit: «Belle marquise, vos beaux yeux me font mourir d'amour.» Ou bien: «D'amour mourir me font, belle marquise, vos beaux yeux.» Ou bien: «Vos beaux yeux d'amour me font, belle marquise, mourir.» Ou bien: «Mourir vos beaux yeux, belle marquise, d'amour me font.» Ou bien: «Me font vos beaux yeux mourir, belle marquise, d'amour...»

— Mais quelle est la meilleure de toutes ces façons, Monsieur le professeur?

— Celle que vous avez dite: «Belle marquise, vos beaux yeux me font mourir d'amour.»

— Vraiment? Je n'ai jamais étudié et pourtant j'ai trouvé cela du premier coup. Je vous remercie beaucoup, Monsieur le professeur, et je vous prie de venir demain de bonne heure...

— Je n'y manquerai pas, Monsieur Jourdain...

(d'après Molière)

XV
LE QUARTIER LATIN

Le Quartier latin se trouve sur la rive gauche de la Seine, au pied de la colline Sainte-Geneviève. C'est l'endroit où fut fondée l'université de Paris. On l'appelle le Quartier latin, parce qu'autrefois les cours s'y faisaient en latin: les professeurs et les élèves ne trouvaient pas que la langue française, parlée par les marchands et les bourgeois, était digne de servir aux travaux de leurs écoles.

Déjà, au douzième siècle, avant même l'époque de Saint-Louis, des maîtres célèbres dans l'Europe entière, comme Abélard ou Saint-Bernard, y enseignaient. Les étudiants venaient de tous les pays d'Europe pour y étudier: la plupart étaient très pauvres et habitaient les caves ou les porches des églises, et souvent les professeurs faisaient leur cours au coin d'une rue.

Des personnes riches et généreuses eurent pitié de la misère de ces jeunes gens qui venaient de si loin, et créèrent pour eux des maisons de refuge. Les premières maisons furent fondées pour des Suédois et des Danois, puis ensuite, pour des étudiants de France. Telle fut l'origine des collèges, dont certains allaient devenir célèbres.

Ainsi, le plus remarquable, dont l'histoire allait se confondre en partie avec celle de l'université de Paris, fut fondé en 1257 par Robert de Sorbon, qui était le chapelain du roi Saint-Louis. Il réunit quelques étudiants pauvres et quelques maîtres de théologie. Le roi lui donna un bâtiment. Bientôt d'autres personnes s'intéressèrent à cette maison, si bien que, quand Robert de Sorbon mourut, en 1274, le collège, devenu très important, comprenait plusieurs jardins et plusieurs bâtiments.

L'exemple de Robert de Sorbon fut suivi, et dans la deuxième moitié du treizième siècle, le nombre de collèges augmenta: au milieu du quinzième siècle, il y en avait environ quatre-vingts.

A cette époque, le Quartier latin était rempli de petites rues étroites et sombres, où se faisait un commerce actif.

L'université possédait aussi, non loin de là, un terrain de jeux et de promenades, le Pré-aux-Clercs. Les étudiants y allaient deux fois par semaine et leurs jeux, souvent violents, provoquaient parfois des que-

Professeurs et étudiants au moyen âge.

relles avec les voisins. Deux rues rappellent aujourd'hui le souvenir de ce temps: la rue de l'Université et la rue du Pré-aux-Clercs.

Mais c'était surtout la nuit, après le coucher du soleil, que des batailles éclataient dans le Quartier latin. Or, il était défendu de faire du bruit pendant la nuit: après une certaine heure, il fallait dormir ou rester tranquillement chez soi.

Les étudiants en théologie étaient les plus sérieux; tandis que ceux de la faculté des arts, qui étaient les plus nombreux et les plus jeunes, car on les acceptait à partir de quatorze ans, faisaient le plus de bruit. Il y avait parmi eux quelques mauvais garçons; l'un d'entre eux s'appelait François Villon.

Aujourd'hui, le Quartier latin est aussi animé que jadis, mais il a beaucoup changé. Si l'on y trouve encore les petites rues étroites qui rappellent le moyen âge, il est maintenant traversé par de larges rues claires et par des boulevards magnifiques.

On n'y parle plus latin, mais on y entend toutes les langues du monde, car là viennent travailler des jeunes gens de tous les pays, en particulier des États-Unis. Ceux-ci fréquentent surtout l'École des beaux-arts, et sont, pour la plupart, des peintres et des architectes.

Au centre du Quartier latin se trouve la Sorbonne, siège de la faculté des Lettres et de celle des Sciences. C'est un bel édifice qui a été bâti il y a une cinquantaine d'années. Non loin de là, se trouvent l'École de droit, l'École de médecine, et deux autres écoles justement célèbres: l'École des hautes-études, qui date du dix-neuvième siècle, et le Collège de France, qui s'appelait autrefois le Collège Royal, et qui fut fondé par François Ier, à l'époque de la Renaissance.

La Sorbonne. BURTON HOLMES FROM EWING GALLOWAY

A GAUCHE: *Jardin du Luxembourg.* A DROITE: *Musée de Cluny.*

FRENCH NATIONAL TOURIST OFFICE

C'est en 1530, en effet, que François Ier, qui s'intéressait vivement aux lettres, décida de nommer des «lecteurs royaux,» qui feraient leurs cours en français—et non plus en latin, comme cela se faisait alors —et qui seraient payés par le roi, et non par leurs élèves. Le roi leur garantissait une indépendance entière. Le Collège de France actuel, qui est celui des anciens lecteurs royaux, est une école où des maîtres français et étrangers viennent enseigner, en toute liberté, des sujets d'importance.

Le Quartier latin n'est pas, comme le croient certaines personnes, un lieu frivole où les étudiants passent leur temps à boire et à causer dans les cafés. Sans doute, il y a toujours de la gaieté dans l'air, car les étudiants français aiment le rire et la conversation; mais ils travaillent beaucoup, car ils doivent préparer des examens ou des concours souvent très difficiles; aussi n'ont-ils guère de temps à consacrer aux sports et à d'autres distractions.

Quand il fait beau, les étudiants aiment aller s'asseoir dans les jardins du Luxembourg ou du musée de Cluny qui se trouvent tous les

Cité universitaire:
Pavillon
des Provinces.
THREE LIONS

deux tout près de la Sorbonne: ils se reposent, en lisant ou en causant, à l'ombre des arbres.

De nos jours, le Quartier latin ne se trouve plus tout entier entre la place Saint-Michel et la Montagne Sainte-Geneviève. Sur la colline de Montsouris, au sud du Quartier latin, s'étend la Cité universitaire. Comme Robert de Sorbon, au moyen âge, avait aidé les étudiants pauvres en leur offrant l'hospitalité,—aujourd'hui, des personnes généreuses de pays étrangers, dont les Américains au premier rang, ont construit des maisons pour les étudiants méritants. Ainsi, dans chaque maison nationale, les étudiants étrangers retrouvent un peu de leur lointaine patrie, et ils y sont à l'abri de bien des misères.

Grâce à la Cité universitaire, les étudiants de toutes langues et de toutes races apprennent à se connaître et à se comprendre. L'esprit de l'université de Paris est un esprit de culture universelle, et c'est pourquoi il ne cesse, depuis le moyen âge, d'attirer vers lui une grande partie de l'élite intellectuelle de tous les pays.

LE FESTIN
DE PIERRE,
COMÉDIE.

ACTE PREMIER.
SCENE PREMIERE.
SGANARELLE, GUSMAN.

SGANARELLE *tenant une tabatiére.*

Quoi que puisse dire Aristote, & toute la philosophie, il n'est rien d'égal au tabac ; c'est là la passion des honnêtes gens, & qui vit sans tabac, n'est pas digne de vivre. Non seulement il réjouit, & purge les cerveaux humains, mais encore il instruit les ames à la vertu, & l'on apprend avec lui à devenir honnête homme. Ne voyez-vous

XVI
L'ART DE NE PAS PAYER SES DETTES

Un domestique vient dire à Don Juan que Monsieur Dimanche, à qui il doit de l'argent, attend à la porte depuis une heure et refuse de partir avant de lui avoir parlé. Don Juan ordonne à son domestique de faire entrer Monsieur Dimanche.

DON JUAN: Ah! Monsieur Dimanche, approchez! Que je suis ravi de vous voir, et que je veux de mal à mes domestiques de ne pas vous avoir fait entrer sans vous faire attendre! Je leur avais ordonné de ne laisser entrer personne; mais cet ordre n'est pas pour vous et vous avez le droit de ne jamais trouver la porte fermée chez moi.

MONSIEUR DIMANCHE: Monsieur, je vous suis fort obligé.

DON JUAN (*parlant à ses domestiques, avec colère*): Vous, je vous apprendrai à laisser attendre Monsieur Dimanche, et je vous ferai connaître les gens.

Monsieur Dimanche: Monsieur, cela n'est rien.

Don Juan (à Monsieur Dimanche): Comment! vous dire que je n'y suis pas, à Monsieur Dimanche, au meilleur de mes amis!

Monsieur Dimanche: Monsieur, je suis votre serviteur. J'étais venu...

Don Juan: Allons vite, un siège pour Monsieur Dimanche.

Monsieur Dimanche: Monsieur, je suis bien comme cela.

Don Juan: Non, non, je veux que vous soyez assis tout près de moi.

Monsieur Dimanche: Cela n'est pas nécessaire.

Don Juan (au domestique): Otez cette chaise, et apportez un fauteuil.

Monsieur Dimanche: Monsieur, vous me faites trop d'honneur, et...

Don Juan: Non, non, je sais ce que je vous dois, et ne veux pas qu'on fasse de différence entre nous deux.

Monsieur Dimanche: Monsieur. . . .

Don Juan: Allons, asseyez-vous.

Monsieur Dimanche: Je n'ai pas besoin de m'asseoir, monsieur, je n'ai qu'un mot à vous dire. J'étais...

Don Juan: Asseyez-vous là, vous dis-je.

Monsieur Dimanche: Non, monsieur, je suis bien. Je viens pour...

Don Juan: Non, je ne vous écoute pas si vous n'êtes pas assis.

Monsieur Dimanche: Monsieur, je fais ce que vous voulez. Je...

Don Juan: Ah! Ah! Monsieur Dimanche, vous vous portez bien.

Monsieur Dimanche: Oui, monsieur, pour vous servir. Je suis venu...

Don Juan: Vous avez une santé merveilleuse, des lèvres fraîches et des yeux vifs.

Monsieur Dimanche: Je voudrais bien...

Don Juan: Comment se porte Madame Dimanche, votre épouse?

Monsieur Dimanche: Fort bien, monsieur, Dieu merci.

Don Juan: C'est une brave femme.

Monsieur Dimanche: Elle est votre servante, Monsieur. Je venais...

Don Juan: Et votre fille Claudine, comment se porte-t-elle?

Monsieur Dimanche: Le mieux du monde...

Don Juan: Quelle jolie petite fille! Je l'aime de tout mon cœur.

Monsieur Dimanche: Monsieur, vous lui faites trop d'honneur. Je vous...

Don Juan: Et votre petit garçon, fait-il toujours bien du bruit quand il joue?

Monsieur Dimanche: Toujours de même, Monsieur. Je...

Don Juan: Et votre petit chien Brusquet, gronde-t-il toujours aussi fort, et mord-il toujours bien aux jambes les gens qui vont chez vous?

Monsieur Dimanche : Plus que jamais, Monsieur, et nous ne pourrions le faire taire.

Don Juan : Ne vous étonnez pas si je vous demande des nouvelles de toute la famille, car je m'y intéresse beaucoup.

Monsieur Dimanche : Monsieur, nous vous sommes très obligés. Je...

Don Juan *(lui tendant la main)* : Touchez là, Monsieur Dimanche. Êtes-vous bien de mes amis ?

Monsieur Dimanche : Monsieur, je suis votre serviteur.

Don Juan : Et moi je suis à vous de tout mon cœur.

Monsieur Dimanche : Monsieur, vous avez trop de bonté pour moi.

Don Juan : Et cela sans intérêt, je vous prie de le croire.

Monsieur Dimanche : Monsieur, je ne suis pas digne de tant de bonté. Mais...

Don Juan : Ah ! Monsieur Dimanche, sans façon, voulez-vous déjeuner avec moi ?

Monsieur Dimanche : Non, Monsieur, il faut que je m'en aille tout de suite.

Don Juan *(se levant)* : Allons, vite des lumières pour conduire Monsieur Dimanche, et que quatre ou cinq domestiques prennent des fusils pour l'accompagner !

Monsieur Dimanche : *(se levant de même)* : Monsieur, cela n'est pas nécessaire, et je m'en irai bien tout seul. Mais...

Don Juan *(pendant qu'un domestique ôte vite les sièges)* : Comment ! Je veux qu'on vous accompagne, et je m'intéresse trop à votre personne. Je suis votre serviteur, et de plus je vous dois beaucoup.

Monsieur Dimanche : Ah ! Monsieur...

Don Juan : C'est une chose que je ne cache pas, et je le dis à tout le monde.

Monsieur Dimanche : Si...

Don Juan : Voulez-vous que je vous accompagne ?

Monsieur Dimanche : Ah ! Monsieur, vous vous moquez. Monsieur...

Don Juan : Embrassez-moi donc, s'il vous plaît. Je vous prie encore une fois d'être sûr que je suis votre ami, et que je ferais n'importe quoi pour vous servir. *(Il sort.)*

(D'après Molière.)

XVII
VOLTAIRE

Le dix-huitième siècle est une période de l'histoire de France pendant laquelle se prépare lentement la Révolution de 1789. Le roi Louis XIV avait exercé un pouvoir absolu; après sa mort, en 1715, un esprit de critique et de révolte apparaît un peu partout, à Paris et dans les provinces. En particulier, les écrivains commencent à critiquer ouvertement les abus et travaillent à renverser le régime: parmi ceux-ci, nul n'y a contribué plus que Voltaire, par ses actions et par ses écrits. On a pu dire que, comme le dix-septième siècle avait été appelé le siècle de Louis XIV, le dix-huitième devrait s'appeler le siècle de Voltaire.

C'est à Paris que, comme Molière, Voltaire naquit, le 22 novembre 1694. Il s'appelait, de son vrai nom, Arouet. Comme Molière aussi, il fit ses études au Collège de Clermont, qui était devenu le Collège Louis-le-Grand. Le jeune Arouet

Voltaire.. THE BETTMANN ARCHIVE

fut un brillant élève, à l'esprit vif, quelquefois léger, un vrai gamin de Paris.

A vingt ans, il mena à Paris une vie joyeuse dans le monde littéraire et aristocratique. Il fréquenta les maisons et les salons de ses anciens camarades du Collège Louis-le-Grand. En 1715, à la mort du roi Louis XIV, le peuple de Paris éprouva un sentiment de joie: on avait été si longtemps obligé de garder le silence, que maintenant on se moquait ouvertement du roi et du régime.

Des vers très méchants contre le Régent ayant paru, Voltaire, dont on connaissait l'esprit mordant, fut accusé de les avoir écrits. Ce n'était peut-être pas lui. Malgré tout, il fut arrêté et jeté dans la prison de la Bastille, que le peuple de Paris allait prendre et détruire la première année de la Révolution. Voltaire resta dix-huit mois à la Bastille; pendant son séjour en prison, il travailla et écrivit beaucoup, car il voulait devenir un grand poète.

Quand il fut remis en liberté, Voltaire mena de nouveau la même vie dans la société de ses amis cultivés et joyeux. C'est à ce moment qu'arriva à Voltaire une mésaventure qui devait avoir une profonde influence sur son esprit et sur sa vie.

Un jour il avait rencontré, chez un de ses amis, un gentilhomme, le chevalier de Rohan, qui n'aimait pas Voltaire. Comme celui-ci lui avait répondu avec insolence, le chevalier fit attendre Voltaire par ses domestiques à la porte de la maison. Ceux-ci se jetèrent sur lui et lui donnèrent de violents coups de bâton. Voltaire tut gravement malade à la suite de ces coups, mais dès qu'il fut guéri, il décida de se venger du chevalier de Rohan, et il l'appela en duel.

Comme il n'était qu'un bourgeois, tandis que M. de Rohan appartenait à la noblesse, Voltaire fut de nouveau mis à la Bastille. Cette fois, il n'y resta que quelques jours, mais quand il en sortit, on lui demanda de quitter la France. Voltaire fut révolté par cette injustice; c'était lui qui avait reçu une injure et c'était lui que l'on punissait. La France était vraiment un pays où il était difficile à un homme libre de vivre.

Il quitta donc la France et alla s'établir en Angleterre. Il y fut bien reçu et il y vécut dans la maison d'un riche marchand: M. Falkener. Il y rencontra le grand écrivain anglais Swift, auteur des *Voyages de Gulliver*. C'est en Angleterre qu'il lut les œuvres des philosophes anglais et en particulier celles de John Locke.

De retour en France, il publia son livre *Les Lettres philosophiques* où il louait les coutumes et les lois anglaises, et se moquait du régime politique et social de la France. Le livre fut condamné à être brûlé et Voltaire fut obligé de quitter encore une fois Paris et de se cacher dans un château, dans l'est de la France.

Au château de Cirey, il mena une vie agréable et animée. A cette époque, il commença à échanger des lettres avec le roi de Prusse, Frédéric-le-Grand, qui avait entendu parler de lui. Frédéric, qui avait été élevé par des réfugiés français, parlait et écrivait très bien le français. Voltaire, que le roi de France n'aimait pas, et qui gardait un mauvais souvenir de son dernier séjour à Paris, accepta l'invitation que lui faisait le roi Frédéric de venir habiter à Potsdam.

Voltaire, ravi, partit pour la Prusse. Tout d'abord, il vécut très heureux à la cour du roi. Dès son arrivée, de grandes fêtes furent données en son honneur, et très vite il devint un compagnon familier du roi. Malheureusement, au bout de quelque temps, les deux amis se fâchèrent et tout se gâta. Etait-ce la faute du roi ou celle de Voltaire? Toujours est-il que Voltaire s'aperçut qu'il ne pouvait y avoir pour lui plus de liberté à Potsdam qu'à Paris.

Il s'enfuit de Potsdam, puis, après s'être arrêté en Suisse, il s'établit enfin en France, mais tout près de Genève, au château de Ferney où il espérait vivre tranquille. C'est là qu'il passa les vingt dernières années de sa vie, et qu'il lutta, par ses lettres, par ses pièces de théâtre, par ses pamphlets—contre la tyrannie et le fanatisme.

C'est là qu'il écrivit *Candide*, son plus grand livre, où éclate son esprit mordant et où s'exprime le mieux sa philosophie. Il y raconte les aventures et les malheurs d'un jeune homme simple et naïf, Candide, dans un monde absurde et méchant. Dans ce livre, Voltaire se moque des gens dont le facile optimisme estime que «tout est pour le mieux dans le meilleur des mondes.» Au contraire, Voltaire pense qu'il faut, à chaque instant, sans cesse, agir; il faut que chacun combatte l'injustice sous toutes ses formes. C'est probablement ce que veut dire la dernière phrase du livre qui nous offre ce conseil d'action: «Il faut cultiver notre jardin...»

Et telle était la vie que menait Voltaire, qui mit en pratique le conseil donné dans *Candide*. Son nom était connu dans toute l'Europe. De tous les pays, il recevait de nombreuses lettres, et il en échangeait avec les empereurs et les rois. Frédéric-le-Grand, qui n'était plus fâché contre Voltaire, et Catherine de Russie, étaient ses amis.

A Ferney, ayant appris par un voyageur la terrible affaire Calas, Voltaire décida d'agir. Calas, marchand de Toulouse, qui était protestant, avait été injustement accusé d'avoir tué un de ses fils, parce que celui-ci avait abandonné la religion paternelle; Calas avait été condamné à mort et exécuté. Voltaire était sûr que Calas et sa famille avaient été les victimes de mauvais juges et du fanatisme religieux. Il écrivit de nombreuses lettres, se servit de ses amis puissants en France et en Europe et grâce à lui, la famille Calas fut réhabilitée. Aujourd'hui, en France, tout le monde connaît l'affaire Calas et le rôle courageux et généreux que joua Voltaire. Il disait, en riant, de lui-même, qu'il était l'avocat des gens mal jugés. Est-il possible d'avoir un plus beau titre?

Comme le roi Louis XV était mort et que Louis XVI venait de lui succéder, Voltaire revint à Paris, dont il avait toujours aimé la vie brillante. Son retour dans la capitale fut un triomphe. Tout le monde parlait de lui, dans les salons, dans les cafés, à l'Académie française. Benjamin Franklin qui était à ce moment-là à Paris et qui admirait beaucoup Voltaire, lui amena un jour son petit-fils et lui demanda de donner sa bénédiction à celui-ci. Voltaire le fit en disant: «God and Liberty.»

Un soir, il assistait avec des amis à la représentation de sa tragédie *Irène*. A la fin de la pièce, il fut ramené chez lui par la foule qui l'avait reconnu. Mais, usé par les travaux, les luttes, il mourut, peu après, à l'âge de quatre-vingt-quatre ans.

Quinze ans après sa mort, il fut honoré par la Révolution française qu'il avait annoncée et préparée. Aucun écrivain français ne mit jamais plus de talent, d'énergie et d'esprit au service de la tolérance et de la justice.

XVIII
JEANNOT ET COLIN (I)

(L'action se passe dans les premières années du dix-huitième siècle.)

Monsieur et Madame de la Jeannotière, qui avaient fait fortune, vinrent s'établir à Paris avec leur jeune fils, Jeannot, âgé de quinze ans. Comme ils étaient riches et qu'ils allaient fréquenter la bonne société, ils décidèrent de donner à leur fils, le jeune marquis Jeannot, une éducation digne de sa fortune.

Le père de Jeannot voulait que

son fils apprenne le latin, comme le faisaient à cette époque presque tous les élèves des collèges de France. Au contraire, la mère du jeune homme ne le voulait pas. Ils s'adressèrent à un de leurs amis qui était connu pour ses succès littéraires; ils l'invitèrent à dîner et lui demandèrent ce qu'il en pensait :

— Vous savez le latin, cher ami, lui dirent-ils. Est-il bon de le faire apprendre à notre fils?

— Moi, répondit-il, le latin? Mais vous vous trompez, je n'en sais pas un seul mot. Et j'estime qu'il est tout à fait inutile de le faire apprendre à votre fils. Du reste, il vaut mieux ne pas apprendre de langue étrangère. On parle beaucoup mieux sa langue maternelle, si on n'en sait pas d'autre. Croyez-moi, ne lui faites pas apprendre le latin.

La mère de Jeannot fut ravie d'entendre cet avis.

— Eh bien! n'avais-je pas raison? demanda-t-elle. Pourquoi apprendre cette langue morte? Est-ce qu'on joue une comédie, ou un opéra, en latin? Se sert-on du latin dans le commerce, dans l'industrie? Mon fils n'a pas besoin de le savoir pour réussir dans le monde.

Monsieur de la Jeannotière, convaincu par ces raisons, fit alors cette remarque :

— Bon, il n'apprendra pas le latin. Mais qu'apprendra-t-il donc? Car, il faut qu'il apprenne quelque chose. Ne pourrait-il pas, croyez-vous, apprendre un peu de géographie?

— A quoi bon? A quoi cela lui servirait-il? répliqua l'homme d'esprit. Quand monsieur votre fils sera en voyage, il n'aura pas besoin de connaître les noms des villes, des villages qu'il traversera, ceux des rivières, des montagnes qu'il apercevra sur son passage. Dites-moi, s'il va de Paris à son château, en Auvergne, il n'aura pas besoin de savoir sous quelle latitude il se trouve!

— Vous avez raison, répondit le père. Mais j'ai entendu parler d'une belle science qu'on appelle, je crois, l'astronomie. J'aimerais qu'on lui en apprenne un peu.

— Comment! répondit l'ami.

Mais vous plaisantez! A quoi pourrait lui servir l'étude de l'astronomie? A quoi bon s'occuper de ce qui se passe à des millions de lieues de la terre? Vraiment, nous ne vivons plus à l'époque où l'on était obligé de se conduire par les astres! Que nous importe, après tout, l'âge de la lune?

La mère de Jeannot fut entièrement de cet avis. Quant au petit Jeannot, il était au comble de la joie, car, comme un grand nombre de jeunes gens de son âge, il ne voulait rien apprendre, et il aimait mieux s'amuser qu'étudier.

— Pourtant, remarqua sa mère, en s'adressant à leur ami, si vous pensez que l'étude de l'astronomie est inutile, je crois qu'il ne serait pas mal qu'il sache un peu d'histoire.

Mais, une fois de plus, l'homme d'esprit trouva une réponse:

— Hélas! Madame, à quoi cela sert-il? L'histoire nous raconte mille choses fausses, qui ne sont jamais arrivées. Pourquoi faire apprendre ces mensonges à votre fils? Et puis, même lorsque l'histoire nous rapporte des faits vrais, elle est ennuyeuse et inutile. Dites-moi, Madame, aujourd'hui, est-ce que vous vous intéressez vraiment à Charlemagne? Croyez-moi, ce qui se passe en ce moment est beaucoup plus intéressant.

Monsieur et Madame de la Jeannotière essayèrent encore de proposer quelques sciences, comme la géométrie et la physique.

Mais l'homme d'esprit répondit que c'étaient des sciences inutiles, comme toutes celles dont on avait déjà parlé. Du reste, il était mauvais de faire apprendre quelque chose à un jeune homme comme Jeannot. Trop apprendre risquerait de fatiguer, de détruire sa belle intelligence. De plus, on n'avait pas besoin de savoir quelque chose pour réussir dans le monde.

La conversation continua encore assez longtemps sur ce ton. Enfin, après avoir examiné les avantages et les inconvénients de toutes les sciences, il fut décidé que Jeannot apprendrait à danser.

(A suivre)

XIX
LES QUAIS DE LA SEINE

Paris—Vue prise de Notre-Dame. REFOT A.-B. FROM RAPHO-GUILLUMETTE

Descendons le boulevard Saint-Michel et dirigeons-nous vers la Seine. Nous voici arrivés sur la place Saint-Michel, au bord du fleuve. La Seine, qui traverse Paris de l'est à l'ouest, est justement célèbre, car elle a joué un rôle très important dans l'histoire de la ville de Paris.

Il y a deux mille ans, Paris n'était qu'un petit village de pêcheurs, qui vivaient sur les deux îles que nous voyons devant nous, de la place Saint-Michel: l'île de la Cité et l'île Saint-Louis. A cette époque, la Gaule était un pays sauvage, couvert d'immenses forêts, et le commerce se faisait surtout par bateau: on transportait les marchandises sur les fleuves et sur les rivières.

Lorsque César conquit la Gaule,

Miniature du XVème siècle.

ce petit village s'appelait Lutèce: les Romains transformèrent bientôt ce village en une ville.

Pendant longtemps, Paris resta une ville de bateliers. Dès le premier siècle de notre ère, ils avaient formé une puissante corporation. C'est elle qui donna à Paris ses armes. Celles-ci représentent un bateau qui navigue sur les vagues. Au-dessus du bateau, on peut lire la devise latine: FLUCTUAT NEC MERGITUR, ce qui veut dire: «Il vogue, mais ne sombre pas.»

Cette devise latine est comme un symbole de l'histoire de Paris: en effet, de l'antiquité jusqu'à nos jours, Paris a connu bien des guerres, bien des invasions, bien des malheurs. Les bateliers de Lutèce, qui avaient courageusement mis le feu à leur village pour arrêter les Romains, ne purent les empêcher de prendre leurs îles. Les Romains traversèrent la Seine, puis s'établirent sur les collines de Montmartre. Aujourd'hui, à l'extérieur de la vieille église Saint-Pierre de Montmartre, on peut encore voir les restes d'un temple bâti par les Romains.

Au cours du neuvième siècle, Paris fut attaqué par les Normands qui venaient du Danemark. Ceux-ci prirent et dévastèrent Paris plusieurs fois. Mais les Parisiens construisirent des murs autour de leur ville, et les Normands ne purent plus entrer dans Paris. Ils se retirèrent alors en Normandie, où ils se fixèrent.

Du pont Saint-Michel, nous pouvons voir, dominant les autres édifices de l'île de la Cité, la

La Seine vue de Notre-Dame. **PHOTO LIMOT FROM RAPHO-GUILLUMETTE**

AU-DESSUS: *Notre-Dame de Paris.* EN BAS: *La Conciergerie.*
FRENCH EMBASSY: INFORMATION DIVISION

cathédrale de Notre-Dame, qui fut commencée au douzième siècle et complétée au quatorzième siècle. C'est une admirable église gothique, à la fois puissante et gracieuse. Comme la plupart des cathédrales gothiques, Notre-Dame est vraiment une «bible de pierre» avec ses statues et ses vitraux qui représentent des scènes de l'Ancien et du Nouveau Testament. Ces vieilles pierres rappellent de nombreux et intéressants souvenirs de l'histoire de France.

Non loin de Notre-Dame, s'élève la Sainte-Chapelle, qui fut construite sous le règne du roi Saint-Louis, en 1249: ses vitraux aux bril-

Le Pont-Neuf.   EARL LEAF FROM RAPHO-GUILLUMETTE

lantes couleurs sont d'une grande beauté. La Sainte-Chapelle est située à l'intérieur du Palais de la Cité, où habita Saint-Louis, et qui est aujourd'hui le siège du Palais de Justice.

A la pointe de l'île de la Cité, nous apercevons le Pont-Neuf qui est le plus vieux pont de Paris. Il fut bâti par Henri IV, et, chose nouvelle à cette époque-là, c'était le premier pont sur lequel il n'y avait pas de maisons car, autrefois on bâtissait des maisons sur les ponts. Le Pont-Neuf est toujours très bien conservé. Voilà pourquoi, lorsqu'on parle d'un homme très vieux, qui jouit encore d'une bonne santé, on dit: «Il est solide comme le Pont-Neuf.»

Traversons maintenant la Seine et revenons sur la rive gauche. Nous

Au-dessus: *Bouquiniste des quais de la Seine.* En bas: *Boulevard des Italiens.*
FRENCH NATIONAL TOURIST OFFICE—PHOTO PASI, FROM THREE LIONS

voici sur les quais, sous les grands arbres qui bordent la Seine. Là, sur les parapets, le long des trottoirs, se trouvent les célèbres boîtes des bouquinistes: des milliers et des milliers de livres d'occasion, de revues, de gravures, de médailles, sont disposés dans des boîtes de métal.

De vieux marchands, assis sur une chaise, surveillent leur marchandise du coin de l'œil, ou bien causent avec quelque client. Ces marchands ressemblent à ceux qu'a décrits Anatole France, qui avait flâné sur les quais pendant son enfance, et qui aimait encore fouiller dans les boîtes, quand il était académicien: «Ces braves marchands d'esprit, qui vivent sans cesse de-

81

Place de la Concorde.   EARL LEAF FROM RAPHO-GUILLUMETTE

hors, la blouse au vent, sont si bien travaillés par l'air, les pluies, les gelées, les neiges, les brouillards et le grand soleil, qu'ils finissent par ressembler aux vieilles statues des cathédrales.»

Ainsi, le long du quai, nous arrêtant de temps à autre pour examiner un livre ou une gravure, nous continuons notre promenade, sous les grands arbres, au bord de l'eau tranquille. De l'autre côté de la Seine, en face de nous, nous voyons le Palais du Louvre, qui est un très riche musée, puis les jardins des Tuileries. Plus loin, nous apercevons la place de la Concorde, et enfin, sur l'autre rive, très loin, nous distinguons la Tour Eiffel et le dôme des Invalides: cette calme rivière, bordée de palais, d'églises, de jardins, est un des endroits du monde les plus chargés de culture et d'art.

Au-dessus:
La Tour Eiffel.
  burton holmes from
      ewing galloway
En bas:
Les Invalides.
    french embassy:
information division

XX
JEANNOT ET COLIN

(II)

(Ayant reçu, comme nous l'avons vu, ce qu'il croit être une brillante éducation, Jeannot de la Jeannotière mène à Paris la vie d'un grand seigneur. Il a, bien entendu, de nombreux amis, avec lesquels il s'amuse et pour qui il dépense beaucoup d'argent.)

Il y avait, non loin de chez Jeannot, une jeune veuve qui avait perdu sa fortune et qui appartenait à une famille noble. Elle voulut bien se résoudre à mettre en sûreté les grands biens de Monsieur et Madame de la Jeannotière, en s'en emparant, et en épousant Jeannot.

Elle l'attira chez elle, se laissa aimer, lui fit comprendre qu'il lui plaisait, l'enchanta et peu à peu lui fit perdre complètement la tête. Elle lui faisait toujours bon accueil. Tantôt elle le louait, tantôt elle lui donnait des conseils, et elle devint bientôt la meilleure amie du père et de la mère.

Une vieille voisine proposa le mariage. Les parents de Jeannot, ravis, s'empressèrent de donner leur fils à leur amie intime, qui, de plus, était de famille noble! Jeannot allait épouser une femme qu'il aimait et dont il était aimé.

Tous ses amis lui offraient leurs vœux de bonheur. On allait annoncer la nouvelle dans les journaux et déjà on travaillait aux habits de mariage.

Jeannot était, un matin, aux pieds de la charmante épouse que l'amour allait lui donner. Dans ce tête-à-tête, il disait de tendres paroles à la jeune veuve, qui lui témoignait, elle aussi, une profonde tendresse, lorsqu'un domestique de la mère de Jeannot arriva, l'air affolé:

— Je suis fâché de vous déranger, Monseigneur, dit-il, mais je vous apporte d'affreuses nouvelles. Monsieur et Madame viennent de perdre tout leur argent, et il y a des gens qui sont en train d'emporter tous les meubles de la maison. Votre père a des dettes immenses: il ne lui reste, paraît-il, plus un sou. On parle de mettre monsieur votre père en prison, et je vais me dépêcher pour être payé de ce qu'on me doit.

— Voyons un peu, s'écrie Jeannot. Je ne puis croire ce qu'il me raconte; ce doit être une plaisanterie. Attendez-moi quelques instants, je vais aller moi-même voir ce qui se passe.

Quand Jeannot arriva à la maison de son père, celui-ci avait déjà été mis en prison. Tous les domestiques avaient fui, chacun de son côté: sa mère était seule, tout en larmes. Il ne lui restait que le souvenir de son argent, et de ses folles dépenses.

Quand il eut longtemps pleuré avec sa mère, il lui dit enfin:

— Ne nous désespérons pas. Cette jeune femme m'aime à la folie; elle est aussi bonne que riche; je vais vous l'amener. Elle vous aidera, j'en suis sûr.

Quand il retourna chez elle, Jeannot la trouva en tête-à-tête avec un jeune homme qu'il ne connaissait pas.

— Quoi, c'est vous? lui dit-elle avec hauteur. Que venez-vous faire ici? Retournez auprès de votre mère, la pauvre vieille, et n'oubliez pas de lui dire que si j'ai besoin d'une femme de chambre je penserai à elle.

Quant au jeune homme qui lui rendait visite, il cria en regardant Jeannot de la tête aux pieds:

— Tu as l'air bien bâti. Moi aussi, si j'ai besoin d'un domestique, je t'appellerai!

Jeannot s'enfuit fou de colère, et alla trouver son ancien professeur, lui raconta ses malheurs et lui demanda de l'aide.

— Mais pourquoi, lui répondit le professeur, ne deviendriez-vous pas comme moi, professeur, pour enseigner les enfants de la noblesse?

— Hélas, répliqua Jeannot en sanglotant, vous ne m'avez rien appris, et vous êtes la première cause de mon malheur!

— Eh bien, dit l'autre, devenez écrivain; vous n'avez pas besoin de savoir grand'chose pour réussir à Paris.

Jeannot fut bouleversé en entendant ces paroles. Il fut traité à peu près de la même manière par tous ses amis, et il apprit mieux à connaître le monde dans une journée que dans tout le reste de sa vie.

Comme il était plongé dans ses pensées désespérées, le malheureux vit dans la rue une voiture qui arrivait de la campagne. Sur le siège était assis un jeune paysan à la figure ronde et rouge; à côté de lui se trouvait une jeune paysanne. Comme la voiture allait lentement, le jeune paysan eut tout le loisir de regarder Jeannot, qui se tenait immobile et accablé de tristesse.

— Eh! mon Dieu! s'écria-t-il en arrêtant la voiture, je crois que c'est Jeannot!

Quand il entendit son nom, Jeannot leva les yeux. Le petit paysan sauta de la voiture et courut embrasser Jeannot. Celui-ci reconnut Colin, son ancien camarade, qu'il avait abandonné quand il était devenu riche. Jeannot avait honte et son visage était couvert de larmes.

— Tu m'as abandonné, dit Colin, mais tu as beau être riche, je t'aimerai toujours.

Jeannot, en sanglotant, lui raconta toute son histoire. Colin lui répondit alors:

— Pourquoi ne viens-tu pas avec nous? Nous allons repartir pour notre pays. J'ai toujours le même métier qu'autrefois, je ne suis qu'un humble ouvrier, mais, si tu le veux, je t'apprendrai mon métier et tu pourras être heureux. Crois-moi, toutes les richesses et toutes les grandeurs de ce monde ne valent pas un bon ami. Partons ensemble, et nous vivrons heureux dans le coin de terre où nous sommes nés.

Jeannot, bouleversé, était partagé entre la honte et la joie. Il se disait: «Tous mes amis du bel air m'ont trahi, et Colin, que j'ai méprisé, seul vient à mon secours.»

— Nous aurons soin de ta mère, dit Colin, et nous réussirons bien à tirer ton père de prison. Je me charge de tout.

Ce qu'il fit en effet. Jeannot retourna dans sa patrie avec ses parents qui reprirent leur premier métier. Il épousa une sœur de Colin, laquelle, ayant aussi bon cœur que son frère, le rendit très heureux. Et Jeannot le père, et Jeannotte la mère, et Jeannot le fils, virent que le bonheur n'est pas dans la vanité.

(D'après Voltaire)

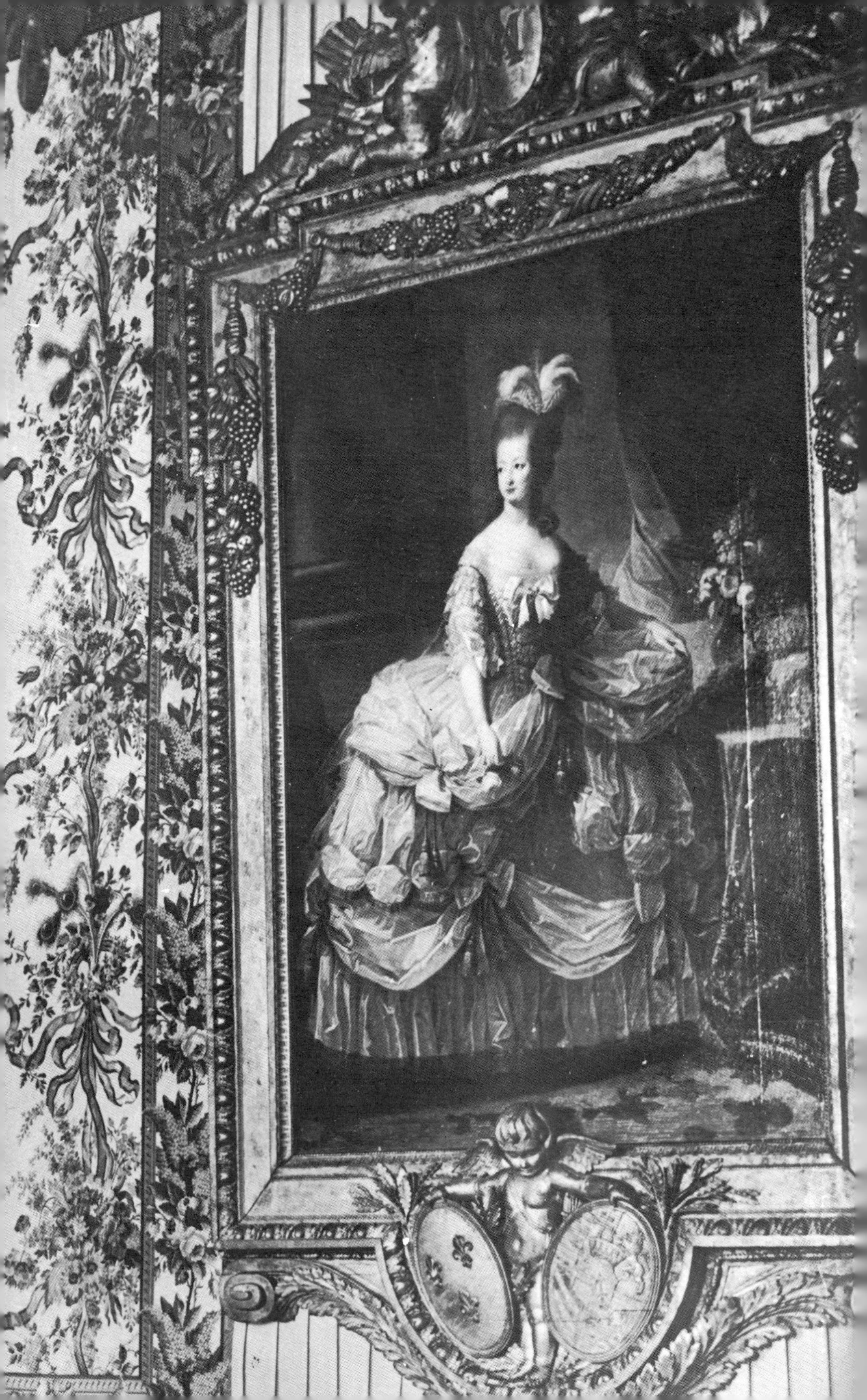

XXI
LA PRISE DE LA BASTILLE

Pendant les quelques jours qui précédèrent la célèbre journée du 14 juillet 1789 à Paris, l'opposition profonde, qui existait entre l'Assemblée nationale d'une part, et le roi Louis XVI et le parti de la cour d'autre part, augmenta.

On disait, dans les rues et dans les salons de Paris, que le roi, ayant l'intention de dissoudre les États généraux, avait fait venir autour de Paris des régiments qui devaient chasser les représentants du peuple; on disait aussi que le roi allait faire mettre Necker en prison, à la Bastille. Necker, qui était alors un ministre très populaire parce qu'il était partisan de réformes libérales, fut invité par le roi, le 11 juillet, à quitter secrètement Paris et la France. Le roi avait, croyait-on, été poussé par la reine, Marie-Antoinette, à renvoyer le ministre Necker.

Pendant la nuit du 11 juillet, on apprit dans Paris le départ de Necker, et bientôt après, on raconta que le roi se préparait à faire attaquer la ville par des régiments de soldats étrangers.

La prise de la Bastille.

FRENCH EMBASSY

L'Assemblée nationale, montrant un grand courage en face du danger, envoya des députés au roi pour lui demander qu'il ordonne aux troupes de se retirer; puis les membres de l'Assemblée, très calmes, recommencèrent les travaux de la Constitution qu'ils désiraient donner aux Français.

Pendant ce temps-là, la ville de Paris commençait à se révolter. Dans les jardins du Palais-Royal, un jeune et brillant journaliste, Camille Desmoulins, appelait le peuple aux armes.

Dans les jardins des Tuileries, où les gens se promenaient, des soldats attaquèrent la foule.

A peu près en même temps, des centaines d'hommes avaient envahi l'Arsenal et les Invalides, et s'étaient emparés de fusils et de canons. Pendant la nuit, ils se dirigèrent, avec quelques soldats qui s'étaient joints à eux, vers la Bastille.

On ne sait pas qui avait, tout d'abord, donné l'ordre de marcher sur la Bastille. Dans cette forteresse, qui avait été bâtie au moyen âge pour défendre la ville de Paris menacée de siège à l'époque de la guerre de Cent Ans, n'étaient enfermés que quelques prisonniers: mais, pour beaucoup de Français, cette prison représentait la tyrannie.

La Bastille fut prise presque sans résistance. Launay, gouverneur de la Bastille, décida d'ouvrir les portes. La foule pénétra dans la prison, et se précipita pour délivrer les prisonniers qui s'y trouvaient.

La chute de la Bastille produisit en Europe une impression profonde. Il semblait qu'avec elle l'ancien régime s'était terminé, et que la liberté venait de naître en France. Peu de temps après, la Bastille fut démolie; les pierres furent employées à construire le pont de la Concorde, et pour rendre hommage à celui par qui était née la liberté américaine, la clef de la Bastille fut envoyée à George Washington.

XXII
PREMIÈRE AVEN-
TURE DE GIL BLAS

    Alain-René Lesage, un des grands écrivains français du dix-huitième siècle, nous conte dans un de ses livres, la vie et les aventures de Gil Blas de Santillane. Bien qu'il ait placé l'action de son récit en Espagne au dix-huitième siècle, il est facile au lecteur d'y reconnaître des types humains de tous les pays et de tous les temps.

    (Gil Blas vient de quitter Oviedo, sa ville natale. Il a dix-sept ans et a terminé ses études. Comme il a lu un assez grand nombre de livres et comme il a la parole facile, il se croit très habile et très sage. Aussi est-il plein de confiance en lui, lorsque, après avoir dit adieu à ses parents, il part pour la ville voisine.)

    Me voilà donc hors d'Oviedo, nous raconte Gil Blas, au milieu de la campagne, et libre d'agir comme je l'entendais, monté sur mon cheval et portant une somme d'argent qui me semblait énorme. Je ne pouvais m'empêcher de toucher les pièces qui sonnaient dans ma poche. Je les prenais dans ma main, puis je les comptais dans mon chapeau: je n'avais jamais vu tant d'argent!

Après un bon voyage, j'arrivai heureusement à la ville voisine. Comme j'avais faim, je m'arrêtai à la porte d'une auberge qui avait l'air propre et tranquille. A peine fus-je descendu de mon cheval, que l'hôte vint me recevoir d'un air très poli. Il me conduisit dans ma chambre, en me parlant aimablement: il me posa mille questions et me demanda qui j'étais, d'où je venais et où j'allais. Il était si aimable que je lui racontai toute ma vie et que je lui fis part de tout ce que j'avais l'intention de faire.

Dès que je fus dans la salle à manger je m'assis à une table et je commandai un repas. Comme c'était un jour maigre, et qu'on ne mangeait pas de viande, l'hôte se mit à casser des œufs, pour me préparer une omelette.

Pendant que j'attendais que mon omelette soit cuite, entra dans la salle à manger de l'auberge un cavalier de bonne mine qui pouvait avoir trente ans et qui portait un long manteau et un chapeau à plume. Il traversa vivement la salle à manger et s'approcha de moi d'un air empressé:

— Seigneur, dit-il en s'adressant à moi, je viens d'apprendre que vous êtes le seigneur Gil Blas de Santillane, l'étudiant le plus instruit, le plus savant de toute l'Europe. Est-il possible vraiment, que vous soyez le merveilleux savant dont tout le monde parle? Puis s'adressant à mon hôte, qui était sorti de sa cuisine:

— Vous ne savez pas, lui dit-il, quel trésor vous avez dans votre auberge. Vous voyez dans ce jeune gentilhomme la huitième merveille du monde!

Puis il se précipita sur moi et me tint serré dans ses bras pendant assez longtemps. Quand je pus de nouveau respirer, je lui répondis:

— Seigneur Cavalier, je ne savais pas que mon nom était connu dans cette ville.

— Comment! s'écria le cavalier avec étonnement, comment, connu! Je vous le répète, seigneur Gil Blas, vous êtes non seulement connu dans cette ville, mais dans l'Espagne tout entière.

Vous imaginez le plaisir que je ressentais à entendre l'aimable cavalier me louer ainsi devant mon hôte, et, comme le cavalier était resté debout devant moi, je ne pus faire autrement que de l'inviter à s'asseoir à ma table, et à partager mon repas. Il s'empressa d'accepter et s'assit à côté de moi, en me disant qu'il n'avait guère faim, mais qu'il acceptait pour avoir le plaisir d'être avec moi.

L'hôte apporta l'omelette sur laquelle le cavalier se jeta comme s'il n'avait rien mangé depuis huit jours. Et pendant que l'omelette disparaissait, il continuait à me louer, à me dire des choses si aimables que le plaisir que j'avais à les entendre me faisait oublier ma propre faim.

Quand nous eûmes fini, ou plutôt quand il eut fini l'omelette, l'hôte vint me dire que si nous avions encore faim, il avait dans sa cuisine un poisson excellent: qu'il le ferait cuire très volontiers pour nous, mais qu'il avait peur que ce ne soit un plat trop cher pour moi. Avant que j'aie pu répondre, le cavalier se mit à crier:

— Comment! trop cher? Apprenez que rien n'est trop cher, ni trop bon pour le merveilleux seigneur Gil Blas de Santillane.

Au bout d'un moment, l'hôte nous servit le poisson, sur lequel le cavalier se jeta comme il l'avait fait pour l'omelette, tout en continuant à me dire, pendant qu'il mangeait à toute vitesse, mille choses aimables. Bien entendu, à la fin de chaque phrase, il ne manquait pas de boire de grands coups du vin que l'hôte nous avait servi. Et chaque fois qu'il buvait, c'était à ma santé, ou à la santé de mon père, ou bien à celle de ma mère; puis s'adressant à l'hôte, il lui disait qu'il devait me traiter comme un roi.

J'étais si content de l'écouter, que je m'étais à peine aperçu qu'il avait tout mangé et tout bu. Tout à coup, ayant avalé le dernier morceau, il se leva de table, puis me saluant d'un air gracieux, et souriant, il me dit:

— Seigneur Gil Blas, j'ai trop de reconnaissance pour le bon repas que vous m'avez offert, pour vous quitter sans vous donner un avis important, dont vous paraissez avoir besoin. Soyez désormais en garde contre les gens qui vous louent et que vous ne connaissez pas. Ne vous laissez pas tromper par eux, et ne vous croyez pas la huitième merveille du monde.

En achevant ces mots, il me rit au nez, et s'en alla.

(D'après Lesage)

Au-dessus: *Prairie en fleurs.* A droite: *Une rue de la ville de Caen.*
LANDAU FROM RAPHO-GUILLUMETTE—BURTON HOLMES, EWING GALLOWAY

XXIII
LA NORMANDIE

Parmi les provinces françaises, il n'y en a sans doute pas une que les Américains connaissent mieux: c'est sur la côte de Basse-Normandie, tout près de la vieille ville de Caen, que débarquèrent les soldats américains au mois de juin 1944. C'est aussi en Normandie que les touristes américains débarquent en général. Ils arrivent à Cherbourg ou au Havre, et c'est en traversant la Normandie qu'ils éprouvent leur première impression de la terre de France. Ils aperçoivent alors une campagne qui ressemble à un grand jardin, où chaque morceau de terrain est cultivé avec un très grand soin. Cette terre fertile et belle s'étend entre l'Ile-de-France, la Bretagne et la Manche.

L'année 911 est la date de la naissance de la Normandie. En effet, une centaine d'années auparavant, c'est-à-dire vers la fin du règne de Charlemagne, étaient arrivés sur les côtes de cette province, des pirates qui venaient de Scandinavie, surtout de Norvège et du Danemark: c'étaient les Normands ou Northmen, c'est-à-dire les hommes du nord.

Sur leurs longues barques légères, ils pénétraient dans les terres par les fleuves. Ainsi, ils remontèrent la Seine, détruisant les villes et tuant les habitants sur leur passage. Enfin, en l'année 911, le roi de Paris, Charles le Simple, ne pouvant chasser Rollon le Northman de la province où il était établi, lui donna les terres qui reçurent le nom de Normandie.

Rollon fut nommé duc de Normandie: il gouverna ses États avec sagesse, et les Normands adoptèrent bientôt la langue française et la religion chrétienne.

AU-DESSUS: *Cheminée normande.*
clochers.

Entre Paris et la Manche, sur la Seine, se trouve la grande ville de Rouen. Rouen, malgré les incendies et les bombardements de 1944, mérite toujours le surnom de Ville-musée. En effet, c'est une des villes de France les plus riches en monuments de toutes les époques. Elle est bâtie sur des collines qui descendent jusqu'à la Seine: tout près de la rivière, on peut admirer la merveilleuse cathédrale gothique. Du reste, les églises y sont très nombreuses, et toutes différentes avec leurs vitraux anciens, leurs tombeaux de marbre, leurs statues et les trésors de toute sorte qu'elles contiennent. C'est pour cela que

A DROITE: *Rouen—la ville aux cent clochers.*
FRENCH NATIONAL TOURIST OFFICE

Victor Hugo appelait Rouen: «la ville aux cent clochers.»

Non loin de la cathédrale se trouve la place du Vieux Marché, où, en 1431, fut brûlée Jeanne d'Arc. Cette place est toujours occupée, comme autrefois, par le marché aux légumes et aux poissons, mais aujourd'hui il y a un monument à l'endroit où Jeanne d'Arc mourut. Chaque année, des visiteurs viennent y déposer des fleurs.

Si on descend la Seine, en bateau, de Rouen à la mer, on traverse d'abord le port immense et très actif. Puis, peu à peu, les cheminées d'usines et la fumée dispa-

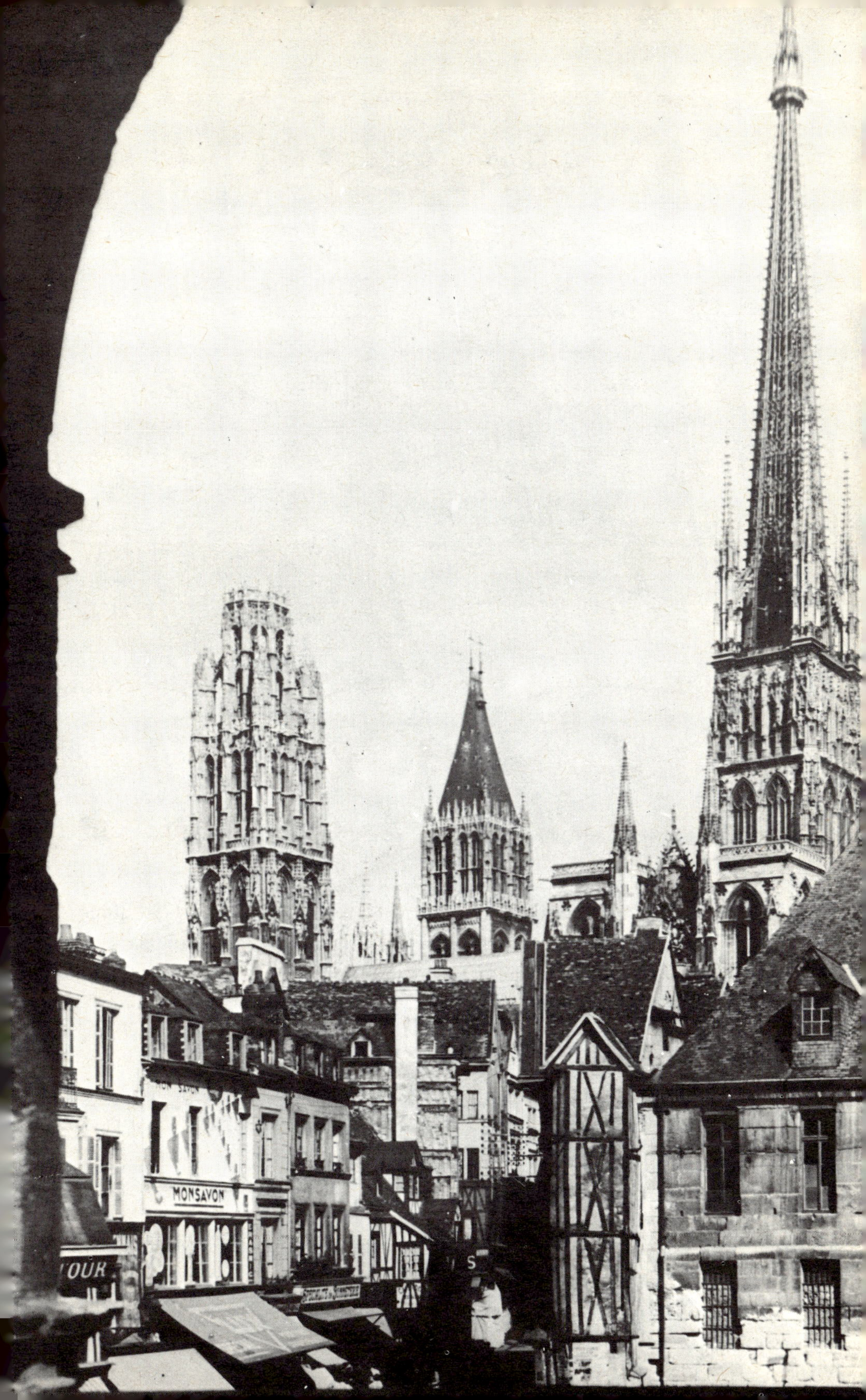
MONSAVON

raissent. Des deux côtés de la rivière s'étendent d'épaisses forêts, et, de temps en temps, derrière les arbres, on aperçoit une vieille église, ou une abbaye ancienne, ou les ruines d'un château.

Après avoir débarqué au Havre, nous visitons rapidement Deauville et nous entrons dans la Basse-Normandie. Nous arrivons bientôt à Caen, où de terribles batailles eurent lieu en juin 1944. On peut toujours y voir la forteresse et les abbayes bâties par Guillaume le Conquérant, descendant de Rollon, qui conquit l'Angleterre en 1066.

Tout près de Caen, dans la petite ville de Bayeux, est conservé, au musée, un objet remarquable. Chaque année, en grand nombre, des touristes, surtout anglais, viennent l'admirer: c'est la tapisserie de la reine Mathilde, femme de Guillaume le Conquérant. Ce n'est pas vraiment une tapisserie, mais une broderie de laines aux brillantes

THE BETTMANN ARCHIVE

couleurs, sur une toile de soixante-dix mètres. Elle fut très probablement faite par des ouvriers anglo-saxons et fut donnée par la reine à l'évêque de Bayeux, pour être conservée dans la cathédrale. La tapisserie représente toute l'histoire de la querelle entre Guillaume le Conquérant et Harold II, roi d'Angleterre, depuis le début jusqu'à la victoire des Normands sur les Saxons. C'est une des œuvres les plus intéressantes du moyen âge.

Toute la campagne de Basse-Normandie est très fertile. On peut y voir des fermes comme celles que Guy de Maupassant a souvent décrites dans ses contes, avec leurs toits de chaume, leurs vaches blanches tachées de roux, couchées dans l'herbe épaisse, sous les pommiers. Le ciel y est en général gris, le climat humide, la terre riche, aussi cette région produit-elle un lait, un beurre et des fromages excellents. L'un de ces fromages a

Le Mont-Saint-Michel.

rendu célèbre le nom du village où il naquit. Ce village s'appelle Camembert.

On ne peut quitter la Normandie, sans aller faire une visite au Mont-Saint-Michel. Là, sur une île rocheuse, se dresse la célèbre abbaye du moyen âge. Sur ce roc, en pleine mer, il y eut d'abord une église; plus tard, quand vinrent les Normands, on fortifia l'île et les habitants de la côte y cherchèrent un refuge contre les pirates. Un village se forma alors, puis, entre 1203 et 1228, fut construite l'abbaye qui mérite le nom de «la Merveille de l'Ouest.» Le village et l'abbaye font, sur ce roc, une sorte de pyramide de pierre, élégante et légère. Il faut, par les rues étroites et abruptes, monter jusqu'au sommet de cette forteresse, chef-d'œuvre des architectes français du moyen âge.

Avec ses églises et ses abbayes au milieu des prairies et des forêts, cette province est, comme le dit la chanson:

> Terre jolie
> Fraîche Normandie.

XXIV
GIL BLAS ET L'ÉVÊQUE

(Après de nombreux voyages et d'étranges rencontres, Gil Blas est envoyé par un seigneur espagnol à l'évêque de Grenade. Il paraît enfin devant l'évêque, qui lui fait un aimable accueil.)

L'évêque me regarda et me demanda, d'une voix pleine de douceur, ce que je souhaitais. Je lui dis que j'étais le jeune homme dont le seigneur Don Fernand de Leyva lui avait parlé. Il ne me donna pas le temps de lui en dire davantage.

— Ah! c'est vous, s'écria-t-il, dont on m'a dit tant de bien; je vous retiens à mon service. Vous n'avez qu'à demeurer ici.

Un peu plus tard, il me fit entrer dans son cabinet pour avoir un entretien avec moi. Je pensai qu'il avait l'intention de m'interroger pour voir ce que j'avais appris, ce que je savais, et je me tins sur mes gardes. Je pus voir qu'il était surpris par mes réponses.

— Votre éducation, remarqua-t-il, n'a pas été négligée.

Puis il me demanda de lui montrer une page écrite de ma main;

101

je tirai de ma poche une page de mon écriture et je la lui montrai...

— Je suis satisfait de votre écriture, dit l'évêque, et encore plus, de votre esprit. Je remercierai mon ami Don Fernand de m'avoir envoyé un garçon si instruit. Je ferai de vous mon secrétaire.

En effet, mon travail allait consister surtout à écrire sous sa dictée les sermons que l'évêque prononçait à l'église. Je m'aperçus bientôt que mon maître avait une haute idée de son talent d'orateur, et prenait chacun de ses sermons pour un chef-d'œuvre. Il ne manquait jamais de me dire, toutes les fois que j'écrivais sous sa dictée:

— Fais bien attention, Gil Blas, écris bien ce que je dis. N'oublie rien, pas même une virgule!

Je m'appliquais de mon mieux, et mon maître semblait tout à fait satisfait de mon travail. Si bien qu'un jour, pendant que nous étions en train de travailler, il me confia:

— Gil Blas, mon ami, tu as dû remarquer combien je travaille mes discours; c'est que je veux qu'ils soient absolument parfaits, qu'il n'y ait pas la moindre faute, qu'ils soient pleins de beauté, d'éclat, de noblesse. Dis-moi, mon ami, que penses-tu de celui que je suis en train de te dicter?

Je m'empressai de répondre à mon maître que je le trouvais magnifique, et je n'eus pas besoin de mentir, car ses discours étaient vraiment très beaux.

— Mais, ajouta aussitôt l'évêque, il y a une chose qui m'importe par-dessus tout: je veux que tu me dises toujours la vérité, que tu sois toujours très franc envers moi. Tu sais que je n'aime pas à être loué et que si tu ne me disais pas la vérité, je saurais vite reconnaître tes mensonges. Aussi, rappelle-toi bien ce que je te dis aujourd'hui. Si, un jour, tu t'apercevais que le sermon que j'ai fait à la messe n'était pas aussi parfait que d'habitude, je te prie de m'avertir. Encore une fois, sois franc et honnête!

Je remerciai mon bon maître de la confiance qu'il avait en moi et je me hâtai de lui dire que je n'étais qu'un pauvre étudiant, que je manquais des lumières nécessaires pour juger, et que, du reste, comme ses sermons étaient toujours parfaits, il n'y avait rien à y reprendre.

A ces mots, l'évêque me sourit avec bonté, et me donna de nouveau son avertissement:

— Souviens-toi de ce que je t'ai dit, Gil Blas... Si jamais j'apprenais de quelqu'un d'autre que mes sermons ne sont plus aussi bons, aussi brillants, aussi parfaits qu'autrefois, je me débarrasserais de toi pour te punir de m'avoir menti.

Je promis à Monseigneur de lui dire toujours la vérité et de ne jamais lui cacher ce que je pensais de ses sermons.

A quelque temps de là, mon maître tomba gravement malade et fut même en danger de mourir. Pourtant, grâce à nos soins, il guérit, mais la première fois, après sa maladie, qu'il parut à l'église, tout le monde s'aperçut que le pauvre homme n'était plus, comme on dit, que l'ombre de lui-même. Le sermon qu'il prononça ce matin-là était si mauvais, si bizarre, et les gens, à la fin de la messe, se moquèrent tellement de lui, que je résolus d'en avertir sans retard mon bon maître.

Du reste, ce fut lui qui, le premier, m'en parla:

— Eh bien! Gil Blas, comment as-tu trouvé le sermon que j'ai fait ce matin, à la messe?

— Monseigneur, lui répondis-je, puisque vous m'avez ordonné de ne jamais vous mentir à ce sujet, mais d'être absolument franc à votre égard, je vous avouerai que, si votre sermon de ce matin était merveilleux, plein de pensées profondes, il m'a semblé peut-être un tout petit peu moins parfait que certains sermons que vous avez faits autrefois.

Pendant que je parlais, Monseigneur m'écoutait en souriant; il était heureux, pensais-je, de voir que je tenais la promesse solennelle que je lui avais faite. Il me laissa parler assez longtemps, puis il me répondit avec douceur:

— Mon cher Gil Blas, j'ai beaucoup de reconnaissance pour ce que tu viens de me dire, et je te loue d'être si franc... Mais je ne peux te louer de ta bêtise.

Et comme j'allais parler, pour lui expliquer ce que j'avais voulu dire, regrettant déjà d'avoir été si naïf, il leva la main et continua:

— Non, Gil Blas, je ne t'en veux pas d'avoir été si franc... Mais il m'est impossible de garder plus longtemps à mon service un garçon si ignorant, un imbécile qui goûte si mal la beauté d'un ouvrage. Je ne trouve point mauvais que vous me disiez votre sentiment, ajouta-t-il, mais j'ai été trompé par votre bêtise.

Je tâchai de trouver quelque chose à dire pour réparer la faute que j'avais faite.

— Taisez-vous, mon enfant, conclut l'évêque. Vous êtes trop jeune pour distinguer le vrai du faux. Allez, me dit-il en me poussant dehors, que l'on vous paye une somme d'argent avant votre départ. Je vous souhaite beaucoup de bonheur dans la vie, et un peu plus de goût.

(D'après Lesage)

"Bonaparte, Général en chef de l'Armée d'Italie" (Bacler d'Albe.)

FRENCH EMBASSY

L'Empereur (David).
METROPOLITAN MUSEUM

XXV
NAPOLÉON

Napoléon est un des hommes les plus extraordinaires de l'histoire et peut-être la figure la plus puissante des temps modernes. Doué d'une intelligence, d'une imagination, d'une volonté et d'une puissance de travail uniques, il aurait pu être un nouveau Saint-Louis, ou un nouvel Henri IV. Malheureusement, son ambition et son orgueil immenses lui firent commettre de grandes fautes, et même des crimes, et il n'y a pas d'homme dont on puisse dire à la fois autant de bien et autant de mal.

Napoléon, de son nom de famille, Bonaparte, naquit dans l'île de Corse, à Ajaccio, le 15 août 1769, peu de temps après que l'île eût été vendue à Louis XV par les Génois. Quand il fut en âge de commencer ses études, il fut envoyé en France, dans le petit collège de Brienne, où il se distingua: il y montrait un désir de tout apprendre et de tout savoir, et lisait avec ardeur les œuvres de Jean-Jacques Rousseau et *les Vies des Hommes Illustres* de Plutarque.

De là, il entra à l'École militaire de Paris, où il réussit aussi bien qu'à Brienne et où ses dons attirèrent l'attention de ses maîtres. Quand il sortit de l'École militaire comme sous-lieutenant d'artillerie, il obtint cette note d'un de ses professeurs:

«Ira loin si les circonstances le

Maison natale.

favorisent.» A ce moment-là, il haïssait la France: il rêvait d'être, un jour, celui qui chasserait les Français de la Corse et qui rendrait la liberté à sa petite patrie. Ce ne fut que plus tard, lorsque, au début de la Révolution, la Corse eut suivi le reste de la France dans un idéal commun, dans un même élan, que Napoléon se sentit, non plus corse, mais vraiment français.

Il se distingua d'abord, en 1793, au siège de Toulon: il prit la ville aux Anglais et cette action d'éclat attira l'attention de ses chefs qui le nommèrent général à l'âge de vingt-quatre ans. Deux ans plus tard, en 1795, il fut chargé de défendre le gouvernement révolutionnaire contre les royalistes qui essayaient de le renverser: très vite, ce général de vingt-six ans écrasa la révolte et rétablit l'ordre dans Paris. Il avait sauvé la Révolution.

Peu de temps après, il fut nommé, en récompense de ses services, commandant de l'armée d'Italie. A cette époque, la France était attaquée de tous côtés par les rois, les empereurs et les princes européens qui craignaient que l'esprit de la Révolution ne se répande dans toute l'Europe. En Italie, d'immenses armées autrichiennes marchaient vers la France.

Quand il arriva en Italie, pour prendre la tête de son armée, Bonaparte fut mal reçu par les autres officiers français qui l'appelaient: «un général de rues» à cause du rôle qu'il avait joué à Paris, en 1795, pendant les troubles royalistes. Mais, bien vite, ils apprirent à respecter ce petit homme maigre, aux yeux ardents: «Il m'a fait peur», disait l'un des officiers les plus braves de l'armée.

La campagne d'Italie est une des plus extraordinaires de l'histoire militaire. Avec une seule armée, peu nombreuse, avec des soldats mal nourris, sans souliers, il vainquit et détruisit rapidement plusieurs armées ennemies. Il avait fait ce qu'on allait appeler plus tard la guerre-éclair, et l'on disait alors que l'armée française qu'il commandait, avait gagné la guerre «avec les jambes.»

Ses succès militaires avaient rendu Bonaparte très populaire, et celui-ci rêvait de s'emparer du pouvoir. Les Français étaient las de la Révolution, et beaucoup d'entre eux, surtout les paysans et les commerçants, désiraient un gouvernement fort. Bonaparte, sentant que l'occasion était favorable, renversa le gouvernement, avec l'aide de son frère Lucien, par le coup d'État du 18 brumaire, c'est-à-dire le 9 novembre 1799.

Les cinq années qui suivirent son arrivée au pouvoir, furent pour la France une période heureuse, car Bonaparte, qui avait le titre de premier consul, gouverna sagement la France et tâcha, comme il disait, de guérir les blessures que les guerres civiles avaient faites à la France et de «réunir tous les cœurs dans un sentiment commun: l'amour de la patrie.»

Aussi, lorsque, le 18 mai 1804, le Sénat proposa de nommer le premier consul, empereur des Français, le pays presque tout entier approuva, et Napoléon Bonaparte, premier consul, devint Napoléon Ier, empereur des Français.

Pendant les onze années que dura le règne de Napoléon empereur, la guerre fut presque continuelle. Les armées françaises d'un bout à l'autre de l'Europe ne cessèrent, sous la direction de l'empereur qu'elles avaient surnommé: «le petit caporal», de gagner des victoires et de faire des conquêtes. Le génie militaire de Napoléon faisait penser à celui de César, ou d'Alexandre-le-Grand: partout, en Hollande, en Allemagne, en Autriche, en Espagne, en Russie même, les soldats de Napoléon combattaient et vainquaient.

Sans doute Napoléon fut-il sincère lorsque, à plusieurs occasions il affirma que son plus cher désir était la paix. Mais les rois d'Europe pensaient qu'il était le fils de la Révolution française et qu'il ne pourrait y avoir de paix et de tranquillité en Europe, tant que Napoléon serait empereur des Français. D'autre part, l'Angleterre que Napoléon avait essayé, sans succès, de conquérir, ne croyait pas qu'il eût renoncé à son projet, et n'accepta jamais ses offres de paix.

L'Angleterre n'avait sans doute pas tort, car l'ambition de Napoléon était immense. N'avait-il pas fait de ses frères et de ses sœurs des rois et des reines ? Il avait dit lui-même «qu'il trouvait l'Europe trop petite, pour ce qu'il voulait faire, et qu'il regrettait de n'avoir pas vécu au temps d'Alexandre.» Et, sa plus grande faute fut d'avoir trop aimé la guerre.

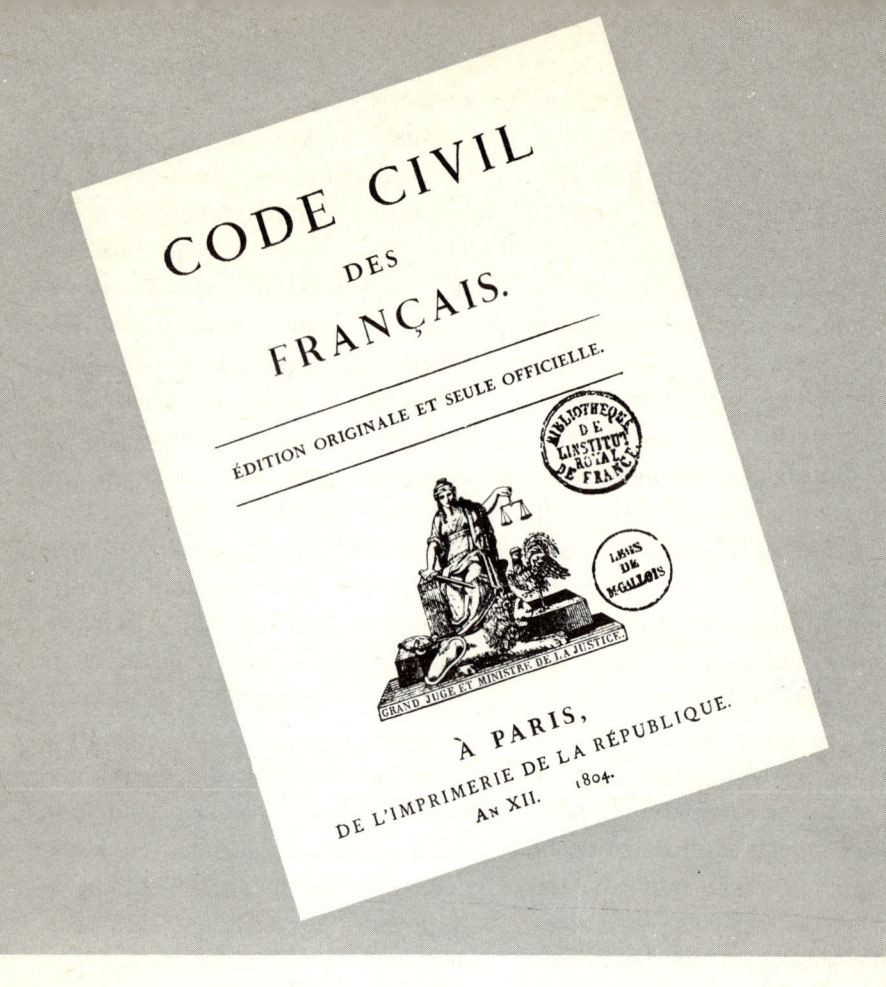

Pourtant, au cours de ces onze années, et malgré les guerres presque continuelles, Napoléon sut accomplir, en France et aussi hors de France : en Belgique, en Italie et dans d'autres pays, une œuvre magnifique. En cela, il nous fait penser à Colbert, l'infatigable ministre de Louis XIV. Il ordonna de merveilleux travaux publics, embellit des villes, bâtit des canaux, des routes, des usines.

En France, il créa d'abord les lycées, puis plus tard l'Université de France. Ce fut aussi lui qui mena à bien cette immense entreprise : celle de donner à toutes les régions de la France des lois communes. Au Code civil, qui avait été fait pendant qu'il était consul, il ajouta le Code pénal et le Code de commerce qui sont, aujourd'hui encore, en vigueur.

Cet homme extraordinaire, qui pouvait s'endormir ou s'éveiller à volonté, n'était heureux, disait-il, que quand il travaillait. Il était capable de s'occuper de plusieurs problèmes à la fois, et plusieurs secrétaires écrivaient en même temps sous sa dictée et avaient peine à la suivre. Rien ne donne mieux une idée de l'activité prodigieuse de Napoléon que le fait qu'on a déjà publié vingt-trois mille pièces de sa correspondance et qu'il reste encore cinquante mille lettres dictées par lui. Il travaillait, en général, dix-huit heures par jour. Il travaillait partout: à table, pendant les quinze minutes qu'il passait à ses repas; il travaillait même en promenade et au théâtre.

Malheureusement, cet homme qui avait de tels dons, aimait trop le pouvoir et ne supportait rien qui pût lui faire obstacle. Il supprima complètement la liberté que la Révolution avait conquise. Il avait une police secrète très puissante: tout le monde était surveillé et n'importe qui pouvait être arrêté et mis en prison sans jugement. «Si l'on fait quelque objection, disait-il au chef de la police, répondez que cela est mon bon plaisir.» Ainsi, la France était revenue aux pires moments d'avant la Révolution. On ne pouvait lire que les journaux que l'empereur tolérait.

Dans son orgueil, il avait même voulu dominer l'Église. Et lorsque les enfants étaient instruits dans la religion de leurs parents, ils devaient apprendre, en même temps que leurs devoirs envers Dieu, leurs devoirs envers l'empereur.

C'est pourquoi en 1815, lorsque Napoléon fut vaincu à la bataille de Waterloo, le peuple français accueillit son départ avec joie. Les Français supportaient mal la puissance de la police, la censure, la tyrannie. Surtout, ils étaient las de la guerre. La France avait perdu, sur les champs de bataille, plus d'un million et demi d'hommes.

Après sa chute, Napoléon fut envoyé à Sainte-Hélène, petite île située au milieu de l'Atlantique; il y resta prisonnier jusqu'au jour de sa mort, le 5 mai 1821. En juin 1815, beaucoup de Français haïssaient Napoléon. Mais ses malheurs, son séjour si cruel à Sainte-Hélène, les violences des soldats étrangers qui occupaient la France, la grandeur des souvenirs que Napoléon avait laissés, tout cela fit de lui, de nouveau, le fils de la Révolution; car si Napoléon avait détruit la liberté, il avait maintenu l'égalité: pour lui, seuls le talent et le dévouement pouvaient être le chemin des honneurs.

Et s'il est vrai que d'autres avaient mieux servi la France, personne n'avait fait mieux connaître son nom, ne l'avait porté plus loin, ne lui avait apporté plus de gloire.

XXVI
L'ALSACE

Ribeauvillé.   FRENCH EMBASSY: INFORMATION DIVISION

Il n'y a sans doute pas de province qui soit plus chère que l'Alsace au cœur de bien des Français. L'Alsace, en effet, qui ne fait partie de la France que depuis trois cents ans, a été, en moins d'un siècle, deux fois perdue. En 1871 et en 1940 elle a été, à la suite d'une guerre et d'une défaite, enlevée à la France. Et, ces deux fois, lorsque la France a retrouvé l'Alsace, les Alsaciens lui étaient restés fidèles: ils avaient résisté aux menaces et aux promesses du vainqueur.

Depuis la libération, à la fin de la Seconde Guerre mondiale, l'Alsace a clairement exprimé son désir de demeurer française. Combien de fois n'a-t-on pas entendu, au cours de ces dernières années, des gens demander si l'Alsace était française ou allemande! On parlait de race et de langue: «Non, l'Alsace n'était vraiment française ni par la

Strasbourg.

FRENCH EMBASSY: INFORMATION DIV.

race, ni par la langue; il n'était donc pas juste qu'elle demeurât française.»

A cela, les Alsaciens eux-mêmes répondaient nettement qu'ils se sentaient français et qu'ils choisissaient la France. C'est ce choix seul qui compte pour un peuple libre.

La France, du reste, n'est pas une race. Il n'y a pas de race française. La nation française, comme les États-Unis, est une union, une fusion de races diverses. En Bretagne, c'est la race celtique; en Provence, est-ce la race latine? en Normandie, le type physique le plus courant est-il scandinave? Qu'importe! Bretons, Normands, Provençaux et Alsaciens se sentent français. Comme l'a dit Renan: «Ce qui fait une nation, c'est la volonté de ses membres de vivre ensemble.» C'est le principe même de la nation américaine, comme celui de la nation française. La France, comme les États-Unis, est un pays où les hommes ont pu conserver une culture et une langue originales.

111

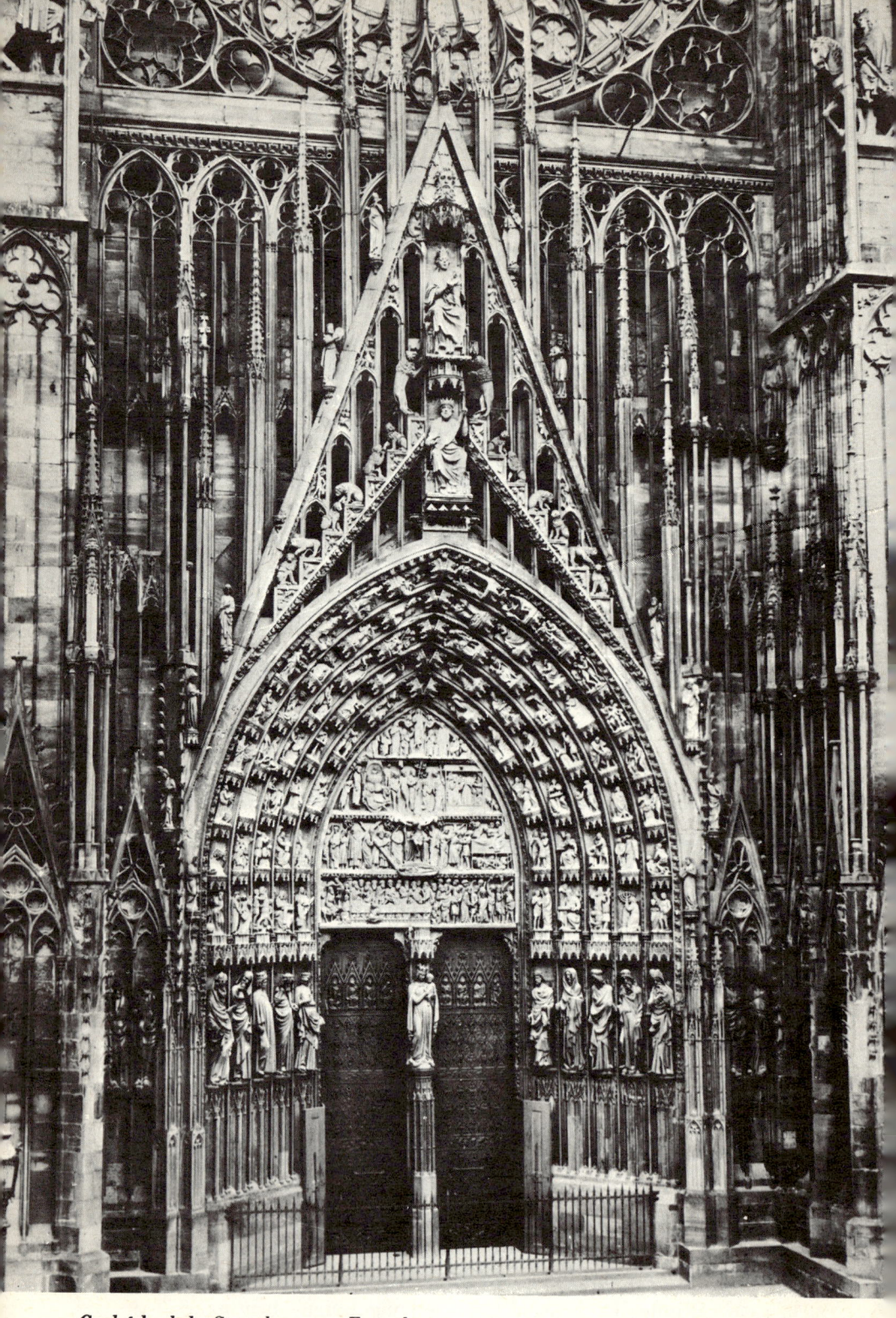

Cathédral de Strasbourg—Façade.   EWING GALLOWAY

Il y a encore d'autres raisons pour lesquelles l'Alsace est chère aux Français. D'abord, parce que les Alsaciens apportent à la France leurs qualités de courage, de bon sens, d'amour du travail et de bonne humeur. Le premier intendant français qui gouverna l'Alsace écrivait: «Le naturel de ce peuple est la joie.» Ensuite, parce que l'Alsace est une des plus belles provinces de France. C'est une longue plaine riante située entre le Rhin et les montagnes des Vosges. D'un côté, les ballons d'Alsace «qui trempent leurs fronts bleus dans les lacs tranquilles.» Plus loin, on voit des collines, couvertes de vignes bien soignées, avec de petits villages blancs au milieu des vignes. Ici et là, de vieux châteaux qui tombent en ruines, et des fortifications qui datent d'un temps encore plus ancien.

Au centre de cette plaine, entre les Vosges et le Rhin, se trouve Strasbourg: la ville des routes. Strasbourg a, de bonne heure, joué un rôle important dans l'histoire de l'Europe: c'est là, en effet, que, en 842, deux petits-fils de Charlemagne firent un pacte d'alliance contre leur frère. Leurs soldats y prononcèrent le «Serment de Strasbourg» qui est le document le plus ancien en langue française, parvenu jusqu'à nous. C'est là aussi que, en 1792, fut écrite la Marseillaise, le chant patriotique qui allait devenir l'hymne national français. Les paroles et la musique en furent composées par un jeune officier, Rouget de Lisle, qui le chanta pour la première fois chez le baron de Dietrich, maire de la ville.

Strasbourg est, comme Paris et comme Rouen, une «Ville-Musée.» Ses quartiers du moyen âge, ses églises anciennes, ses palais du dix-huitième siècle, font un vif contraste avec le Strasbourg moderne.

Il faut d'abord apercevoir Strasbourg de loin: à l'horizon, au-dessus des toits, des clochers et des tours, apparaît, très haute, dans le ciel, la cathédrale.

Alexandre Dumas, dans son livre *Les Bords du Rhin*, parle d'elle en ces termes: «C'était encore ce que j'avais vu de plus beau dans tout mon voyage.... Je n'essayerai pas de la décrire... mais... j'y renverrai mes lecteurs, comme à la huitième merveille du monde.»

Il est, en effet, très difficile de décrire la cathédrale. Disons seulement qu'elle est, comme celle de Reims, une «bible de pierre.» A l'époque où elle fut construite, au treizième et au quatorzième siècle, peu de gens savaient lire; les livres, du reste, étaient extrêmement rares et chers. Les statues, les sculptures des cathédrales étaient le livre d'images du peuple: ainsi la façade de la cathédrale de Strasbourg représente une série de pages tirées de la Bible.

D'un côté, nous voyons les prophètes. Au milieu, en haut du portail central, la vie du Christ, Adam

Cathédrale de Strasbourg—Détail de la façade.

FRENCH EMBASSY: INFORMATION DIVISION

et Ève, la mort de Judas, sculptés avec un réalisme profond. Ici, nous voyons les Vertus combattant les Vices; là, le calendrier et les signes du zodiaque. Les douze mois de l'année sont représentés, comme à Notre-Dame de Paris, par des paysans occupés aux travaux agricoles de la saison; là, le roi Salomon. Plus loin, la Vierge et l'Enfant Jésus, sur un trône que défendent douze lions de pierre.

On n'en finirait pas de nommer tous les trésors de la cathédrale. Les guerres, les querelles civiles, les invasions l'ont abîmée, mais elle est toujours là, debout au milieu de la plaine d'Alsace.

Province plus meurtrie et plus malheureuse encore que d'autres, l'Alsace est, comme l'a dit un Alsacien, une province «deux fois française.»

XXVII
VICTOR HUGO

Comme Voltaire représente l'esprit du dix-huitième siècle, le dix-neuvième siècle, avec ses révolutions littéraires, politiques et sociales, qui préparèrent notre monde d'aujourd'hui, fut rempli d'un bout à l'autre par l'immense personnalité de Victor Hugo.

Celui-ci, en effet, ne fut pas seulement un des plus grands poètes français de tous les temps, il fut aussi un romancier de génie, un moraliste, un auteur dramatique, et un homme d'action qui se mêla aux luttes politiques et défendit l'idéal populaire de liberté et d'émancipation.

Il naquit le 26 février 1802 à Besançon, petite ville montagneuse de l'est de la France. Son père, qui était général dans l'armée de Napoléon, l'emmena avec lui au cours de ses voyages, en Italie et aussi en Espagne, où il fit un assez long séjour. Il était encore tout enfant, mais il n'oublia jamais ces merveilleux voyages aux pays méditerranéens.

A l'âge de dix ans, on le ramena à Paris. Il avait une santé fragile et il nous a dit lui-même, dans d'admirables poèmes, les sentiments de reconnaissance et d'amour qu'il avait pour sa mère, dont la tendresse et le dévouement l'avaient arraché à la mort:

> O l'amour d'une mère, amour que nul n'oublie,
> Pain merveilleux qu'un Dieu partage et multiplie,
> Table toujours servie au paternel foyer,
> Chacun en a sa part, et tous l'ont tout entier.

A Paris, il fut, comme l'avait été Voltaire, élève au Collège Louis-le-Grand. Il s'intéressa d'abord beau-

115

coup à l'étude des sciences, et aussi à l'étude de la philosophie. Mais il montrait déjà un goût très vif pour la poésie, et avant d'avoir atteint sa vingtième année, il composa un drame et écrivit de nombreux poèmes.

Il n'avait que dix-huit ans lorsqu'il perdit sa mère, et cette mort lui causa un très grand chagrin. Il quitta la maison où il avait vécu avec sa mère et alla s'établir pendant un certain temps au Quartier latin et mener cette vie d'étudiant pauvre qu'il a décrite dans Les Misérables.

En 1822, environ deux ans après la mort de sa mère, il épousa Adèle Foucher, qu'il aimait depuis longtemps et qu'il connaissait depuis l'enfance. La première fois que Victor Hugo demanda la main d'Adèle à ses parents, ceux-ci répondirent par un refus car le jeune poète était trop pauvre. Mais la deuxième fois, comme il était déjà connu et qu'il avait obtenu une pension que le roi lui avait accordée pour le remercier de certains poèmes, les parents d'Adèle l'acceptèrent.

Il devint alors chef de la célèbre école romantique qui venait de se former à Paris. Dans sa maison se réunissaient de jeunes écrivains qui partageaient tous son admiration pour Shakespeare, pour les littératures allemande et scandinave, pour le moyen âge, tandis qu'il rejetait l'idéal des classiques et la tradition littéraire du dix-septième et du dix-huitième siècles. L'un d'entre eux, Joseph Berchoux, a très bien exprimé la pensée des jeunes romantiques dans son vers célèbre: « Qui me délivrera des Grecs et des Romains? »

Les écrivains français étaient alors divisés en deux groupes: les classiques et les romantiques, et Victor Hugo eut à lutter contre les nombreux ennemis de la jeune école. C'est au théâtre qu'il se distingua surtout et c'est là qu'il dut livrer ses plus grandes batailles littéraires. En 1830, les premières représentations d'*Hernani*, son drame inspiré de l'Espagne, furent très agitées, mais Victor Hugo remporta la victoire. Pendant quinze années, il fut le chef reconnu et glorieux de la nouvelle école.

En 1843, il fut frappé par un terrible malheur, la mort de sa fille Léopoldine. Celle-ci, qui ne savait pas nager, se noya, ainsi que son mari, au cours d'une promenade en bateau sur la Seine. Victor Hugo fut écrasé par la douleur et il écrivit, en souvenir de son enfant perdue, quelques-uns de ses plus beaux poèmes.

Quand la révolution de 1848 éclata, Victor Hugo fut élu à l'Assemblée constituante. Lorsque le 2 décembre 1851, Charles-Louis Napoléon, neveu de Napoléon Ier, qui allait être l'empereur Napoléon III, s'empara du pouvoir, Victor Hugo prit part à la résistance républicaine et préféra s'enfuir de France plutôt que de reconnaître Napoléon.

Il vécut d'abord à l'île de Jersey, puis, en 1855, il s'établit dans l'île de Guernesey, où il resta quinze ans. Il y travailla beaucoup et y produisit plusieurs de ses chefs-d'œuvre. Il lança contre l'empereur des Français un livre éclatant de poèmes satiriques: *Les Châtiments*.

De son île, Hugo jurait de continuer la lutte pour la défense de la liberté et s'écriait:

« Et s'il n'en reste qu'un, je serai celui-là! »

Surtout, il prépara et écrivit un de ses plus grands livres *Les Misérables*, à propos duquel Tennyson a dit: « French of the French, and lord of human tears! »

Dans *Les Misérables*, roman historique, Victor Hugo a écrit quelques-unes des pages les plus émouvantes de l'histoire de France au dix-neuvième siècle, par exemple: la bataille de Waterloo, et les scènes de la révolution de 1830 à Paris.

Mais ce livre est surtout une œuvre philosophique et sociale. Les personnages les plus importants y sont symboliques: Jean Valjean, pauvre homme qui a été condamné pour avoir volé du pain pour sa famille; Fantine, dont le malheur et la chute ont été causés par la misère; et Cosette, sa fille, la petite servante maltraitée par ses patrons. Victor Hugo a voulu nous émouvoir par le récit des souffrances physiques et morales de ces trois héros.

Il a voulu aussi nous montrer comment les sauver.

Victor Hugo avait toujours aimé les pauvres, les humbles et les opprimés. Il avait lui-même vu et connu la misère du peuple. Vrai républicain, il avait voulu attirer l'attention sur ceux qui souffrent; il avait voulu les aider et surtout les relever. Il avait compris que la véritable démocratie ne peut pas exister lorsqu'un grand nombre de citoyens sont écrasés par la misère. Aussi poussa-t-il son cri de pitié qui fut entendu à travers l'Europe entière. Comme Voltaire reste, avant tout, pour beaucoup de gens, l'auteur de *Candide*, Victor Hugo est celui des *Misérables*, le père de Jean Valjean, de Fantine et de Cosette.

En 1870, au cours de la Guerre franco-prussienne, Victor Hugo revint à Paris, où il vécut pendant le siège. Il fut, bientôt après, élu sénateur et passa les dernières années de sa vie à Paris, la ville qu'il avait célébrée dans un roman de jeunesse: *Notre-Dame de Paris*.

Quand il mourut, à l'âge de quatre-vingt-trois ans, le 22 mai 1885, ce fut vraiment pour les Français un deuil national. Une foule immense accompagna l'humble convoi du poète, qui avait voulu être enterré comme un pauvre.

Aucun écrivain français ne s'exprima jamais dans la langue française avec plus d'éclat ni plus de beauté. Mais Victor Hugo fut aussi un ardent défenseur de la liberté, et surtout un grand cœur généreux. Ami de la paix, il eut l'idée d'organiser, il y a cent ans, les États-Unis d'Europe. Il a bien mérité le surnom familier et affectueux que lui donnent souvent ses lecteurs: «Le père Hugo.»

XXVIII
GAVROCHE

Dans son roman: *Les Misérables*, Victor Hugo nous raconte l'histoire d'un gamin de Paris, Gavroche.

Gavroche est un petit garçon âgé de onze ans. Abandonné par ses parents, il passe la plus grande partie de son temps à errer dans les rues.

Victor Hugo le décrit ainsi: «C'était un garçon à l'air maladif; il n'avait pas de gîte, pas de pain, pas de feu, pas d'amour; mais il était joyeux parce qu'il était libre.»

Gavroche est mal élevé, mais comme nous allons le voir dans cette histoire, il n'est pas bête, et surtout, il a bon cœur.

Un soir que le vent froid soufflait et que l'hiver semblait revenu, le petit Gavroche, l'air glacé dans ses vêtements déchirés, se tenait debout et comme en extase, devant la boutique d'un coiffeur. Il avait l'air d'admirer une statue qui souriait aux passants; mais en réalité, il observait la boutique, pour voir s'il ne pourrait pas voler un savon, qu'il irait ensuite revendre pour un sou à un autre coiffeur. Souvent, c'était avec ce sou qu'il se payait un déjeuner. Il réussissait très bien dans ce genre de travail.

Tout en regardant la statue et aussi en lançant des coups d'œil au savon, il murmurait entre ses dents ceci: «Mardi... ce n'est pas mardi... est-ce mardi?... c'est peut-être mardi... Oui, c'est mardi.»

On n'a jamais su à quoi avait

trait ce monologue. Si, par hasard, ce monologue se rapportait à la dernière fois où il avait déjeuné, il y avait trois jours, car on était au vendredi.

Le coiffeur, dans sa boutique où il faisait chaud, était en train de raser un client, et jetait de temps en temps un regard de côté, à cet ennemi, à ce gamin gelé qui avait les deux mains dans ses poches, mais évidemment de mauvaises intentions.

Pendant que Gavroche examinait la statue et les savons anglais, deux enfants, dont l'un paraissait avoir sept ans, l'autre cinq, entrèrent dans la boutique en demandant on ne sait quoi. Ils parlaient tous deux à la fois et on ne pouvait comprendre leurs paroles, parce que le plus jeune sanglotait et que l'aîné tremblait de froid. Le coiffeur se tourna vers eux avec un visage furieux, et tout en continuant à raser son client, il chassa les enfants dans la rue et ferma la porte avec colère.

Les deux enfants se remirent en marche en pleurant. Cependant, un gros nuage était venu, et il commençait à pleuvoir. Le petit Gavroche courut après eux et les aborda:

— Qu'est-ce que vous avez donc, petits?

— Nous ne savons pas où coucher, répondit l'aîné.

— C'est ça? dit Gavroche. Est-ce qu'on pleure pour ça? Êtes-vous bêtes!

Puis il ajouta:

— Allons!... venez avec moi.

— Oui, monsieur, répondit l'aîné.

Et les deux enfants le suivirent comme ils auraient suivi un archevêque. Ils s'étaient arrêtés de pleurer.

Gavroche leur fit monter la rue Saint-Antoine dans la direction de la Bastille.

Gavroche, tout en marchant, se retourna et jeta un coup d'œil furieux à la boutique du coiffeur.

— Ça n'a pas de cœur, cet animal-là, murmura-t-il.

Puis, les trois enfants continuèrent à monter la rue, tandis que la pluie tombait de plus en plus fort.

Comme ils passaient devant la boutique d'un boulanger, Gavroche se tourna vers les deux petits et leur demanda:

— Mes enfants, avez-vous dîné?

— Monsieur, répondit l'aîné, nous n'avons pas mangé depuis ce matin.

— Vous êtes donc sans père ni mère? reprit Gavroche.

— Pardon, monsieur, nous avons papa et maman, mais nous ne savons pas où ils sont.

— Parfois, cela vaut mieux que de savoir, dit Gavroche.

— Voilà deux heures que nous marchons, nous avons cherché des choses à manger sur le trottoir, mais nous n'avons rien trouvé.

— Je sais, répondit Gavroche. Ce sont les chiens qui mangent tout.

Il reprit, après un silence:

— Ah! vous avez perdu vos parents. Vous ne savez plus ce que vous en avez fait. C'est bête d'égarer comme ça des gens d'âge. Ah ça! Il faut manger pourtant.

Du reste, il ne leur posa pas d'autres questions. Être sans logis, quoi de plus simple?

Cependant, il s'était arrêté, et depuis quelques minutes, il cherchait dans ses poches.

Enfin, il leva la tête d'un air satisfait:

— Voici de quoi dîner pour trois. Et il tira de ses poches un sou.

Puis il poussa les deux petits devant lui dans la boutique d'un boulanger et mit son sou sur le comptoir en criant:

— Garçon, cinq centimes de pain!

Le boulanger, qui était le maître en personne, prit un pain et un couteau.

— En trois morceaux, garçon! reprit Gavroche, et il ajouta avec dignité:

— Nous somme trois.

Et, voyant que le boulanger, après avoir examiné les trois enfants, avait pris un pain noir, il lui cria:

— Qu'est-ce que c'est que ça?

— Eh mais! c'est du pain, répondit le boulanger, du très bon pain de deuxième qualité.

— Vous voulez dire du pain noir, s'écria Gavroche... Donnez-nous du pain blanc, garçon!

Le boulanger ne put s'empêcher de sourire. Il coupa le pain, prit le sou, et Gavroche ordonna aux enfants: «Mangez!» En même temps, il leur tendait à chacun un morceau de pain.

Les pauvres enfants, qui avaient grand'faim, se mirent à dévorer le pain sous les yeux du boulanger qui, maintenant qu'il était payé, avait hâte de les voir partir.

— Rentrons dans la rue, dit Gavroche.

Et ils reprirent le chemin de la Bastille.

Il y a vingt ans, on voyait encore dans un des coins de la place de la Bastille, un monument bizarre qui s'est effacé déjà de la mémoire des Parisiens... C'était un éléphant de quarante pieds de haut, construit en maçonnerie, portant sur son dos sa tour qui ressemblait à une maison, jadis peint en vert, mais que la pluie et le temps avaient rendu noir. Dans ce coin désert de la place, le large front de l'éléphant, sa tour, ses quatre pieds pareils à des colonnes faisaient, la nuit, une silhouette surprenante et terrible.

Peu d'étrangers visitaient ce monument, aucun passant ne le regardait. Il tombait en ruine...

Ce fut vers ce coin de la place, mal éclairé, que le gamin dirigea les deux petits.

Les deux enfants, un peu effrayés, suivaient sans dire un mot, et se confiaient à lui, qui leur avait donné du pain et leur avait promis un logis.

On distinguait, dans une patte de l'éléphant, une espèce de trou noir. Gavroche montra le trou aux deux enfants et leur dit:

— Entrez!

Les deux garçons se regardaient, très effrayés.

— Vous avez peur! s'écria Gavroche. Et il ajouta:

— Vous allez voir.

En un clin d'œil, Gavroche se glissa dans le trou, y disparut, et, un moment après, les deux enfants virent apparaître sa tête pâle au bord du trou noir.

— Eh bien, cria-t-il, montez donc, les enfants! Vous allez voir comme on est bien! Monte, toi, dit-il à l'aîné, je te tends la main.

Les petits avaient peur, mais il pleuvait bien fort.

L'aîné monta le premier. Quand il arriva au trou, Gavroche le saisit par le bras et le tira vers lui.

— Maintenant, dit Gavroche, attends-moi. Monsieur, donnez-vous la peine de vous asseoir.

Et, sortant du trou comme il y était entré, il se laissa glisser le long de la jambe de l'éléphant et tomba debout sur ses pieds dans l'herbe. Puis il prit le petit de cinq ans dans ses bras et cria à l'aîné:

— Je vais le pousser, tu vas le tirer.

En un instant, le petit fut monté, poussé, traîné, tiré dans le grand trou sans avoir eu le temps de se reconnaître, et Gavroche, entrant après lui, se mit à battre des mains et cria:

— Mes amis, vous êtes chez moi!

Gavroche était en effet chez lui.

— Commençons, dit-il, par dire

au concierge que nous n'y sommes pas. Et il prit une planche et boucha le trou. Puis il alluma un bout de chandelle, et, à travers la fumée que faisait la chandelle, les deux petits aperçurent l'intérieur de l'éléphant. Cela avait l'air d'un immense squelette, formé par la charpente. Un grand nombre de morceaux de plâtre étaient tombés du dos sur le ventre de l'éléphant, de sorte que l'on pouvait facilement marcher. A travers la lumière assez faible que donnait la chandelle, on apercevait des toiles d'araignée, de grandes taches qui bougeaient, des choses bizarres et effrayantes.

Le plus petit se pressa contre son frère et dit à mi-voix:

— C'est noir.

Gavroche commença par le gronder un peu, puis s'adressant plus doucement à lui, il lui dit:

— Que tu es bête! C'est dehors qu'il fait noir. Dehors il pleut, ici, il ne pleut pas; dehors, il y a beaucoup de monde, ici, il n'y a personne; dehors, il n'y a pas même la lune, ici, il y a ma chandelle!

Les deux enfants commençaient à regarder l'appartement avec moins de peur; mais Gavroche ne leur laissa pas le temps de réfléchir.

— Vite, dit-il.

Et il les poussa vers ce qu'on pourrait appeler le fond de la chambre. Là était son lit.

Le lit de Gavroche était complet. C'est-à-dire qu'il y avait un matelas, une couverture et une alcôve avec rideaux.

Le matelas était une natte de paille. L'alcôve était faite de trois piquets attachés au sommet, et qui supportaient un grillage de métal. Le lit de Gavroche était sous ce grillage comme dans une cage. L'ensemble ressemblait à une tente d'Esquimau.

Gavroche souleva le grillage, fit entrer les deux petits dans la cage, puis il y entra après eux et referma l'ouverture avec de grosses pierres.

— Maintenant, dit-il, dormez! Je vais supprimer la lumière.

— Monsieur, demanda l'aîné des deux frères à Gavroche en montrant le grillage, qu'est-ce que c'est donc que ça?

— Ça, dit Gavroche gravement, c'est pour les rats... Dormez!

Cependant, il se crut obligé d'ajouter quelques paroles pour instruire ces enfants en bas âge, et il continua, montrant les objets:

— C'est des choses du Jardin des Plantes. Ça sert aux animaux féroces.

Tout en parlant, il tira la couverture sur le tout petit qui murmura:

— Ah! c'est bon! c'est chaud!

Gavroche jeta un coup d'œil sur la couverture:

— Cela vient aussi du Jardin des Plantes, dit-il. J'ai pris ça aux singes.

Et montrant à l'aîné la natte sur laquelle il était couché, natte fort épaisse et admirablement travaillée, il ajouta:

— Ça, c'était à la girafe.

Après un silence, il dit:

— Les bêtes avaient tout ça. Je le leur ai pris. Ça ne les a pas fâchées. Je leur ai dit: C'est pour l'éléphant.

Les deux enfants regardaient Gavroche avec respect. Celui-ci acheva de les arranger sur la natte, et leur monta la couverture jusqu'aux oreilles, puis il répéta pour la troisième fois:

— Dormez!

Et il souffla la chandelle.

A peine la lumière était-elle éteinte qu'on commença à entendre un bruit étrange sur le grillage sous lequel les enfants étaient couchés. C'était une multitude de petits bruits légers, accompagnés de petits cris.

Le petit garçon de cinq ans, entendant ce bruit au-dessus de sa tête et glacé de peur, poussa son frère aîné, mais celui-ci dormait déjà, comme Gavroche le lui avait ordonné. Alors le petit, affolé, osa appeler Gavroche, mais à voix basse:

— Monsieur?

— Hein? fit Gavroche qui venait de fermer les yeux.

— Qu'est-ce que c'est donc que ça?

— C'est les rats, répondit Gavroche.

Et il remit sa tête sur la natte.

Les rats, en effet, qui vivaient par milliers dans la carcasse de l'éléphant, étaient restés cachés aussi longtemps que la chandelle avait brillé, mais dès qu'il avait fait noir, ils s'étaient précipités sur le grillage de Gavroche et le mordaient pour essayer d'entrer.

Cependant le petit ne dormait pas.

— Monsieur! reprit-il.

— Hein? fit Gavroche.

— Qu'est-ce que c'est donc que les rats?

— C'est des souris.

Cette réponse rassura un peu l'enfant. Il avait vu dans sa vie des souris blanches, et il n'en avait pas eu peur. Pourtant, il éleva encore la voix:

— Monsieur?

— Hein? reprit Gavroche.

— Pourquoi n'avez-vous pas un chat?

— J'en ai eu un, répondit Gavroche, mais ils l'ont mangé.

Cette seconde réponse épouvanta le petit, qui recommença à trembler, et qui, pour la quatrième fois, se mit à interroger Gavroche:

— Monsieur!

— Hein?

— Qui est-ce qui a été mangé?

— Le chat.

— Qui a mangé le chat?

— Les rats.

— Les souris?

— Oui, les rats.

L'enfant, épouvanté par ces souris qui mangent les chats, continua:

— Monsieur, est-ce qu'elles nous mangeraient, ces souris-là?

— Bien sûr! répondit Gavroche.

La terreur de l'enfant était à son comble. Mais Gavroche ajouta:

— N'aie pas peur! Ils ne peuvent pas entrer. Et puis, je suis là! Tiens, prends ma main. Tais-toi, et dors!

Gavroche, en même temps, prit la main du petit. L'enfant serra cette main contre lui et se sentit rassuré. Tout était à nouveau silencieux, le bruit des voix avait effrayé les rats. Au bout de quelques minutes ils eurent beau revenir, les trois enfants, qui dormaient d'un sommeil profond, n'entendaient plus rien.

Les heures de la nuit s'écoulèrent. L'ombre couvrait l'immense place de la Bastille, un vent d'hiver qui se mêlait à la pluie soufflait avec violence. Des vagabonds, des agents de police passaient en silence devant l'éléphant; le monstre, debout, immobile, les yeux ouverts dans la nuit, avait l'air de rêver, comme satisfait de sa bonne action, et abritait du ciel et des hommes les trois pauvres enfants endormis.

(D'après Victor Hugo)

XXIX
MONTMARTRE

L'ancien Montmartre.   FRENCH EMBASSY: INFORMATION DIVISION

Il n'y a pas, dans Paris et dans la France entière, de quartier plus célèbre que Montmartre, la butte Montmartre, appelée aussi la Butte. C'est, en effet, un des endroits les plus pittoresques de Paris. Si l'on prononce le nom de Montmartre devant un étranger, celui-ci pense presque toujours aux «boîtes de nuit» qui s'y trouvent aujourd'hui. Pourtant, il devrait savoir que ce qui a rendu Montmartre célèbre, c'est que la colline fut longtemps un lieu où l'esprit français brilla d'un vif éclat.

Il y a un peu plus de cent ans, vers 1815, la colline de Montmartre était un pays rustique, loin des bruits de Paris. Des moulins y tournaient; le dimanche, ces moulins devenaient des auberges, et des étudiants, accompagnés de leurs amies, venaient y danser sur l'herbe et boire du cidre sous les pommiers en fleur.

Un peu plus tard, autour des moulins, s'éleva un petit village avec des jardins, des prés et des vignes. Le dimanche, les Parisiens continuaient à venir.

Vers 1880, l'histoire de Montmartre commença à être plus intéressante. Parmi les Parisiens qui venaient s'y reposer à la fin de chaque semaine, il y avait beaucoup d'artistes; certains d'entre eux pensèrent que cette campagne tranquille serait un endroit agréable où travailler; les peintres y trouveraient de jolis paysages et pourraient peindre dans les rues du village.

De plus, à Montmartre, à cette époque, la vie n'était pas chère et comme beaucoup de ces artistes étaient pauvres, ils pourraient y vivre pour un prix très modique.

C'est ainsi que ce village devint, à la fin du siècle dernier, la patrie de beaucoup de poètes et d'artistes. De Paris, des provinces de France et de l'étranger aussi, venaient vers Montmartre des jeunes gens de talent. Ils habitaient sur la colline, dans de modestes chambres qu'ils louaient aux jardiniers et aux petits commerçants de Montmartre.

C'est là qu'avait vécu le compositeur Hector Berlioz, attendant en vain le succès qui ne lui vint qu'après sa mort. C'est là que l'on voyait souvent le poète Verlaine, à la barbe longue, assis à une table où il composait des vers. C'est là qu'était né l'écrivain Henri Murger, l'auteur des *Scènes de la vie de bohème,* qui a si bien raconté les aventures des joyeux compagnons et de la tendre Mimi Pinson. C'est là aussi qu'était mort, en exil, le poète allemand Henri Heine. Il aimait tant Paris qu'il disait qu'il s'y sentait comme un poisson dans l'eau.

On pouvait y voir, il y a un demi-siècle, un jeune peintre venu d'Espagne, à la figure maigre, aux yeux creux, qui était dans la plus profonde misère: ce jeune peintre s'appelait Pablo Picasso. On y rencontrait aussi, sa boîte de couleurs sous le bras, celui qui a peut-être le mieux peint Montmartre, ses humbles maisons blanches, ses petites places plantées d'arbres, ses boutiques, ses rues calmes: Maurice Utrillo.

Bien entendu, tous ces jeunes gens, malgré leur vie difficile, gardaient toujours de la gaieté dans le cœur. Le soir, ils se réunissaient dans des auberges, où, pour très peu d'argent, ils pouvaient bien manger et bien boire, et aussi où ils pouvaient causer, échanger des idées et surtout rire.

C'est ainsi que naquirent les fameux cabarets de Montmartre, alors que cabaret ne voulait pas encore dire boîte de nuit. A cette époque glorieuse du Montmartre de 1880, un cabaret était simplement une auberge où régnait la gaieté.

Au-dessus: *Une Boîte de nuit.*   A droite: *L'Eglise du Sacré-Cœur.*
FRENCH EMBASSY: INFORMATION DIVISION—EVANS, FROM THREE LIONS

En 1881, l'écrivain Rodolphe Salis ouvrit dans son atelier le cabaret du «Chat Noir,» qui allait être connu dans le monde entier: chez lui, les écrivains les plus spirituels du temps vinrent chanter, réciter, jouer la comédie.

En même temps que son cabaret, Rodolphe Salis, avec l'aide de ses amis, lança un journal satirique à l'esprit mordant du même nom, «*Le Chat Noir*», qui fut illustré par le peintre Toulouse-Lautrec.

En 1885, fut fondé par Aristide Bruant, un autre cabaret d'un genre tout à fait différent de celui du Chat Noir. On a dit que Bruant était un disciple de François Villon: en effet, les chansons que composait et que chantait Bruant étaient audacieusement réalistes, présentant des mauvais garçons, mais avec un sentiment de profonde pitié.

Ainsi continuait, à Montmartre, la double tradition française de la gaieté satirique et du réalisme populaire.

Malheureusement, le succès même des artistes et des poètes montmartrois amena la fin du vieux Montmartre. Restaurants et cafés devinrent de plus en plus nombreux. La vie y fut très chère, aussi poètes et artistes quittèrent-ils la colline pour aller habiter d'autres quartiers.

Aujourd'hui, Montmartre est l'endroit de Paris où l'on trouve le plus de «boîtes de nuit.» Sans doute, on peut encore y voir quelques sites charmants: au coin d'une vieille rue étroite qui monte vers l'énorme église du Sacré-Cœur, on peut encore apercevoir un verger d'autrefois, un carré de vigne, et rêver au clair de lune, à ce Montmartre d'hier, qui était à la fois un village, la patrie des artistes et la capitale de la Bohème.

Louis Pasteur.

THE BETTMANN ARCHIVE

XXX
PASTEUR

Louis Pasteur naquit à Dôle, petite ville du Jura, le 27 décembre 1822, dans une humble famille. Son père, qui avait servi dans l'armée de Napoléon, était un petit artisan.

Pasteur passa la plus grande partie de son enfance à Arbois; il fut mis au collège, mais il préférait alors le dessin aux études sérieuses. Son père, qui rêvait de faire de lui un professeur, ne cessait de l'encourager au travail. Bientôt, l'enfant se mit à étudier avec ardeur et devint un excellent élève, qui réussit brillamment à ses examens.

Ayant terminé ses études au collège d'Arbois, il partit pour Paris afin de poursuivre ses études au Lycée Saint-Louis et de se préparer au professorat. Il avait alors un goût très vif pour les sciences. En 1843 il fut reçu à l'École normale supérieure. C'était, à cette époque, un jeune homme simple, grave, presque timide. Il avait pour ses études tant d'enthousiasme, que souvent, le dimanche, il passait l'après-midi dans un laboratoire à faire des expériences ou à lire quelque livre scientifique. De sa province natale, son père qui s'intéressait beaucoup aux études de son fils, lui recommandait de ne pas trop travailler.

La chimie, déjà, l'intéressait beaucoup et c'est pendant ce séjour à Paris, entre 1843 et 1846 qu'il commença à faire des recherches sur la cristallographie. En 1848, il fut envoyé à Dijon, en Bourgogne, comme professeur de physique et de chimie; puis, après une carrière de quelques années en province, il revint habiter à Paris, où il occupa une chaire de chimie à l'université.

A cette époque, il avait déjà acquis une grande réputation par ses travaux sur la fermentation et sur les maladies de la vigne. Il avait fait des découvertes importantes sur la manière de conserver les vins. «Il n'y a pas de plus grande joie, pour les savants, disait Pasteur, que de faire des découvertes; mais cette joie est encore augmentée lorsque ces découvertes peuvent trouver une application utile dans la vie.»

Pourtant, ces admirables découvertes allaient être surpassées par celle qui devait demeurer la plus grande gloire de Pasteur; la découverte du traitement et de la guérison d'une des plus terribles maladies: la rage. Après avoir fait de nombreuses expériences, il réussit enfin, et il sauva ainsi des milliers de malheureux condamnés avant lui à une mort atroce. La méthode préventive que Pasteur a inventée est, encore aujourd'hui, employée partout dans le monde.

En 1888, l'Institut Pasteur fut fondé à Paris. Bientôt dans de nombreuses villes de France et d'Europe furent créés d'autres instituts, dans lesquels on soigne et guérit les malades atteints de la rage. Lorsque l'Institut Pasteur de Paris fut fondé, Pasteur prononça ces paroles: «Il me semble qu'il y a aujourd'hui dans le monde deux lois opposées. L'une est la loi du sang et de la mort, qui force les nations à se préparer à la guerre; l'autre loi est une loi de paix, de travail et de santé, dont le seul but est de délivrer l'homme des souffrances qui l'affligent. Laquelle de ces deux lois triomphera, Dieu seul le sait. Mais nous savons que la science, obéissant à la loi d'humanité, devra toujours essayer d'aider les hommes et de diminuer leurs souffrances.»

Telles furent les nobles paroles de ce grand savant, de cet homme modeste qui disait que sa philosophie était une philosophie du cœur et non de l'esprit.

Aujourd'hui, dans le monde entier, on connaît et on admire l'œuvre de Pasteur. Tous les peuples boivent du lait pasteurisé. Comme l'a dit son élève et disciple, le docteur Roux: «L'œuvre de Pasteur est admirable, elle montre son génie; mais il faut avoir vécu près de lui pour connaître toute la bonté de son cœur.»

XXXI
LES CAFÉS DE PARIS

Le Café de la Paix. EWING GALLOWAY

Une des choses qui frappent le plus lorsqu'on visite Paris pour la première fois, c'est le très grand nombre des cafés—et certains touristes qui ne séjournent en France que quelques jours, ou même que quelques heures, pensent que les Français boivent beaucoup plus qu'aucun autre peuple. Ils raisonnent comme cet Anglais, dont parle l'anecdote, qui, venu d'Angleterre pour visiter la France et n'ayant pu y débarquer, voulait, avant de repartir pour l'Angleterre, remporter, malgré tout, dans son pays, une impression de France. Il aperçut sur le quai dont le bateau s'éloignait, une femme qui avait les cheveux roux. Aussitôt il s'empressa de noter dans son carnet: «En France,

La Place de l'Opéra.   DEANE DICKASON, FROM EWING GALLOWAY

toutes les femmes sont rousses!»

   Il y a, en effet, un très grand nombre de cafés à Paris. Certains sont des cafés chics, comme ceux qu'on voit autour de l'Opéra ou le long de l'avenue des Champs-Elysées. D'autres sont familiers et même humbles: des étudiants y prennent en hâte une tasse de café avant de se précipiter à leur classe. Ou bien, derrière de petits arbres plantés dans des caisses peintes en vert, des provinciaux ou de braves campagnards de passage à Paris, la serviette nouée autour du cou, déjeunent avant d'aller prendre le train qui les remmènera chez eux.

Il y a des cafés, à Montparnasse par exemple, où se donnent rendez-vous les artistes, et les étudiants du quartier, ainsi que les touristes étrangers venus pour jouir d'un spectacle curieux: toutes les races, toutes les couleurs, toutes les modes se rencontrent à la terrasse des cafés de Montparnasse. Il y a des cafés où on discute politique et littérature; il y en a où on fait des affaires; il y en a où on vient pour jouer aux échecs.

   Le rendez-vous des joueurs d'échecs de Paris, aujourd'hui, est le café Procope. Procope était un Italien qui vint se fixer à Paris au dix-

A la terrasse d'un café parisien. PHOTO GIRAUDON

septième siècle, et y ouvrit un café. Le café Procope devint bientôt célèbre: en 1688, les Comédiens du roi—c'est-à-dire la Comédie Française—vinrent s'établir en face dans la rue des Fossés-Saint-Germain-des-Prés, qui s'appelle aujourd'hui rue de l'Ancienne Comédie. Au dix-huitième siècle, il compta parmi ses clients les hommes les plus distingués d'alors, dont Voltaire et Diderot. Celui-ci surtout, préférait les cafés aux salons, car on pouvait y parler sur tous les sujets avec une liberté qui n'aurait pas été tolérée par les gens du monde.

Aujourd'hui, pour beaucoup de Parisiens, le café est avant tout l'endroit où, tous les jours de la semaine, on rencontre ses amis. Souvent, le Parisien vient s'y reposer après son travail ou même à l'heure du déjeuner, car, à Paris, beaucoup de magasins sont fermés entre midi et deux heures. Les Français aiment encore prendre leurs repas à loisir.

Au printemps, en été, et dans les premières semaines de l'automne, e temps est souvent beau; il fait doux, et l'on peut boire un apéritif, ou déjeuner, ou prendre un café après le déjeuner à la terrasse du café. C'est un endroit idéal pour regarder passer les gens, par exemple, sur les grands boulevards, où une foule variée se presse constamment sur les trottoirs.

On peut aussi—et c'est ce que font beaucoup de voyageurs de commerce, d'hommes d'affaires—y faire sa correspondance: «Garçon, donnez-moi, je vous prie, de quoi écrire!» est une phrase que l'on entend souvent dans un café parisien. Bien des écrivains ont écrit quelques-unes de leurs plus belles pages à une table de café parisien. Ainsi, à la fin du siècle dernier, on pouvait voir le vieux Verlaine, écrivant à une table de café du Quartier latin.

Enfin, à Paris, les gens viennent au café surtout pour causer. Les Français aiment tellement les plaisirs de la conversation qu'ils donnent rendez-vous à leurs amis à une terrasse de café ou dans un coin de salle confortable.

Comme, la plupart du temps, ils ne sont pas riches, ils ne consomment pas grand'chose, un apéritif, un café, ou, s'il fait chaud, un verre de bière, et cette boisson dure longtemps. Le garçon, debout dans un coin de la terrasse, surveille toutes les tables pour voir si un client a besoin de quelque chose, mais il se garderait bien d'interrompre une conversation. Ainsi la boisson n'est souvent qu'un prétexte, qu'une occasion.

En France, comme aux États-Unis et dans les pays libres, on aime discuter les affaires publiques, et le gouvernement est toujours le sujet de discussions animées. On aime aussi y parler d'art et de littérature. Aujourd'hui encore, certains cafés de la rive gauche de la Seine, sont fréquentés par quelques-uns des plus grands écrivains contemporains, et peuvent être comparés aux salons du dix-huitième siècle.

Le café joue donc, dans la vie du Parisien, presque le même rôle que le club aux États-Unis, car le Français appartient rarement à un club. Seuls les gens riches, en France, peuvent le faire. Le Parisien boit et cause, en public, devant tout le monde, tandis que le membre d'un club peut le faire sans être vu.

Comme les Parisiens sont, en général, assez vivants, les conversations autour des petites tables rondes sont animées, et la gaieté et le rire y règnent. Voilà pourquoi les provinciaux et les étrangers qui visitent Paris aiment aller s'asseoir aux terrasses: pour se trouver au milieu d'une foule heureuse, pour chasser l'ennui et pour y jouir du spectacle amusant et toujours changeant de la rue de Paris.

XXXII
MON ONCLE JULES

Un vieux pauvre, à barbe blanche, nous demanda l'aumône. Mon camarade Joseph Davranche lui donna cent sous. Je fus surpris. Il me dit:

— Ce misérable m'a rappelé une histoire que je vais te raconter et dont le souvenir me poursuit sans cesse. La voici:

Ma famille, originaire du Havre, n'était pas riche. Mon père travaillait dur, rentrait tard du bureau et ne gagnait pas grand'chose. J'avais deux sœurs.

Ma mère souffrait beaucoup de notre pauvreté, et faisait souvent des reproches à son mari. Mon père ne répondait rien, mais avait alors un air accablé. Nous économisions sur tout: nous n'acceptions jamais un dîner, pour ne pas avoir à le rendre.

Mais, chaque dimanche, nous allions nous promener dans nos plus beaux habits. Mon père donnait le bras à ma mère. Mes sœurs marchaient devant. Elles étaient en âge de se marier et nous les montrions en ville. Je me rappelle l'air de mes pauvres parents, dans ces promenades: ils marchaient d'un pas grave, le corps droit, les jambes raides.

Et chaque dimanche, en voyant entrer dans le port les grands navires qui revenaient de pays inconnus et lointains, mon père prononçait invariablement les mêmes paroles:

— Hein! si Jules était là-dedans, quelle surprise!

Mon oncle Jules, le frère de mon père, était le seul espoir de la famille, après en avoir été la terreur. J'avais entendu parler de lui depuis mon enfance, et il me semblait que je l'aurais reconnu du premier coup. Je savais tous les détails de sa vie jusqu'au jour de son départ pour l'Amérique, bien qu'on n'en parlât qu'à voix basse.

Il avait eu, paraît-il, une mauvaise conduite, c'est-à-dire qu'il avait dépensé beaucoup d'argent, ce qui est le plus grand des crimes pour les familles pauvres.

On l'avait envoyé en Amérique, comme on faisait alors, et il était parti, sur un navire, du Havre pour New York.

Une fois en Amérique, mon oncle Jules devint marchand et il écrivit bientôt qu'il gagnait beaucoup d'argent et qu'il espérait pouvoir rendre à mon père tout ce qu'il lui devait. Cette lettre causa dans la famille une joie profonde. Jules devint tout à coup un honnête homme, un vrai Davranche, honnête comme tous les Davranche.

Une seconde lettre, deux ans plus tard, disait: «Mon cher Philippe, je t'écris pour que tu ne t'inquiètes pas de ma santé, qui est bonne. Les affaires aussi vont bien. Je pars demain pour un long voyage dans l'Amérique du Sud. Je resterai peut-être plusieurs années sans te donner de mes nouvelles. Si je ne t'écris pas, ne sois pas inquiet. Je reviendrai au Havre quand je serai riche. J'espère que ce ne sera pas trop long, et nous vivrons heureux ensemble...»

Mes parents lisaient cette lettre constamment, ils la montraient à tout le monde.

Pendant dix ans, en effet, l'oncle Jules ne donna plus de nouvelles; mais l'espoir de mon père grandissait à mesure que le temps passait, et ma mère aussi disait souvent:

— Quand ce bon Jules sera là, notre situation changera. En voilà un qui a bien réussi dans la vie!

Et chaque dimanche, en regardant les grands navires, mon père répétait sa phrase habituelle:

— Hein! si Jules était là-dedans, quelle surprise!

On avait bâti mille projets sur ce retour. On avait même l'intention d'acheter, avec l'argent de l'oncle, une petite maison de campagne.

L'aînée de mes sœurs avait alors vingt-huit ans; l'autre vingt-six. Elles ne se mariaient pas, et c'était là un gros chagrin pour tout le monde.

Un jeune homme enfin, demanda en mariage la plus jeune. C'était un employé, pas riche, mais honorable. J'ai toujours pensé que la lettre de l'oncle Jules, qu'on lui avait montrée un soir, avait terminé les hésitations du jeune homme.

On l'accepta, et il fut décidé qu'après le mariage toute la famille ferait ensemble un petit voyage à Jersey.

Jersey est le voyage idéal pour les gens pauvres. Ce n'est pas loin; on traverse la mer et on est en terre étrangère, cette île appartenant aux Anglais. Donc, un Français peut s'offrir facilement la vue d'un peuple voisin et étudier ses mœurs.

Ce voyage de Jersey devint notre rêve de tous les instants. On partit enfin. Il faisait beau. Nous regardions disparaître les côtes, heureux et fiers comme tous ceux qui voyagent peu.

Tout à coup, mon père aperçut deux dames élégantes à qui deux messieurs offraient des huîtres. Un vieux matelot, aux vêtements déchirés, ouvrait les huîtres d'un coup de couteau et les passait aux messieurs, qui les tendaient ensuite aux dames.

Mon père, sans doute, trouva cela distingué, supérieur, et il s'approcha de ma mère et de mes sœurs en demandant:

— Voulez-vous que je vous offre quelques huîtres?

Ma mère hésitait, à cause de la dépense; mais mes sœurs acceptèrent tout de suite.

Ma mère dit, l'air mécontent:

— J'ai peur de me rendre malade. Offre ça aux enfants, mais pas trop, tu les rendrais malades.

Puis, se tournant vers moi, elle ajouta:

— Quant à Joseph, il n'en a pas besoin; il ne faut pas gâter les garçons.

Je restai donc à côté de ma mère, trouvant injuste cette distinction. Je regardais mon père, qui conduisait gravement ses deux filles et son gendre vers le vieux matelot aux vêtements déchirés.

Les deux dames venaient de partir, et mon père montrait à mes sœurs comment il fallait faire pour manger des huîtres; il voulut même donner l'exemple, et il s'empara d'une huître. En essayant d'imiter les dames, il renversa de l'eau sur son manteau, et j'entendis ma mère murmurer:

— Il ferait mieux de se tenir tranquille.

Mais, tout à coup, mon père me parut inquiet; et brusquement, il vint vers nous. Il me sembla fort pâle, avec des yeux étranges. Il dit à ma mère:

— C'est extraordinaire, comme

cet homme qui ouvre les huîtres ressemble à Jules.

Ma mère, surprise, demanda:

— Quel Jules?

Mon père reprit:

— Mais... mon frère... Si je ne savais pas qu'il a une belle situation en Amérique, je croirais que c'est lui.

Ma mère répondit:

— Tu es fou! Puisque tu sais bien que ce n'est pas lui, pourquoi dire ces bêtises-là?

Mais mon père insistait:

— Va donc le voir, Clarisse, j'aime mieux que tu ailles voir toi-même, de tes propres yeux.

Elle se leva et alla rejoindre ses filles. Moi aussi, je regardai l'homme. Il était vieux, sale, et ne détournait pas le regard de sa besogne.

Ma mère revint. Je m'aperçus qu'elle tremblait. Elle prononça très vite:

— Je crois que c'est lui. Va donc demander des renseignements au capitaine. Surtout, sois prudent!

Mon père s'éloigna, mais je le suivis. Je me sentais étrangement ému.

Mon père aborda le capitaine

avec cérémonie, en l'interrogeant sur son métier, sur l'île où nous allions:

— Quelle était l'importance de Jersey? Ses productions? Sa population? Ses coutumes? La nature du sol? etc., etc.

On aurait pu croire qu'il s'agissait au moins des États-Unis d'Amérique.

Puis on parla du bâtiment qui nous portait, et enfin des matelots. Mon père dit d'une voix troublée:

— Vous avez là un vieil ouvreur d'huîtres qui paraît bien intéressant. Savez-vous quelques détails sur cet homme?

Le capitaine, que cette conversation ennuyait, répondit:

— C'est un vieux vagabond français que j'ai trouvé en Amérique l'an dernier, et que j'ai ramené en France. Il a, paraît-il, des parents au Havre, mais il ne veut pas retourner auprès d'eux, parce qu'il leur doit de l'argent. Il s'appelle Jules... Jules Darmanche, ou Darvanche, quelque chose comme ça. Il paraît qu'il a été riche un moment là-bas, mais vous voyez ce qu'il est devenu.

Mon père, de plus en plus pâle, murmura:

— Ah! ah! très bien... Cela ne m'étonne pas... Merci beaucoup, capitaine.

Et il s'en alla, tandis que le capitaine le regardait s'éloigner avec stupeur.

Il revint auprès de ma mère et se laissa tomber dans un fauteuil en disant:

— C'est lui, c'est bien lui!

Puis il demanda à ma mère:

— Qu'allons-nous faire?

Elle répondit vivement:

— Il faut rappeler les enfants. Puisque Joseph sait tout, il va aller les chercher. Il faut surtout que notre gendre ne sache rien.

Mon père paraissait écrasé. Il murmura:

— Quelle catastrophe!

Ma mère ajouta, devenue tout à coup furieuse:

— J'étais sûre que ce voleur ne ferait jamais rien! Comme si on pouvait attendre quelque chose d'un Davranche!

Puis elle ajouta:

— Donne de l'argent à Joseph pour qu'il aille payer ces huîtres. Il ne faut pas être reconnus par ce misérable. Allons-nous-en à l'autre bout du navire.

Elle se leva, et ils s'éloignèrent après m'avoir remis une pièce de cent sous.

Mes sœurs, surprises, attendaient leur père. J'affirmai que maman s'était trouvée un peu gênée par la mer, et je demandai à l'ouvreur d'huîtres:

— Combien est-ce que nous vous devons, monsieur?

J'avais envie de dire: mon oncle.

Il répondit:

— Deux francs cinquante.

Je lui tendis mes cent sous, et il me rendit la monnaie. Je regardais sa main, une pauvre main de matelot, et je regardais son visage, un vieux et misérable visage, triste, accablé, en me disant:

— C'est mon oncle, le frère de papa, mon oncle!

Je lui laissai dix sous de pourboire. Mes sœurs me contemplaient, stupéfaites de ma générosité.

Quand je remis les deux francs à mon père, ma mère, surprise, demanda:

— Cela coûtait trois francs? Ce n'est pas possible.

Je déclarai d'une voix ferme:

— J'ai donné dix sous de pourboire.

Ma mère s'écria:

— Tu es fou! Donner dix sous à cet homme, à ce gueux!

Elle s'arrêta sous un regard de mon père.

Puis on se tut.

Devant nous, à l'horizon, une ombre violette semblait sortir de la mer. C'était Jersey.

Lorsque le navire approcha du quai, je voulus voir encore une fois mon oncle Jules, lui dire quelque chose de consolant, de tendre. Mais, comme personne ne mangeait plus d'huîtres, il avait disparu.

Et nous sommes revenus par le bateau de Saint-Malo, pour ne plus le rencontrer.

Je n'ai jamais revu le frère de mon père!

Voilà pourquoi tu me verras quelquefois donner cent sous aux vagabonds.

(D'après Maupassant)

XXXIII
LA MULE DU PAPE

De toutes les histoires que racontent les paysans de Provence, je n'en connais pas de plus jolie que celle-ci. En Provence, quand on veut parler d'un homme rancunier, on dit: «Cet homme-là! méfiez-vous! il est comme la mule du Pape, qui garde sept ans son coup de pied.»

J'ai cherché bien longtemps d'où ce proverbe pouvait venir, et ce que c'était que cette mule du Pape et ce coup de pied gardé pendant sept ans.

J'ai passé huit jours à la campagne, en plein air, et j'ai fini par découvrir ce que je voulais, c'est-à-dire l'histoire de ma mule et de ce fameux coup de pied. Le conte est joli, quoiqu'un peu naïf, et je vais essayer de vous le dire tel que je l'ai entendu.

Qui n'a pas vu Avignon au temps des Papes n'a rien vu. Pour la gaieté, la vie, le train des fêtes, jamais une ville pareille. C'étaient du matin au soir, des processions, des pèlerinages, les rues pleines de fleurs, des cardinaux qui arrivaient par le Rhône, les soldats du Pape qui chantaient du latin sur les places, les ouvriers qui travaillaient du haut en bas des maisons; et puis, le bruit des cloches, et toujours quelques tambourins que l'on entendait, du côté du pont. Car, chez nous, quand le peuple est content, il faut qu'il danse, et comme, en ce temps-là, les rues de la ville étaient trop étroites pour qu'on y danse, fifres et tambourins se mettaient sur le pont d'Avignon, au vent frais du Rhône, et, jour et nuit, l'on y dansait... Ah! l'heureux temps! l'heureuse ville! Le peuple n'y avait jamais faim; il n'y avait jamais de guerre... Voilà comment les Papes du comtat savaient gouverner leur peuple, voilà pourquoi leur peuple les a tant regrettés.

Il y en a un surtout, un bon vieux, qu'on appelait Boniface. Oh! celui-là, que de larmes on a versées quand il est mort! C'était un prince si aimable! Il vous souriait si bien du haut de sa mule! Et quand vous passiez près de lui, si humble que vous fussiez, il vous donnait sa bénédiction si poliment!

Tous les dimanches, le digne homme allait à sa vigne, et il restait là, assis au bon soleil, sa mule près de lui. Puis, le jour tombant, il rentrait joyeusement à la ville, suivi de tous ses cardinaux; et, lorsqu'il passait sur le pont d'Avignon, au milieu des tambourins, sa mule, mise en train par la musique, se mettait à sauter doucement, tandis que lui marquait le pas de la danse, ce qui faisait dire à tout son peuple: «Ah! le bon prince! Ah! le brave Pape!»

Après sa vigne, ce que le Pape aimait le plus au monde, c'était sa mule. Tous les soirs, avant de se coucher, il allait voir si elle ne manquait de rien, et jamais il ne se serait levé de table sans lui faire préparer un bol de vin, avec beaucoup de sucre, qu'il allait lui porter lui-même... Il faut dire que la bête en valait la peine. C'était une belle mule noire, au pied sûr, portant fièrement sa tête; avec cela, douce comme un ange, l'œil naïf, et deux longues oreilles qui lui donnaient l'air bon enfant. Tout Avignon la respectait, et quand elle allait dans les rues, il n'y avait pas de gentillesses qu'on ne lui fît. Car on savait que c'était le meilleur moyen de faire plaisir au Pape, et aussi de faire fortune,—comme le montre l'extraordinaire aventure de Tistet Védène.

Ce Tistet Védène était un mauvais garçon, paresseux, que son père avait été obligé de chasser de chez lui. Pendant six mois, on le vit traîner dans les rues d'Avignon, mais surtout du côté de la maison du Pape; car Tistet Védène avait son idée sur la mule du Pape... Un jour que le Pape se promenait tout seul avec sa bête, voilà Tistet qui l'aborda et lui dit d'un air d'admiration:

— Ah! mon Dieu! grand Saint-Père, quelle belle mule vous avez là! Laissez-moi un peu la regarder... Ah! mon Pape, la belle mule... l'empereur d'Allemagne n'en a pas une pareille!

Et il parlait doucement à la mule, comme à une jeune fille. Et le bon Pape, tout ému, se disait à lui-même :

— Quel bon petit garçon !... Comme il est gentil avec ma mule !...

Et puis, le lendemain, savez-vous ce qui arriva ? Tistet entra dans la maîtrise du Pape, où, avant lui, on n'avait jamais reçu que des fils de nobles ou des neveux de cardinaux.

Une fois au service du Pape, Tistet continua le jeu qui lui avait si bien réussi. Il était toujours plein d'attentions pour la mule, et on le rencontrait souvent dans les cours, portant à la mule toutes sortes de bonnes choses à manger. Si bien qu'à la fin, le bon Pape, qui se sentait devenir vieux, laissa à Tistet le soin de veiller sur sa mule et de lui porter son bol de vin.

Ce qui ne faisait pas rire la pauvre mule. Ce vin qu'elle aimait tant, Tistet le lui apportait, le lui faisait sentir, et quand elle était sur le point d'y goûter, c'étaient Tistet et ses amis qui le buvaient. Et quand ils avaient bu, ils étaient méchants et lui faisaient mille mauvais tours, lui tirant les oreilles ou la queue. La mule souffrait mais ne se fâchait pas, car elle était patiente et douce.

Un jour, après avoir bu, Tistet imagina de faire monter la mule au sommet du clocher... Et ce que je vous dis est vrai, deux cent mille Provençaux l'ont vu. Vous figurez-vous la terreur de cette malheureuse mule, lorsque, après avoir tourné pendant une heure dans un escalier et grimpé je ne sais combien de marches, elle se trouva tout à coup sur une plate-forme, en plein midi, et qu'à mille pieds au-dessous d'elle, elle aperçut un Avignon microscopique... Ah! pauvre bête! Quelle panique! Du cri qu'elle en poussa, toutes les vitres tremblèrent.

5 — Qu'est-ce qu'il y a? Qu'est-ce qu'on lui fait? s'écria le bon Pape en se précipitant à la fenêtre.

Tistet Védène était déjà dans la cour, faisant mine de pleurer:

10 — Ah! grand Saint-Père, ce qu'il y a! Il y a que votre mule est montée dans le clocher...

— Toute seule?

— Oui, grand Saint-Père, toute
15 seule... Regardez-la, là-haut... Voyez-vous le bout de ses oreilles qui passe?

— Mon Dieu! dit le pauvre Pape en levant les yeux. Mais elle
20 est devenue folle! Mais elle va se tuer!... Veux-tu descendre, malheureuse!...

Elle aurait bien voulu, elle, descendre, mais par où? Et comment?
25 Elle avait bien su monter les marches, mais descendre, c'est une autre affaire! Et, roulant ses gros yeux pleins de terreur, elle pensait à Tistet Védène:

30 — Ah! misérable... quel coup de pied demain matin!

Enfin, on réussit à la tirer de là-haut; mais ce fut toute une affaire. Il fallut la descendre avec des cor-
35 des. Et vous pensez quelle humiliation pour la mule d'un Pape de se voir pendue à cette hauteur! Et tout Avignon qui la regardait!

La malheureuse bête n'en dormit
40 pas de la nuit. Il lui semblait

146

qu'elle tournait toujours dans le clocher, avec les rires de la ville au-dessous; puis elle pensait à ce méchant Tistet Védène et au joli coup de pied qu'elle allait lui donner le lendemain matin. Ah! mes amis, quel coup de pied!

Or, savez-vous ce que faisait, pendant ce temps-là, Tistet Védène? Il descendait le Rhône, en bateau, et s'en allait à la cour de Naples avec les jeunes nobles que la ville y envoyait tous les ans pour s'exercer à la diplomatie et aux belles manières.

C'est la mule qui fut désappointée le lendemain!

— C'est égal, pensait-elle. Tu le retrouveras au retour, ton coup de pied... je te le garde!

Et elle le lui garda.

Après le départ de Tistet, la mule du Pape reprit sa vie tranquille d'autrefois: les beaux jours étaient revenus. Pourtant, depuis son aventure, les gens murmuraient quand elle passait dans les rues, et les enfants riaient. Le bon Pape lui-même n'avait plus autant de confiance en son amie, et quand, en revenant de sa vigne, le dimanche, il s'endormait un instant sur le dos de la mule, il pensait: «Si j'allais me réveiller là-haut, dans le clocher!» La mule voyait cela et elle en souffrait, sans rien dire; mais quand on prononçait le nom de Tistet Védène devant elle, elle remuait doucement ses longues oreilles et donnait de petits coups de pied sur le sol.

Sept ans se passèrent ainsi; puis, au bout de ces sept années, Tistet Védène revint de la cour de Naples.

Quand il le vit, le Pape eut peine à le reconnaître, car il avait beaucoup grandi. Il faut aussi dire que le bon Pape devenait vieux et qu'il n'y voyait plus très bien.

— Comment, grand Saint-Père, vous ne me reconnaissez plus? C'est moi, Tistet Védène!

— Védène?

— Mais oui! vous savez bien... celui qui portait le vin à votre mule.

— Ah! oui... oui... je me rappelle... un bon petit garçon, ce Tistet Védène.

— A propos, grand Saint-Père, est-ce que vous avez toujours votre mule? Elle va bien?... Ah! tant mieux!... la bonne bête!... Si vous saviez comme je l'aimais!... Est-ce que vous ne me la laisserez pas voir?

— Si, mon enfant, tu la verras, dit le bon Pape tout ému... Et puisque tu l'aimes tant cette brave bête, je ne veux plus que tu vives loin d'elle. Dès ce jour, je t'attache à ma personne... Mes cardinaux crieront, mais tant pis! j'y suis habitué. Viens me voir demain... Je te mènerai voir ma mule, et tu viendras à la vigne avec nous deux.

Si Tistet Védène était content en sortant de la grande salle, je n'ai pas besoin de vous le dire. Pourtant, il y avait dans le palais quelqu'un de plus heureux que lui: c'était la mule.

Donc, le lendemain, à la fin de l'après-midi, Tistet Védène se présenta dans la cour du palais du Pape. Tous les cardinaux étaient là, les soldats du Pape en uniforme. Et des cloches, du soleil, de la musique, et toujours, les tambourins qui menaient la danse, là-bas, sur le pont d'Avignon.

Quand Védène apparut au milieu de l'assemblée, sa belle mine y fit courir un murmure d'admiration : c'était un magnifique Provençal, et il avait mis, pour cette occasion, ses plus beaux vêtements.

Sitôt entré, Tistet salua gracieusement tout le monde, et se dirigea vers l'endroit où l'attendait le Saint-Père. La mule était là, toute prête à partir pour la vigne. Quand il passa près d'elle, Tistet eut un bon sourire et s'arrêta pour lui donner deux ou trois petites tapes sur le dos, en regardant du coin de l'œil si le Pape le voyait. La position était bonne :

— Tiens, attrape, bandit! Voilà sept ans que je te le garde!

Et elle lui donna un coup de pied si terrible, si terrible, que de Pampérigouste on en vit la fumée ; tout ce qui restait du malheureux Tistet Védène.

Les coups de pied de mule ne sont pas si terribles d'ordinaire ; mais celle-ci était une mule papale ; et puis, pensez donc! elle le lui gardait depuis sept ans...

(D'après Daudet)

A l'école

PETER BUCKLEY

XXXIV

LA VIE SCOLAIRE

C'est la Révolution qui jeta les bases du système scolaire français actuel: par la loi du 3 septembre 1791, l'Assemblée Constituante proclama le droit de tout citoyen à recevoir une instruction. A cette époque-là, en France, la moitié des hommes et les trois quarts des femmes ne savaient ni lire ni écrire.

Le dix-neuvième siècle fut marqué par le développement de l'instruction publique, depuis la création de l'Université Impériale par Napoléon, en 1808, jusqu'à l'établissement de l'enseignement primaire, obligatoire et gratuit, en 1882, par la Troisième République.

Aujourd'hui, le système scolaire français se compose d'écoles publiques, sous le contrôle de l'État, et d'écoles privées, qui peuvent bénéficier d'une aide financière de l'État. L'instruction est obligatoire et gratuite jusqu'à l'âge de seize ans. Seul l'État décerne les titres et les diplômes, après des examens contrôlés par lui.

Les enfants français peuvent entrer à l'école à partir de l'âge de deux ans: on appelle ces écoles des

Écoles maternelles, ou aussi des classes enfantines. Mais on y travaille peu, on y enseigne surtout en amusant. On apprend aux petits à écouter, à regarder, à observer, et à parler distinctement. On surveille leur croissance et on les prépare à devenir de vrais écoliers.

Le travail véritable ne commence que quand les petits Français ont atteint l'âge de six ans: ils entrent alors dans des écoles primaires, où ils restent jusqu'à l'âge de onze ans, pour l'enseignement élémentaire.

Le programme comprend tout d'abord l'étude du français; les élèves apprennent à lire et à écrire; puis sous la direction de leurs professeurs, ils étudient des textes faciles et prennent un premier contact avec les chefs-d'œuvre de la littérature. On leur fait apprendre par cœur et réciter en classe certains passages particulièrement beaux, comme de courts poèmes de Victor Hugo ou des fables de La Fontaine. Les Français estiment qu'il est aussi naturel pour un enfant de savoir par cœur un poème, une fable, que de pouvoir chanter La Marseillaise ou réciter une prière. De plus, ces fables et ces poèmes sont souvent utilisés par les professeurs dans leurs cours de morale.

C'est à l'école primaire que les élèves étudient l'arithmétique et le système métrique. Ils suivent aussi des cours de dessin, de solfège et de gymnastique. Ils commencent l'étude de l'histoire et de la géographie, qui se poursuit pendant tout leur séjour à l'école primaire. Enfin, le programme est complété par des leçons de choses et par des rudiments de sciences naturelles.

A onze ans, l'écolier français peut continuer dans le degré primaire et recevoir une préparation pratique à des activités commerciales, agricoles, artisanales ou industrielles. Mais la majorité des écoliers entrent au lycée, qui les retient jusqu'à l'âge de dix-sept ou dix-huit ans. Les lycéens commencent alors leurs études secondaires. Ils sont répartis en différentes sections, où ils sont guidés suivant leurs aptitudes, soit qu'ils préfèrent les arts et les lettres, soit qu'ils se destinent à des carrières scientifiques ou techniques. Les lycéens étudient le français, le latin, l'histoire, la géographie, les sciences et les langues modernes : l'importance de chacune de ces matières varie selon la section qu'ils ont choisie.

Les études secondaires sont difficiles : elles se terminent, à la sortie du lycée, par le baccalauréat, examen qui se compose de deux épreuves, l'une écrite, et l'autre orale. Ce régime est, depuis quelques années, l'objet de vives critiques. Beaucoup de parents et de professeurs trouvent les programmes trop lourds, trop chargés de matières ; ils recommandent une place plus grande accordée aux sports; ils proposent une extension de la préparation scientifique et technique aux dépens de la culture classique.

Après les cours   PETER BUCKLEY

Le baccalauréat permet aux lycéens français d'entrer dans n'importe quelle université. Les étudiants jouissent d'une grande liberté; ils peuvent organiser leur travail comme ils l'entendent; ils ne sont pas surveillés, et ne sont pas obligés d'assister aux cours. Pourtant, la plupart d'entre eux travaillent dur, parce qu'ils se préparent à des carrières qui, dans bien des cas, ne leur seront ouvertes qu'après s'être présentés à un concours. Or, le nombre des candidats est toujours beaucoup plus grand que celui des places libres.

Bien que, proportionellement à la population, il y ait moins de jeunes Français qui continuent leurs études à l'université que de jeunes Américains, leur nombre n'a cessé de grandir depuis une vingtaine d'années.

Au mois de mai 1968, des troubles graves se sont produits, des émeutes ont éclaté dans les universités françaises : les jeunes se plaignent du manque de rapports entre maîtres et étudiants dans des classes trop nombreuses; ils considèrent les méthodes d'enseignement traditionnelles comme arriérées et retardataires; enfin, ils souhaitent une démocratisation du régime universitaire, mieux adapté aux exigences de la société d'aujourd'hui.

A l'heure actuelle, la vie scolaire est en pleine réforme. Les Français s'efforcent de remédier à la centralisation excessive dont souffre l'université : récemment encore, il y avait à Paris presqu'autant d'étudiants que dans toutes les autres universités provinciales réunies. C'est pourquoi on a créé, depuis peu, une douzaine de centres universitaires nouveaux dans des villes de province, notamment à Rouen, capitale de la Normandie, et à Nice, qui n'était jusqu'alors qu'une ville de tourisme.

Tous les problèmes sont loin d'être résolus. Toutefois on s'efforce aujourd'hui en France d'établir, pour une population estudiantine toujours grandissante, un régime nouveau qui concilie la longue tradition française de culture humaniste avec les besoins de la société contemporaine, en ouvrant les portes de toutes les écoles et de toutes les universités à un nombre de plus en plus élevé de jeunes Français et de jeunes Françaises, afin de leur donner à tous une chance égale à l'instruction.

XXXV

LE PROVERBE

Ce jeudi soir, comme d'habitude, M. Jacotin était de mauvaise humeur. Il venait de rentrer de son bureau et se préparait à dîner avec sa famille. Sa femme, ses deux filles, âgées de dix-sept et de seize ans, et son fils Lucien, un garçon de treize ans, étaient déjà assis a table dans la cuisine.

Monsieur Jacotin s'assit et remarqua Lucien, qui avait les yeux baissés et qui penchait la tête sur son assiette. Cette attitude rendit le père soupçonneux et il demanda à son fils: «Veux-tu me dire ce que tu as fait cet après-midi?

— Cet après-midi, j'étais avec Chapusot qui allait faire des commissions. Puis on est allé chez le médecin, pour son oncle qui est malade.

— Bon, bon. Mais dis-moi plutôt ce que tu as fait ce matin.

— Je suis allé voir avec Fourmont la maison qui a brûlé l'autre nuit dans l'avenue Poincaré.

— Comme ça, tu as été dehors toute la journée? Du matin jusqu'au soir? Bien entendu, puisque tu as passé ton jeudi à t'amuser, j'imagine que tu as fait tes devoirs?

— Mes devoirs? murmura Lucien.

— Oui, tes devoirs.

— J'ai travaillé hier soir en rentrant de classe.

— Je ne te demande pas si tu as travaillé hier soir. Je te demande si tu as fait tes devoirs pour demain. J'attends ta réponse. Oui ou non, as-tu fait tes devoirs?»

Lucien comprit qu'il valait mieux avouer: «Je n'ai pas fait mon devoir de français.

— C'est donc bien ce que je pensais, répliqua son père. Voilà un devoir de français que le professeur t'a donné vendredi dernier pour demain. Tu avais donc huit jours pour le faire et tu n'en as pas trouvé le moyen. Et si je n'en avais pas parlé, tu serais allé en classe sans l'avoir fait. Mais le plus fort, c'est que tu auras passé tout ton jeudi à flâner. Et avec qui, avec un Fourmont, un Chapusot, tous les derniers de la classe. Ah! Tu n'irais pas jouer avec un Béruchard, un excellent élève, lui, qui est toujours dans les premiers. C'est une chose agréable pour moi, qui suis toute la journée au bureau avec son père. S'il me parle de son fils, je suis embarrassé. Je n'ai pas la chance, moi, d'avoir un fils comme Béruchard. Un fils premier en français, premier en calcul. Paresseux! Tu devrais avoir honte. Un devoir de français donné depuis huit jours. Si tu avais un peu de cœur et si tu pensais au mal que je me donne, tu ferais tes devoirs. Moi, personne ne m'a jamais aidé. A douze ans, j'étais en apprentissage, je travaillais dur. Mais toi, tu as la chance d'avoir un père qui est trop bon. Mais ça ne durera pas. Soyez bon, vous serez toujours faible. Un devoir de français, et tu as eu huit jours pour le faire. Et veux-tu me dire ce que c'est que ce devoir?»

Lucien, qui n'écoutait pas, ne répondit rien.

«Pour la deuxième fois, cria son père, je te demande en quoi consiste ton devoir de français.

— C'est une explication, dit Lucien. Il faut expliquer le proverbe: «Rien ne sert de courir, il faut partir à point.»

— Eh bien, ce n'est pas difficile. Va chercher tes cahiers, et au travail.»

Lucien alla prendre sa serviette de classe dans un coin de la cuisine, en sortit un cahier et écrivit lentement au haut d'une page blanche: «Rien ne sert de courir, il faut partir à point.» Il essaya de méditer sur son proverbe, mais ne trouva rien.

«A ton aise, lui dit son père. Moi, je ne suis pas pressé. J'attendrai toute la nuit s'il le faut.»

La mère et les sœurs de Lucien avaient fini la vaisselle et quittèrent la cuisine. Lucien se sentit perdu et se mit à pleurer.

«Allons, dit M. Jacotin ému, prends ton mouchoir, et que ce soit fini. Je vois bien que si je ne t'aide pas, nous serons encore ici à quatre heures du matin. Allons, au travail. Nous disions donc: «Rien ne sert de courir, il faut partir à point.» En vous donnant ce devoir-là, le maître ne vous a rien dit?

— Il nous a dit: «Surtout, évitez de résumer la fable: Le lièvre et la tortue. C'est à vous de trouver un exemple. Voilà ce qu'il a dit.»

M. Jacotin se mit à réfléchir et à chercher une idée ou au moins une phrase qui fût un point de départ, mais il avait beau se creuser la tête, il ne trouvait rien. Enfin, une idée lui vint. Il s'agissait d'une compétition sportive à laquelle se préparaient deux équipes de rameurs, l'une méthodiquement, l'autre avec négligence.

«Allons, commanda M. Jacotin. Ecris. Je dicte: «Par ce splendide après-midi de dimanche d'été, virgule, quels sont donc ces jolis objets verts à la forme allongée, virgule, qui frappent nos regards? On dirait de loin qu'ils sont munis de longs bras, mais, ces bras ne sont autre chose que des rames et les objets verts sont en réalité deux canots de course qui se balancent mollement au gré des flots de la Marne.»

Lucien lança à son père un regard effaré. Mais son père ne le voyait pas et il avança la main vers le porte-plume de son fils.

«Donne. Je vais écrire moi-même. C'est plus commode que de dicter.»

Et il se mit à écrire d'une plume abondante; les idées et les mots lui venaient facilement. Lucien regarda un moment la plume inspirée courir sur son cahier et il finit par s'endormir sur la table. A onze heures, son père le réveilla et lui tendit le cahier: «Maintenant tu vas recopier ça. Tâche de mettre la ponctuation, surtout.»

Une semaine plus tard, le professeur rendait les copies corrigées. Il en choisit deux qu'il se mit à commenter. La première était celle de Béruchard, dont il parla en termes élogieux. La deuxième était celle de Lucien: «En vous lisant, Jacotin, dit le professeur, j'ai été surpris par votre façon d'écrire, qui m'a paru si déplaisante que je vous ai donné un trois. Vous avez rempli six pages en restant constamment hors du sujet. Et vous avez adopté un ton insupportable.»

Le professeur parla encore longuement du devoir de Lucien, qu'il proposa aux autres élèves comme le modèle de ce qu'il ne fallait pas faire. Il en lut à haute voix quelques passages. Dans la classe, il y eut des sourires et même des rires. Lucien était très pâle; il en voulait à son père de l'avoir ainsi exposé au ridicule.

Au retour de l'école, à midi, Lucien songeait à son père avec rancune. De quoi s'était-il mêlé en expliquant ce proverbe? A coup sûr, il avait bien mérité l'humiliation de recevoir un trois sur vingt à son devoir de français. Ça lui apprendrait.

A table, M. Jacotin se montra de bonne humeur, et, au bout d'un moment, il posa la question que son fils attendait: «Au fait, dit-il avec brusquerie, et ce proverbe?»

Sa voix pourtant trahissait de l'inquiétude. Lucien sentit en cet instant qu'il pouvait faire le malheur de son père; que le pauvre homme avait risqué tout son prestige, son infaillibilité de chef de famille en expliquant ce proverbe. Il allait perdre la face devant les siens. Lucien fut effrayé par la faiblesse de son père et son cœur s'attendrit d'un sentiment de pitié généreuse.

«Tu es dans la lune, cria M. Jacotin. Je te demande si le professeur a rendu mon devoir?

— Ton devoir? Oui, on l'a rendu.

— Et quelle note avons-nous eue?

— Treize.

— Pas mal. Et Béruchard?

— Treize.

— Et quelle était la meilleure note?

— Treize.»

Le visage du père était radieux. Il regarda les siens d'un air triomphant. Lucien avait baissé les yeux et se sentait tout heureux.

M. Jacotin lui toucha l'épaule et lui dit avec bonté: «Vois-tu, mon cher enfant, quand on entreprend un travail, il faut d'abord y bien réfléchir. Voilà ce que je voudrais te faire comprendre. J'y arriverai. J'y mettrai tout le temps nécessaire. Du reste, à partir de maintenant, tous tes devoirs de français, nous les ferons ensemble.»

(D'après la Nouvelle de Marcel Aymé)
© Éditions Gallimard

EXERCICES

I. LA GAULE ROMAINE

Expressions Idiomatiques

1. **En effet,** la Gaule ne formait pas un État.
   As a matter of fact, Gaul did not form a state.
2. Elle était limitée **à l'est** par le Rhin.
   It was bounded on the east by the Rhine.
3. Ils aimaient **faire la guerre.**
   They liked to wage war.
4. Ils **passaient** une grande partie de leur vie **à combattre.**
   They spent a great part of their lives fighting.
5. **Il y avait** souvent des guerres.
   Often there were wars.
6. Ils n'hésitaient pas **à appeler** les étrangers **à leur aide.**
   They did not hesitate to call upon foreigners for help.
7. Il fut capable d'unir, **pendant quelque temps,** les Gaulois.
   He was able to unite the Gauls for a short while.
8. Il **ne réussit pas à** arrêter les Romains.
   He did not succeed in stopping the Romans.
9. César **remporta** la victoire.
   Caesar won the victory.
10. **A ce moment.**
    At that time.
11. De belles **maisons en pierre.**
    Beautiful stone houses.
12. Il faisaient **beaucoup de fautes.**
    They made many mistakes.
13. **Petit à petit,** le latin **devint le français.**
    Little by little, the Latin language became the French language.
14. **Au** premier siècle.
    In the first century.
15. Deux cents ans **plus tard,** le pays **tout entier** était chrétien.
    Two hundred years later, the entire country was Christian.
16. **Le personnage le plus important de la ville.**
    The most prominent figure in the city.
17. Les évêques **jouèrent un rôle considérable.**
    The bishops played an important part.
18. **On peut dire** que la civilisation française d'aujourd'hui est, **en grande partie,** le résultat de la conquête romaine.
    It can be said that the French civilization of today is, to a great extent, the result of the Roman conquest.

Questionnaire

1. Avec qui commence l'histoire de la France? 2. En quoi étaient divisés les peuples de la Gaule? 3. Par quoi la Gaule était-elle limitée à l'est? 4. Par quoi était-elle limitée au sud? 5. Où vivaient la plupart des Gaulois? 6. Qu'est-ce qu'ils aimaient faire? 7. Qu'arriva-t-il en l'an 58 avant Jésus-Christ? 8. Qu'est-ce que Jules

César commandait? 9. Qu'est-ce que Vercingétorix fit pour les Gaulois? 10. Qu'est-ce que les Romains construisirent en Gaule? 11. Par quoi furent réunies les diverses régions du pays? 12. De quelle langue vient le français qu'on parle aujourd'hui? 13. Que faisaient les Gallo-Romains en parlant latin? 14. A quelle époque la religion chrétienne pénétra-t-elle en Gaule? 15. Qu'est-ce qu'on peut dire de la civilisation française d'aujourd'hui?

Vrai ou Faux?

1. Les Gaulois étaient un seul peuple. 2. Ils passaient une grande partie de leur vie à combattre. 3. Il y avait souvent des guerres entre les peuples de la Gaule. 4. Les Romains étaient les voisins des Gaulois. 5. César entra en Gaule en l'an 58 après Jésus-Christ. 6. Les Romains n'obéissaient pas longtemps à un chef unique. 7. Beaucoup de Romains restèrent en Gaule. 8. On ne parle pas français en Belgique. 9. Les Romains apportèrent la religion chrétienne en Gaule. 10. La civilisation française d'aujourd'hui est le résultat de la conquête romaine.

II. LA PROVENCE

Expressions Idiomatiques

1. Il n'y a sans doute pas d'endroit où on **éprouve** davantage **le plaisir de vivre.**
   There is probably no place where one **experiences** *more* **the joy of living.**
2. **Hiver comme été,** le ciel est clair, la mer est bleue.
   In winter as in summer, *the sky is bright, the sea blue.*
3. **Il fait** presque toujours **beau.**
   The weather is *almost always* **fine.**
4. La civilisation est apparue **de très bonne heure** sur cette côte.
   Civilization appeared **very early** *on this coast.*
5. Marseille **était en guerre** avec des peuples voisins.
   Marseilles **was at war** *with neighboring peoples.*
6. Ils donnèrent au pays le nom de « Provincia », **qui veut dire** « province ».
   They gave the country the name of "Provincia", **which means** *"province".*
7. **De nos jours encore, on donne de temps en temps des représentations dramatiques.**
   Nowadays, dramatic performances are still given from time to time.
8. Les jolies villes d'Arles et de

Nîmes **contiennent** des arènes où **avaient lieu** des jeux publics.
The lovely cities of Arles and Nîmes **have** *arenas where public games* **took place**.

9. Ces gardiens, **montés sur** de petits chevaux, etc.
   These guards, **riding** *small horses,* etc.
10. Ils sont protégés du soleil par **des chapeaux à larges bords**.
    They are protected from the sun by **wide-brimmed hats**.
11. **Ils font penser aux** cowboys des États-Unis.
    They remind one of the *cowboys of the United States*.
12. Le pont d'Avignon dont **tout le monde a entendu parler** en France.
    The bridge of Avignon about which **everybody** *in France* **has heard**.
13. Nous arrivons **encore une fois** à Marseille.
    We arrive **once more** *at Marseilles*.
14. Le Château d'If **nous rappelle le livre d'Alexandre Dumas**.
    The Château d'If **reminds us of Alexander Dumas' book**.
15. **Là, beaucoup de gens** viennent de tous les pays du monde.
    Many people *come there from all parts of the world*.
16. Sur toute la Côte d'Azur il **fait si doux**...
    On the whole Riviera the weather is so mild...
17. On peut, n'importe quand, nager dans la Méditerranée.
    One can swim at any time in the Mediterranean Sea.

Questionnaire

1. Que dit-on souvent de la Provence? 2. Quel temps fait-il en Provence? 3. Où la Provence est-elle située? 4. Quelle est l'origine du mot Provence? 5. Qu'est-ce qu'on trouve aujourd'hui en Provence? 6. Quel monument romain est-ce que la ville d'Arles contient? 7. Que portent les gardiens de Camargue? 8. Qu'est-ce que tout le monde chante en France? 9. Que nous montre-t-on au Château d'If? 10. Pourquoi beaucoup de gens viennent-ils passer l'hiver à Nice? 11. Qu'est-ce qu'il y a dans cette ville? 12. Qu'est-ce qui rappelle la Californie, à Nice? 13. Qu'est-ce qui fait de la Côte d'Azur un lieu si agréable? 14. Que disait Paul Arène?

Vrai ou Faux?

1. Hiver comme été, il y a des vents froids sur la Côte d'Azur. 2. La Provence est située au bord de la Méditerranée. 3. Des voyageurs grecs atteignirent la Côte d'Azur au sixième siècle avant Jésus-Christ. 4. La Provence est moins riche en monuments romains

qu'aucune autre partie de la France. 5. Les Papes demeurèrent à Marseille au quatorzième siècle. 6. Le Comte de Monte-Cristo a vécu au Château d'If. 7. Nice est située sur la Côte d'Azur. 8. Beaucoup de gens viennent passer l'hiver à Nice. 9. Le Mardi-Gras est le premier jour du Carnaval. 10. En hiver on ne peut pas nager dans la Méditerranée.

III. LA FARCE DE MAÎTRE PATHELIN

Expressions Idiomatiques

1. **Il n'y a pas d'homme** plus savant que lui.
   There is no man *more learned than he.*
2. Nous allons **mourir de faim.**
   We are going **to starve to death.**
3. Qu'allons-nous devenir?
   What will become of us?
4. Comment va la santé?
   How do you do? How are you?
5. Je vais très bien, merci.
   I am all right, thank you.
6. Les affaires vont-elles bien?
   How is business? (Is business brisk?)
7. Comme ci, comme ça.
   (Only) so-so.
8. Vous êtes son portrait.
   You are his living image.
9. Qu'importe?
   What does it matter?
10. Venez chez moi.
    Come to my house.
11. Il n'a pas **l'intention de** payer.
    He **does** *not* **intend** *to pay.*
12. **Parlez bas,** Monsieur, je vous prie.
    Speak in a low voice, *sir,* **please.**
13. **Il est au lit depuis** onze semaines.
    He has been bedridden for *eleven weeks.*
14. Le pauvre homme **a besoin de dormir.**
    The poor man **needs some sleep.**
15. Je n'ai pas envie de rire.
    I don't feel like laughing.
16. Vous avez trop bu.
    You are drunk.
17. **Il a l'air** très malade.
    He looks *very ill.*
18. **Il fait semblant** de ne pas le reconnaître.
    He pretends *not to recognize him.*
19. Il lui demande **de suivre ses conseils.**
    He asks him **to take his advice.**
20. Le juge **te posera des questions.**
    The judge **will ask you (some) questions.**
21. **Tu as** bien **joué ton rôle.**
    You have played your part *well.*
22. La comédie du **voleur volé.**
    The comedy of the **cheated swindler.**

EXERCICES

Questionnaire

1. Quelle est la profession de maître Pathelin?   2. Qu'est-ce que sa femme lui reproche?   3. Que lui dit-elle à ce sujet?   4. Quelle question maître Pathelin pose-t-il d'abord à Guillaume?   5. Quelles remarques fait-il sur le père de Guillaume?   6. Pourquoi maître Pathelin veut-il acheter du drap à Guillaume?   7. Combien coûte ce drap?   8. Combien d'aunes maître Pathelin en prend-il?   9. Quand il arrive chez lui, qu'est-ce que maître Pathelin explique à sa femme?   10. Que dit Guillemette, en ouvrant la porte à Guillaume?   11. Qu'est-ce que Guillemette dit au drapier sur la santé de son mari?   12. Qu'est-ce que Guillaume lui répond alors?   13. Que fait Pathelin quand il aperçoit le drapier?   14. A la fin, que fait le drapier?   15. Quelques jours plus tard, de qui maître Pathelin reçoit-il la visite?   16. Qu'est-ce que maître Pathelin demande au berger de promettre?   17. Que fait le juge quand il entend le berger crier: Bê?   18. Après le jugement, qu'est-ce que maître Pathelin demande au berger?   19. Quelle est la réponse du berger?

Vrai ou Faux?

1. Maître Pathelin a beaucoup de clients.   2. Le drapier Guillaume vend du drap de Paris.   3. Maître Pathelin explique à sa femme qu'il a payé le drapier.   4. Guillemette demande au drapier de ne pas faire de bruit.   5. Le drapier a envie de rire.   6. Guillemette refuse d'ouvrir la porte de la chambre de son mari.   7. Maître Pathelin n'a pas l'air malade.   8. Le drapier, très content, quitte la maison de maître Pathelin.   9. Le juge envoie le berger en prison.   10. Après le jugement, le berger donne à maître Pathelin l'argent qu'il lui doit.

IV. SAINT-LOUIS

Expressions Idiomatiques

1. **Il avait l'air** sérieux.
   He looked *serious.*
2. Lorsque son fils **était** encore enfant, elle **avait dû** le défendre.
   When her son **was** *still a child,* **she had had** *to defend him.*

3. **Il était bon pour** les malheureux.
 He was good (kind) to *the unfortunate*.
4. **Il rendait souvent la justice sous un arbre, à Vincennes.**
 He often administered justice under a tree, at Vincennes.
5. Tous pouvaient venir lui raconter **le tort qu'on leur avait fait.**
 All could come to tell him (of) the wrong that had been done to them.
6. Cela **voulait dire** qu'il était **défendu de prendre les armes.**
 This **meant** *that* **taking up arms** *was forbidden.*
7. C'est son nom que **porte** aujourd'hui Saint-Louis, la belle ville américaine.
 Today the beautiful American city of Saint Louis **bears** *his name.*
8. Saint-Louis **est resté** une des figures les plus nobles de l'histoire de France.
 Saint Louis **has remained** *one of the noblest figures of the history of France.*

Questionnaire

1. Qui était Joinville? 2. Quel air Saint-Louis avait-il? 3. Par qui avait-il été élevé? 4. Qu'est-ce que sa mère avait dû faire, lorsque Saint-Louis était encore enfant? 5. Qu'est-ce que Saint-Louis essaya de faire, pendant toute sa vie? 6. Où rendait-il la justice? 7. Qui pouvait venir le trouver? 8. A quoi Saint-Louis obligea-t-il tous ses sujets? 9. Que voulait dire « la quarantaine le roi »? 10. Quel est le but que tâchent d'atteindre les Nations Unies? 11. Qu'est-ce que Saint-Louis promit de faire s'il guérissait? 12. Que lui arriva-t-il en Égypte? 13. Dans quelles circonstances Saint-Louis mourut-il? 14. Quand on apprit la mort de Saint-Louis, quels sentiments éprouva-t-on? 15. Où est la ville des États-Unis qui porte son nom?

Vrai ou Faux?

1. L'histoire de la vie de Saint-Louis nous est inconnue. 2. Saint-Louis était grand et beau. 3. Il avait été très bien élevé. 4. Il n'agissait pas selon les conseils de sa mère. 5. Il rendait justice sous un chêne, à Vincennes. 6. Il encourageait les seigneurs féodaux à faire la guerre. 7. « La quarantaine le roi » défendait à deux ennemis de prendre les armes. 8. Saint-Louis mourut de la peste en 1270. 9. Il avait dirigé une croisade contre le monde chrétien. 10. La ville de Saint-Louis porte aujourd'hui son nom.

V. LE PAUVRE ET LE RÔTISSEUR

Expressions Idiomatiques

1. A Paris, **il y a très longtemps,** un homme **se tenait** dans la rue.
   In Paris, **very long ago,** *a man* **was standing** *in the street.*
2. **Il avait froid,** car **il faisait mauvais temps.**
   He was cold, **for** *the weather was bad.*
3. Les gens **passaient** dans la rue sans **faire attention au** pauvre.
   People **passed by** *in the street without* **paying any attention to the** *poor man.*
4. **Il s'approcha tout près** de la fenêtre.
   He went very close *to the window.*
5. La patron l'observait **depuis un moment.**
   The owner had been watching him **for some time.**
6. Il était obligé de manger **son pain sec.**
   He was obliged to eat **his bread dry.**
7. Il commença à **pousser des cris afin d'**attirer l'attention des gens qui passaient.
   He began **to scream in order to** *draw the attention of the people who were passing by.*
8. Il voulait **donner des coups au** pauvre.
   He wanted **to strike the** *poor man.*
9. Il demandait **de quoi il s'agissait.**
   He asked **what it was all about.**
10. On choisit l'homme **pour qu'il décide** lequel des deux **avait raison.**
    The man was chosen **that he might decide** *which of the two* **was right.**
11. Il regarda la pièce de monnaie **de très près.**
    He looked **very closely** *at the coin.*
12. **Les gens éclatèrent de rire.**
    The people burst out laughing.

Questionnaire

1. A quel moment le pauvre se tenait-il devant une rôtisserie? 2. Pourquoi était-il triste? 3. Qu'est-ce qu'il regardait en tremblant? 4. Sur quoi ses yeux étaient-ils fixés? 5. Qu'a-t-il fait en s'approchant de la fenêtre? 6. Que lui a demandé le patron, à ce moment-là? 7. Qu'est-ce que le pauvre a répondu? 8. Pourquoi le pauvre a-t-il refusé de payer? 9. Qu'a fait le rôtisseur en sortant de sa boutique?. 10. De quoi les Parisiens aiment-ils profiter? 11. Qu'est-ce que

quelqu'un, dans la foule, a demandé? 12. Pourquoi a-t-on choisi cet homme? 13. Qu'a-t-il demandé au pauvre? 14. Qu'est-ce qu'il a fait avec la pièce de monnaie? 15. Comment, d'après les gens, l'affaire avait-elle été jugée?

Vrai ou Faux?

1. A Paris, un jour, un pauvre se tenait dans la rue devant la boutique d'un rôtisseur. 2. Il était heureux et il faisait chaud. 3. Il était seul dans la rue. 4. Il avait les yeux fixés sur les rôtis. 5. Le rôtisseur voulait le faire payer. 6. Le pauvre ne voulait pas payer. 7. On a choisi un homme dans la foule, pour qu'il décide lequel des deux avait raison. 8. Le pauvre n'avait pas de pièce de monnaie. 9. Le rôtisseur a voulu la pièce de monnaie. 10. Les gens ont trouvé que l'affaire avait été jugée d'une manière admirable.

VI. JEANNE D'ARC

Expressions Idiomatiques

1. La France fut sauvée par **une jeune fille de dix-sept ans:** Jeanne d'Arc.
   *France was saved by **a young maid of seventeen:** Joan of Arc.*
2. Jeanne **ne savait ni lire ni écrire.**
   *Joan **could neither read nor write.***
3. Les voix lui conseillaient d'**aller trouver** le roi.
   *The voices advised her **to go to see** the king.*
4. Elle partit, **montée sur un cheval** qu'on lui avait donné.
   *She left, **riding a horse** which had been given to her.*
5. Elle était accompagnée de quelques hommes d'armes.
   ***She was escorted by** a few men-at-arms.*
6. Jeanne d'Arc **surprit** les Anglais.
   *Joan of Arc **came unexpectedly upon** the English.*
7. La Loire était **entre les mains** des Anglais.
   *The Loire was **in the hands** of the English.*
8. Les Anglais **la firent juger** et **la firent déclarer sorcière.**
   *The English **had her tried** and **had her convicted as a witch.***
9. **Elle fut condamnée à mort.**
   She was sentenced to death.
10. Elle fut brûlée vive **le matin du 30 mai 1431.**
    *She was burnt alive **on the morning of May the 30th, 1431.***
11. Elle avait alors dix-neuf ans.
    She was then nineteen years old.
12. Le peuple **fut frappé de douleur** en apprenant sa mort.
    *The people **were grief-stricken** to learn of her death.*

EXERCICES

QUESTIONNAIRE

1. Dans quelle situation était la France, en l'année 1429? 2. Par qui fut-elle sauvée à ce moment-là? 3. Que savez-vous de la famille de Jeanne d'Arc? 4. Qu'est-ce que sa mère lui avait appris? 5. Qu'est-ce que Jeanne d'Arc dit, un jour, à son père et à sa mère? 6. Qu'est-ce que les voix lui conseillaient? 7. Comment partit-elle? 8. Où arriva-t-elle, après un voyage difficile? 9. Que dit-elle au jeune roi Charles VII? 10. Que fit Jeanne, avec une petite armée? 11. Que décida le roi Charles VII après ce succès? 12. Quel pays traversa-t-il? 13. Quand Jeanne d'Arc fut-elle prise par les Bourguignons? 14. Comment mourut Jeanne d'Arc?

VRAI OU FAUX?

1. Pendant la guerre de Cent Ans, les Français étaient partout plus forts que les Anglais. 2. Jeanne d'Arc savait lire et écrire. 3. Un jour, elle dit à son père et à sa mère, qu'elle avait entendu des voix. 4. Elle voulait aller défendre le roi. 5. Elle partit seule. 6. Elle ne reconnut pas le roi, à Chinon. 7. Elle obligea les Anglais à lever le siège d'Orléans. 8. Charles VII décida d'aller à Reims. 9. Jeanne d'Arc fut déclarée sorcière. 10. Elle mourut en prononçant le nom de Jésus.

VII. LA TOURAINE

EXPRESSIONS IDIOMATIQUES

1. **On dit** souvent que le français que **l'on parle** en Touraine est le français le plus pur...
   It is said *that the French that* **is spoken** *in Touraine is the purest French...*
2. Rabelais **fit ses études** à l'abbaye de Seuilly.
   Rabelais **was educated** *at the abbey of Seuilly.*
3. **Ils se font construire** de magnifiques châteaux de plaisance.
   They have *magnificent pleasure-castles* **built.**
4. **A l'intérieur** on trouve de vastes salons.
   Inside, *spacious drawing-rooms are found.*
5. **On trouve** des objets d'art **de toute sorte.**
   There are all kinds of *objects of art.*
6. **Il fit venir** d'Italie de célèbres

architectes.
He had *some famous architects* **come** *from Italy.*
7. Le château de Chenonceaux **est à cheval sur** une rivière.
The castle of Chenonceaux **sits astride** *a river.*

Questionnaire

1. Où est située la Touraine? 2. Par quoi la Touraine est-elle traversée? 3. Comment parle-t-on français en Touraine? 4. Quelles étaient les deux langues de l'ancienne France? 5. Pourquoi la Touraine est-elle célèbre? 6. Qu'est-ce qui se trouve dans la petite ville de Chinon? 7. Quand Charles VII choisit-il comme résidence le solide château fort de Chinon? 8. Que savez-vous de Rabelais? 9. Que firent certains rois de France, après leur retour des guerres d'Italie? 10. Comment les châteaux de la Renaissance française sont-ils construits? 11. Qu'est-ce qu'on trouve à l'intérieur de ces châteaux? 12. Quel titre François Ier mérite-t-il? 13. Qu'est-ce qu'il a créé sur les bords de la Loire? 14. Que peut-on dire du château de Chenonceaux? 15. Pourquoi appelle-t-on la Touraine «le jardin de la France»?

Vrai ou Faux?

1. La Touraine est située entre l'Orléanais et l'Anjou. 2. La Loire est une petite rivière. 3. En Touraine, on parle le français le plus pur. 4. Charles VII choisit comme résidence le château fort de Chinon. 5. Rabelais naquit à Chinon. 6. Les châteaux de la Renaissance étaient tristes et sombres. 7. François Ier mérite le titre de «Père des Arts et des Lettres.» 8. Il y a très peu de châteaux de la Renaissance en Touraine. 9. On peut dire que le château de Chenonceaux est à cheval sur une rivière. 10. La Touraine est appelée: «Le jardin de la France.»

VIII. HENRI IV

Expressions Idiomatiques

1. Le pays **était engagé dans** des guerres de religion.
   The country **was involved in** *religious wars.*
2. Les gens refusèrent de **le reconnaître**.
   The people refused **to acknowledge him (as king).**
3. Il voulait la paix **à tout prix**.
   He wanted peace **at any price.**
4. **Il mit le siège devant** la ville de Paris.
   He laid siege to *the city of Paris.*
5. **Il allait en voiture faire une visite à** son ami Sully.
   He was riding in a carriage to visit *his friend Sully.*
6. Ravaillac **le tua d'un coup de couteau.**
   Ravaillac **stabbed him to death.**
7. **Il avait su** donner à son peuple la paix et la liberté.
   He had been able *to give his people peace and freedom.*

Questionnaire

1. A quelle époque apparut Henri IV? 2. Où naquit-il? 3. Quelle vie mena-t-il, à la campagne? 4. Qu'est-ce que cette vie lui donna? 5. Pourquoi un grand nombre de gens refusèrent-ils de le reconnaître pour roi? 6. Que fut-il obligé de faire? 7. Par qui fut-il aidé? 8. Pourquoi mit-il le siège devant la ville de Paris? 9. Comment fut-il reçu par les Parisiens lors de son entrée à Paris? 10. Qu'est-ce que le roi accorda à tous les Français par l'Édit de Nantes? 11. Qu'est-ce que le peuple français n'oublia jamais? 12. Pourquoi Henri IV avait-il tant d'ennemis? 13. Qu'est-ce que les ennemis du roi n'acceptaient pas? 14. Que regrettaient ces ennemis? 15. Comment Henri IV mourut-il? 16. Qu'avait-il su donner à son peuple?

Vrai ou Faux?

1. Henri IV apparut à une époque sombre de l'histoire de France. 2. Il naquit en l'année 1553, au château de Pau. 3. Il fut élevé dans une grande ville. 4. Il ne connaissait pas les secrets de l'art de la guerre. 5. Il voulait la paix à tout prix. 6. Il mit le siège devant la ville de Paris. 7. Henri IV ne put pas arrêter les guerres de

religion. 8. Il n'aimait pas les gens de la campagne. 9. Le «bon roi Henri» avait beaucoup d'ennemis. 10. En 1610, il fut tué par Ravaillac.

IX. LES MOUTONS DE PANURGE

Expressions Idiomatiques

1. **Il se moqua de lui** en faisant **tout haut** une remarque désagréable.
   He made fun of him by making **aloud** *an unpleasant remark.*
2. Panurge voulut **lui donner une leçon.**
   Panurge wanted **to teach him a lesson.**
3. Panurge, **faisant semblant d'**avoir oublié l'injure, s'approcha du marchand.
   Panurge, **pretending to** *have forgotten the insult, approached the merchant.*
4. **Je vous en prie,** vendez-m'en un.
   Please, *sell me one of them.*
5. Touchez-la et sentez **quelle douceur elle a!**
   Touch it and feel **how soft it is!**
6. **Je ne dis pas non.**
   I don't deny it.
7. **Je vous en supplie!**
   I beg of you!
8. **Tout à coup.**
   Suddenly.
9. Vas-tu **conclure un marché?**
   Are you going **to make a deal?**
10. Il y a assez longtemps que **tu fais attendre Panurge.**
    You have kept Panurge waiting *long enough.*
11. **Il voulait bien** vendre un de ses moutons.
    He was willing *to sell one of his sheep.*
12. Il le jeta **par-dessus bord de toutes ses forces.**
    He threw it **overboard with all his might.**
13. Les autres moutons **coururent à la hâte.**
    The other sheep **ran hastily.**
14. Panurge **riait de bon cœur.**
    Panurge **was laughing heartily.**
15. **Il avait de la chance.**
    He was lucky.
16. **C'est la mode!**
    It is the fashion!

Questionnaire

1. Où voyageait Panurge? 2. Qui était Dindenault? 3. Qu'a fait le marchand, en voyant Panurge? 4. Pourquoi Panurge voulait-il se battre avec lui? 5. Qu'est-ce que Panurge a décidé? 6. Où

étaient rangées les magnifiques bêtes? 7. Qu'est-ce que le marchand disait de ses moutons? 8. Qu'est-ce que le marchand continuait à nommer? 9. Qu'a dit le capitaine du navire? 10. Pourquoi le marchand demandait-il un prix très élevé? 11. Qu'est-ce que Panurge a fait du mouton qu'il avait acheté? 12. Qu'est-ce que les autres moutons ont fait? 13. Comment le marchand a-t-il été précipité dans la mer? 14. Qu'est-ce que les voyageurs pensaient du sort du marchand? 15. Pourquoi bien des gens ressemblent-ils aux moutons de Panurge?

Vrai ou Faux?

1. Panurge et Dindenault étaient de très bons amis. 2. Le marchand voulut se battre avec Panurge. 3. Panurge dit au marchand qu'il voulait lui acheter un de ses moutons. 4. Le marchand parlait beaucoup des qualités de ses moutons. 5. Cette scène amusait le capitaine du navire. 6. Le marchand ne voulait pas vendre ses moutons. 7. Panurge saisit le capitaine et le jeta par-dessus bord. 8. Les autres moutons se précipitèrent dans la mer à la suite du premier mouton. 9. Le marchand riait de bon cœur. 10. Il y a des gens qui ressemblent aux moutons de Panurge.

X. LA BRETAGNE

Expressions Idiomatiques

1. **De nos jours,** les Bretons parlent français.
   In our day, the Bretons speak French.
2. **Les jours de fête** on peut entendre chanter en breton.
   On holidays one can hear songs sung in Breton.
3. Pendant **la belle saison** les bateaux partent pour Terre-Neuve.
   During **the summer months** the ships sail for Newfoundland.
4. La mer grise bat **sans cesse** la côte bretonne.
   The gray sea beats **unceasingly** upon the Breton coast.
5. **La mer montait.**
   The tide was coming in.
6. Dahut, la sirène, **fait entendre** son chant mélodieux.
   Dahut, the siren, **sings** her melodious song.
7. Quand l'**orage gronde** on entend des cloches.
   When the **storm rages** one can hear chimes.
8. Des pèlerinages ont lieu **en l'honneur d'**un saint patron.

Pilgrimages take place **in honor of** *a patron saint.*
9. **Du reste,** cette terre a conservé des marques de son passé païen.
Moreover, *this land has preserved some marks of its pagan past.*
10. On ne sait au juste **à quoi ils servaient.**
It is not exactly known **for what purpose they were used.**

Questionnaire

1. Où se trouve la Bretagne? 2. D'où sont venues les tribus celtiques? 3. Quelle langue parle-t-on, encore aujourd'hui, en Bretagne? 4. Qu'est-ce qu'on peut y entendre, les jours de fête? 5. Quand la Bretagne est-elle devenue française? 6. Qu'est-ce qui se passait à Saint-Malo, avant la Révolution? 7. Quand vient l'automne, qui attend le retour des bateaux? 8. Qu'est-ce que Victor Hugo a écrit, en pensant à ces marins? 9. Qui est Jacques Cartier? 10. Où se trouvait la ville d'Ys? 11. Qui était Dahut? 12. Qu'arriva-t-il, à Ys, quand la nuit vint? 13. A quoi les Bretons sont-ils restés fidèles? 14. Qui était Saint-Gildas? 15. Qu'est-ce que cette terre chrétienne a conservé? 16. A quoi servaient les dolmens? 17. Qu'est-ce qui fait de la Bretagne une des régions les plus émouvantes de France?

Vrai ou Faux?

1. La Bretagne se trouve en face de la Grande-Bretagne. 2. Les Bretons ne parlent pas français. 3. La Bretagne est française depuis 1491. 4. Les marins pêchent la morue à Saint-Malo. 5. En Bretagne, le ciel est presque toujours gris, comme la mer. 6. La légende raconte que les marins qui écoutent le chant mélodieux de Dahut sont entraînés par elle au fond de la mer. 7. Les Bretons ne vont pas aux «Grands-Pardons.» 8. Les Druides étaient des prêtres chrétiens. 9. Jadis, on croyait que les dolmens et les menhirs possédaient des pouvoirs magiques. 10. La Bretagne conserve encore, de nos jours, sa physionomie originale.

XI. MOLIÈRE

Expressions Idiomatiques

1. Le dix-septième siècle est l'époque où la littérature française **a compté les** plus grands écrivains.
   The seventeenth century is the time when French literature **had its** *greatest writers.*

2. Molière **n'était âgé que de dix ans** quand il perdit sa mère.
   Molière **was only ten years old** *when he lost his mother.*

3. **Quelque temps après,** il fut mis au collège de Clermont.
   Not long after, *he was placed in the College of Clermont.*

4. **Sous la direction des** professeurs les élèves **jouaient des pièces.**
   Under the guidance of the *professors the students* **performed plays.**

5. Il s'intéressa beaucoup aux représentations de théâtre.
   He took a great interest in stage plays.

6. Il venait d'avoir vingt-et-un ans.
   He had just come of age.

7. **Il avait fait des dettes.**
   He had run into debt.

8. **Il avait reçu des** habitants **un accueil enthousiaste.**
   He had been very well received by the *inhabitants.*

9. **A partir de ce jour** Molière avait vraiment conquis Paris.
   From that day on *Molière had really conquered Paris.*

10. Ses comédies sont connues **dans le monde entier.**
    His comedies are known **all over the world.**

11. Il a écrit «Tartuffe,» «l'Avare» **et beaucoup d'autres pièces encore.**
    He wrote Tartuffe, the Miser, **and many more plays.**

12. Il lui demanda des nouvelles de sa santé.
    He inquired about his health.

13. Le docteur **m'ordonne des remèdes.**
    The doctor **prescribes remedies for me.**

14. Il mourut brusquement **au moment où il était en train de jouer** «Le Malade imaginaire.»
    He died suddenly **at the moment when he was playing** *«Le Malade imaginaire.»*

Questionnaire

1. Dans quel milieu naquit Molière? 2. Que représentent la gaieté et le rire qui éclatent dans les comédies de Molière? 3. Quel genre d'éducation Molière reçut-il de ses maîtres? 4. Que faisaient les élèves, sous la direction des professeurs? 5. Qu'est-ce que le père

de Molière put obtenir pour son fils? 6. Que fit Molière dans le sud de la France? 7. Qu'est-ce que Molière décida, à son retour de voyage? 8. Que devint-il? 9. Pourquoi fut-il obligé de quitter Paris? 10. Quelle vie mena-t-il pendant treize ans? 11. Quelle nouvelle extraordinaire apprit-il à Rouen? 12. Qu'est-ce que Molière demanda au roi? 13. Quelles sont les principales comédies de Molière? 14. Qu'est-ce que le roi demanda, un jour, à Molière? 15. Qu'est-ce que Molière répondit au roi? 16. Comment mourut Molière?

Vrai ou Faux?

1. Molière est l'auteur de comédies universellement admirées. 2. Il naquit dans une famille pauvre. 3. Il était un très mauvais élève au collège de Clermont. 4. Son père voulait que Molière devienne tapissier du roi. 5. Comme directeur de l'Illustre Théâtre, il commença sa carrière à Paris. 6. Le roi Louis XIV ne voulait pas entendre Molière. 7. C'est à Paris, en 1658, que commence la partie glorieuse de sa carrière. 8. Molière était toujours en bonne santé. 9. Il mourut, presque sur la scène, en jouant «Le Malade imaginaire.» 10. Molière n'a pas peint seulement les ridicules, qui passent, mais l'homme, qui ne change pas.

XII. LES MALHEURS D'UN PARVENU

Expressions Idiomatiques

1. Monsieur Jourdain **avait honte de** la boutique que son père avait tenue.
   Mr. Jourdain **was ashamed of** *the shop which his father had kept.*
2. Il demande aux deux professeurs **comment ils le trouvent.**
   He asks the two professors **how they like him.**
3. **Ce vêtement vous va à ravir.**
   These clothes are very becoming to you.
4. **Ils tiennent à recevoir** son argent le plus longtemps possible.
   They are anxious to receive his money for as long as possible.
5. Je croyais Jeanneton **douce comme un mouton.**
   I thought Jeanneton was **as gentle as a lamb.**

6. Ils s'écrient **tous les deux** que M. Jourdain chante **à ravir**.
   They **both** *exclaim that Mr. Jourdain sings* **delightfully.**
7. **Il tombe par terre** et **se fait grand mal.**
   He falls down *and* **hurts himself severely.**
8. **Il danse le mieux du monde.**
   He dances **extremely well.**
9. **Le maître d'armes** arrive.
   The fencing master *arrives.*
10. Les gentilshommes savent **faire des armes.**
    Gentlemen know how **to fence.**
11. **Si, dans le grand monde,** quelqu'un **lui disait des injures,** il faudrait **qu'il se batte.**
    If, **in high society,** *someone* **were to insult him,** *he would have* **to fight.**
12. **Grâce à** ses leçons il saura tuer **n'importe qui** sans danger.
    Thanks to *his lessons he will know how to kill* **anyone** *without danger.*
13. **Elles ne servent à rien.**
    They are useless.
14. Ils finissent par **se jeter l'un sur l'autre.**
    They end (up) by **attacking each other.**
15. **Il aime les grands mots.**
    He likes to use high sounding words.
16. **Il s'agissait de savoir** quelle était la plus belle des sciences.
    The question was to know *which was the finest of sciences.*
17. Ils avaient fini par **en venir aux coups.**
    They had ended (up) by **coming to blows.**
18. **A ces mots,** il jeta un regard de mépris sur les professeurs.
    With these words, *he gave the professors* **a scornful glance.**
19. Comment osez-vous **vous conduire de la sorte?**
    How dare you **behave like this?**
20. Oubliez-vous **le métier que vous faites?**
    Are you forgetting **your profession?**
21. La colère **nous rend semblables aux** bêtes.
    Anger **makes us like (similar to)** *animals.*
22. **Qu'importe?**
    What does it matter?
23. **Sous les yeux** épouvantés de leur élève, tous les quatre sortent de chez lui.
    Before the *terror-stricken* **eyes** *of their pupil, all four leave his house.*

Questionnaire

1. Qui est Monsieur Jourdain? 2. S'il avait été sage, qu'aurait-il fait? 3. De quoi avait-il honte? 4. Pourquoi a-t-il fait venir quatre professeurs? 5. Qui arrive chez lui, le jour où il va prendre sa première leçon? 6. Quel vêtement Monsieur Jourdain porte-t-il ce jour-là? 7. Que disent les professeurs? 8. Pourquoi disent-ils cela? 9. Qu'est-ce que Monsieur Jourdain aimait? 10. Que chante Monsieur Jourdain? 11. Qu'est-ce qui arrive à Monsieur Jourdain? 12.

Pourquoi Monsieur Jourdain veut-il apprendre à faire des armes? 13. Que savez-vous du professeur de philosophie? 14. Que dit-il aux trois autres professeurs? 15. Que lui répond le professeur de musique? 16. Qu'est-ce qu'ils font tous ensemble? 17. Qu'est-ce que Monsieur Jourdain ne comprend pas?

Vrai ou Faux?

1. Monsieur Jourdain est «le Bourgeois Gentilhomme» de la comédie de Molière. 2. Monsieur Jourdain est très instruit. 3. Il aime qu'on lui dise des choses agréables. 4. Monsieur Jourdain chante très bien. 5. Le professeur de danse le fait sauter, marcher et saluer. 6. M. Jourdain danse le mieux du monde. 7. Le maître d'armes dit que la musique ne sert qu'à amuser les sots. 8. Le philosophe est aimable avec les autres professeurs. 9. Les quatre professeurs sortent de chez Monsieur Jourdain en chantant. 10. On peut être peu instruit et pourtant sage.

XIII. VERSAILLES

Expressions Idiomatiques

1. **A cause du** rôle qu'elle a joué, elle **fait** presque **partie de** Paris.
   Because of the *role it has played, it is almost* **a part of** *Paris.*
2. Versailles était un petit village perdu **au milieu des** bois.
   Versailles was a small village lost **in the midst of the** *woods.*
3. **Quelques-uns des meubles** sont encore tels qu'ils étaient.
   A few of the pieces of furniture *are still as they were.*
4. Louis XIV **avait fait dessiner** le parc par Le Nôtre.
   Louis XIV **had had** *the park* **laid out** *by Le Nôtre.*
5. Louis XIV avait voulu **faire venir** l'eau de l'Eure.
   Louis XIV had wanted **to bring** *the water from the Eure.*
6. **Telle personne** doit s'asseoir.
   Such and such a person *should be seated.*
7. Tout, **jusqu'au moindre** geste, **était ordonné.**
   Everything, **even to the smallest gesture, was arranged.**
8. **Peu de temps** avant sa mort, il regrettait ses dépenses.
   Shortly *before his death, he was sorry about his expenditures.*
9. «N'imitez pas **le goût que** j'ai eu pour les bâtiments.»
   "Do not imitate **the liking** *I have had for buildings."*
10. La Révolution **mit fin à** l'ère de Versailles.
    The Revolution **brought to an**

end (put an end to) *the era of Versailles.*
11. Madame, **je suis en état de** satisfaire votre désir.
Madame, **I am able** *to satisfy your desire.*
12. La reine **fut très sensible à** ce cadeau.
The queen **was very appreciative of** *this gift.*
13. On ne peut **s'empêcher de penser à** tous les personnages.
One cannot **help thinking about** *all the persons of rank.*
14. **Ce genre de vie** fut imité.
That way of life *was imitated.*
15. Le poète Henri de Régnier **a rendu hommage à** Versailles.
The poet Henri de Regnier **has paid homage to** *Versailles.*

Questionnaire

1. Où est situé Versailles? 2. Pourquoi cette ville fait-elle presque partie de Paris? 3. Que comprend le palais? 4. Que savez-vous du style classique français? 5. D'où Louis XIV avait-il voulu faire venir l'eau? 6. Que fut-il obligé de faire devant la difficulté de ce projet? 7. Qui vivait dans le château et dans le parc de Versailles? 8. Pourquoi le roi voulait-il avoir près de lui les chefs de la noblesse? 9. Qu'est-ce qui arrivait à ceux qui ne se montraient pas souvent? 10. Qu'avait fait le roi pour donner de la dignité à la cour? 11. Qu'est-ce que l'étiquette décrivait? 12. Qu'aperçoit-on, au fond du parc de Versailles? 13. Quel désir la reine a-t-elle exprimé un jour? 14. Que lui a dit Louis XVI? 15. Qu'est-ce que la reine a répondu? 16. Que savez-vous du Petit Trianon? 17. Qu'est-ce que Marie-Antoinette venait y faire? 18. Qu'est-ce que Louis XIV avait dit à son arrière-petit-fils? 19. Quel hommage Henri de Régnier a-t-il rendu à Versailles?

Vrai ou Faux?

1. Versailles est situé au centre de Paris. 2. Louis XIV a fait construire le palais et dessiner le jardin. 3. Le jardin de Versailles est un exemple parfait du style classique français. 4. Louis XIV a fait venir l'eau de la Seine. 5. Le Roi Soleil ne voulait pas avoir près de lui les chefs de la noblesse française. 6. Tout, jusqu'au moindre geste, était ordonné par l'étiquette. 7. Il y avait souvent des comédies de Molière. 8. Le Grand Trianon est un palais plus gracieux que le Petit Trianon. 9. De nos jours, le palais de Versailles est un musée. 10. Versailles est un des chefs-d'œuvre de l'esprit classique français.

XIV. MONSIEUR JOURDAIN ET LE PHILOSOPHE

Expressions Idiomatiques

1. Les professeurs **sont sortis en se battant.**
   The professors **have gone out fighting.**
2. **Je suis fâché des** coups qu'ils vous ont donnés.
   I am sorry about the *blows* **they dealt you.**
3. **Cela n'est rien.**
   It is of no importance.
4. Ces sciences **ne plaisent pas davantage** à M. Jourdain.
   Mr. Jourdain **does not like** *these sciences* **either.**
5. On prononce A **en ouvrant bien la bouche.**
   One pronounces A **by opening the mouth wide.**
6. Il lui explique comment **il faut prononcer** chaque voyelle.
   He explains to him how each vowel **must be pronounced.**
7. **Il n'y a rien de plus vrai!**
   There is nothing more true!
8. **Je veux vous confier** quelque chose.
   I want **to tell you** *something* **in confidence.**
9. **Je suis amoureux** d'une **dame de qualité.**
   I am in love *with a* **lady of the nobility.**
10. **Je dis de la prose depuis plus de** quarante ans.
    I have been speaking in prose for more than *forty years.*
11. Je vous suis **fort obligé.**
    I am **much obliged** *to you.*
12. **Je voudrais écrire** à cette dame.
    I would like to write *to that lady.*
13. J'ai trouvé cela **du premier coup.**
    I found that **right away.**
14. Je vous prie de venir demain **de bonne heure.**
    I beg you to come tomorrow **early.**
15. **Je n'y manquerai pas.**
    I shall not fail to do so.

Questionnaire

1. Qu'est-ce que les professeurs de M. Jourdain ont fait? 2. Qui est-ce qui revient, quelques instants après? 3. Au début de la leçon, qu'est-ce que M. Jourdain veut apprendre? 4. Qu'est-ce qu'il sait faire? 5. Que pense-t-il de la logique? 6. Qu'est-ce qu'il commence par étudier? 7. Comment prononce-t-on la voyelle A? 8. Qu'est-ce que M. Jourdain pense de cette leçon? 9. Qu'est-ce que le profes-

seur promet de lui expliquer après les voyelles? 10. Qu'est-ce que M. Jourdain confie au professeur, avant le départ de celui-ci? 11. Qu'est-ce que M. Jourdain veut écrire? 12. Depuis combien de temps M. Jourdain dit-il de la prose? 13. Qu'est-ce qu'il voudrait écrire à la dame? 14. Quelles sont les différentes façons d'écrire la même phrase? 15. De quoi M. Jourdain prie-t-il le professeur? 16. Que lui répond le professeur?

Vrai ou Faux?

1. Après la bataille, le professeur de philosophie revient. 2. M. Jourdain ne sait ni lire ni écrire. 3. M. Jourdain aime beaucoup la logique. 4. Le professeur commence par enseigner les voyelles. 5. M. Jourdain trouve cette leçon admirable. 6. Quand on prononce la voyelle A, la bouche est comme un petit rond. 7. M. Jourdain est amoureux d'une marquise. 8. Il voudrait lui écrire une lettre en vers. 9. M. Jourdain a trouvé cette phrase du premier coup. 10. M. Jourdain prie le professeur de revenir le lendemain.

XV. LE QUARTIER LATIN

Expressions Idiomatiques

1. Autrefois les cours **se faisaient en** latin.
   In the past the courses **were taught** *in Latin.*
2. La langue française n'était pas digne **de servir aux** travaux de leurs écoles.
   The French language was not **worthy of being used for** *their school work.*
3. Son histoire allait **se confondre avec** celle de l'université de Paris.
   Its history was going **to be identified with** *that of the University of Paris.*
4. **Si bien que,** en 1274, le collège comprenait plusieurs jardins.
   With the result that, *in 1274, the college included several gardens.*
5. **Deux fois par semaine.**
   Twice a week.
6. **Après le coucher du soleil, des batailles éclataient.**
   After sundown, fights broke out.
7. Il était défendu de **faire du bruit.**
   It was forbidden **to make noise.**
8. Ceux de **la faculté des arts** faisaient le plus de bruit.
   Those of **the Arts School** *made the most noise.*
9. **Il y avait** parmi eux quelques mauvais garçons.
   There were *among them a few bad boys.*

10. **L'un d'entre eux** s'appelait François Villon.
 One of them was called François Villon.
11. Ceux-ci sont, **pour la plupart**, des peintres et des architectes.
 They are, **mostly**, painters and architects.
12. Ils viennent enseigner **en toute liberté.**
 They come to teach **freely, without restraint.**
13. Les étudiants **passent leur temps** à causer dans les cafés.
 The students **spend their time** talking in the cafés.
14. **Il fait beau.**
 The weather is fine.
15. **Ils y sont à l'abri de bien des misères.**
 There they are sheltered from many a trouble.

Questionnaire

1. Où se trouve le Quartier latin? 2. Pourquoi l'appelle-t-on le Quartier latin? 3. D'où venaient, autrefois, les étudiants? 4. Où les professeurs faisaient-ils souvent leurs cours? 5. Qui eut pitié de la misère des étudiants? 6. Qui était Robert de Sorbon? 7. Qu'est-ce que le collège comprenait, en 1274? 8. Que possédait l'université, non loin de là? 9. Qu'est-ce qui se passait la nuit, après le coucher du soleil? 10. Qui faisait le plus de bruit? 11. Qui était François Villon? 12. Qu'est-ce qu'on trouve encore aujourd'hui, au Quartier latin? 13. Que fit François Ier, en 1530? 14. Qu'est-ce que les étudiants font dans les jardins du Luxembourg? 15. Qu'est-ce que les étudiants étrangers retrouvent dans chaque maison nationale?

Vrai ou Faux?

1. Le Quartier latin se trouve sur la rive gauche de la Seine. 2. Au douzième siècle, la plupart des étudiants étaient riches. 3. Des personnes généreuses eurent pitié de ces jeunes gens. 4. Robert de Sorbon réunit quelques étudiants et quelques maîtres de théologie. 5. Aujourd'hui, le Quartier latin n'est plus animé. 6. La Sorbonne se trouve au centre du Quartier latin. 7. Les «lecteurs royaux» faisaient leurs cours en latin. 8. Le Quartier latin est un lieu frivole où les étudiants passent leur temps à boire dans les cafés. 9. Les étudiants français n'ont pas beaucoup de temps à consacrer aux sports et à d'autres distractions. 10. L'esprit de l'université de Paris est un esprit de culture universelle.

XVI. L'ART DE NE PAS PAYER SES DETTES

Expressions Idiomatiques

1. Monsieur Dimanche **attend** à la porte **depuis une heure.**
   Mr. Dimanche **has been waiting** *at the door* **for an hour.**
2. **Je suis ravi de vous voir.**
   I am delighted to see you.
3. Je leur avais ordonné **de ne laisser entrer personne.**
   I had ordered them **to let no one in.**
4. Monsieur, **cela n'est rien.**
   Sir, **it does not matter.**
5. **Je n'y suis pas.**
   I am not at home.
6. **Je suis bien comme cela.**
   I am comfortable as I am.
7. **Vous me faites trop d'honneur.**
   You do me too much honor.
8. **Je n'ai qu'un mot à vous dire.**
   I will be brief.
9. **Vous vous portez bien.**
   You are in good health.
10. **Je voudrais bien...**
    I would like to...
11. **Comment se porte-t-elle?**
    How is she?
12. **Elle se porte le mieux du monde.**
    She could not be better.
13. **Je l'aime de tout mon cœur.**
    I love her **with all my heart.**
14. **Nous ne pourrions pas le faire taire.**
    We couldn't keep him quiet.
15. **Je suis votre serviteur.**
    I am your obedient servant.
16. **Il faut que je m'en aille tout de suite.**
    I must leave at once.
17. **S'il vous plaît.**
    (If you) Please.
18. **Je ferais n'importe quoi pour vous servir.**
    I would do anything for you.

Questionnaire

1. Qu'est-ce qu'un domestique vient dire à Don Juan? 2. Qu'est-ce que Don Juan ordonne à son domestique? 3. Quel droit avait M. Dimanche, selon Don Juan? 4. Que dit Don Juan, avec colère, à ses domestiques? 5. Où Don Juan veut-il que M. Dimanche soit assis? 6. Pourquoi M. Dimanche n'a-t-il pas besoin de s'asseoir? 7. Comment Don Juan parle-t-il de la santé de M. Dimanche? 8. Qui est Claudine? 9. Qu'est-ce que le petit garçon fait toujours? 10. Que fait Brusquet aux gens qui vont chez son maître? 11. Pourquoi Don Juan demande-t-il des nouvelles de toute la famille? 12. Que

répond M. Dimanche quand Don Juan l'invite à déjeuner? 13. Que dit Don Juan en se levant? 14. Quand M. Dimanche se lève, que fait le domestique? 15. Comment Don Juan dit-il adieu à M. Dimanche?

Vrai ou Faux?

1. Monsieur Dimanche doit de l'argent à Don Juan. 2. Don Juan avait ordonné à ses domestiques de ne laisser entrer personne. 3. Don Juan dit qu'il est ravi de voir Monsieur Dimanche. 4. Don Juan n'offre pas de siège à Monsieur Dimanche. 5. Monsieur Dimanche veut s'asseoir. 6. Don Juan demande à Monsieur Dimanche des nouvelles de toute sa famille. 7. Le chien Brusquet gronde toujours et mord aux jambes les gens qui vont chez son maître. 8. Monsieur Dimanche tend la main à Don Juan. 9. Don Juan invite Monsieur Dimanche à déjeuner. 10. Don Juan offre d'accompagner Monsieur Dimanche, mais il n'offre pas de lui payer ce qu'il lui doit.

XVII. VOLTAIRE

Expressions Idiomatiques

1. Pendant le dix-huitième siècle, la Révolution de 1789 **se prépare lentement.**
   During the eighteenth century the Revolution of 1789 **is slowly brewing.**
2. Un esprit critique apparaît **un peu partout.**
   A spirit of criticism appears **almost everywhere.**
3. **On** avait été **si longtemps** obligé de **garder le silence!**
   People *had been obliged* **to keep silent for such a long time!**
4. **Il fut remis en liberté.**
   He was set free again.
5. Ceux-ci lui donnèrent **de violents coups de bâton.**
   The latter gave him **a violent beating.**
6. C'était lui qui **avait reçu une injure.**
   It was he who **had been wronged.**
7. **De retour** en France, il publia un livre.
   Upon his return *to France, he published a book.*
8. **Au bout de quelque temps,** les deux amis se fâchèrent.
   After a while, *the two friends quarrelled.*
9. **Tout se gâta.**
   Everything went wrong.
10. **Toujours est-il** que Voltaire s'aperçut qu'il ne pouvait y avoir plus de liberté à Potsdam qu'à Paris.
    The fact remains *that Voltaire*

EXERCICES

realized that there could not be more freedom in Potsdam than in Paris.

11. Il espérait **vivre tranquille** au château de Ferney.
    *He hoped **to live in peace** at the castle of Ferney.*
12. Voltaire pense qu'il faut, **à chaque instant,** agir.
    Voltaire thinks that one must, con-tinually, act.
13. C'est **ce que veut dire** la dernière phrase de son livre.
    *That is **the meaning of** the last sentence of his book.*
14. Frédéric-le-Grand **n'était plus fâché contre** Voltaire.
    *Frederick the Great **was no longer angry with** Voltaire.*

Questionnaire

1. Qu'est-ce qui se prépare pendant le dix-huitième siècle? 2. Qu'est-ce qui apparaît un peu partout après la mort de Louis XIV? 3. Qu'est-ce que les écrivains commencent à critiquer? 4. Comment devrait-on appeler le dix-huitième siècle? 5. Où naquit Voltaire? 6. Où fit-il ses études? 7. Quelle vie mena-t-il à vingt ans? 8. Qu'éprouva le peuple de Paris à la mort de Louis XIV? 9. De quoi Voltaire fut-il accusé? 10. Combien de temps resta-t-il à la Bastille? 11. Quelle mésaventure arriva à Voltaire quand il eut été remis en liberté? 12. Que lui demanda-t-on de faire, quand il sortit de la Bastille? 13. Où Voltaire alla-t-il s'établir? 14. Quel livre publia-t-il, une fois de retour en France? 15. Pourquoi Voltaire accepta-t-il l'invitation du roi Frédéric de Prusse? 16. Comment fut-il reçu à Potsdam? 17. Pourquoi s'enfuit-il de Potsdam? 18. Quel est son plus grand livre? 19. Que veut probablement dire la dernière phrase de ce livre? 20. Que décida-t-il de faire à Ferney? 21. A quel âge mourut-il?

Vrai ou Faux?

1. Le dix-huitième siècle devrait s'appeler le siècle de Voltaire. 2. Le jeune Arouet était un mauvais élève au collège de Clermont. 3. Un jour Voltaire fut accusé d'avoir écrit des vers méchants contre le Régent. 4. Voltaire fut jeté dans la prison de la Bastille. 5. Un jour, Voltaire donna de violents coups de bâton au chevalier de Rohan. 6. Il quitta la France pour s'établir en Angleterre. 7. Voltaire était aimé du roi de France, Louis XV. 8. A son arrivée à Potsdam, il fut très mal reçu. 9. Le plus grand livre de Voltaire est *Candide*. 10. Voltaire pense qu' «il faut cultiver notre jardin.»

XVIII. JEANNOT ET COLIN (I)

Expressions Idiomatiques

1. L'action **se passe dans les premières années du** dix-huitième siècle.
   The action **takes place at the beginning of the** *eighteenth century.*
2. Ils allaient **fréquenter la bonne société.**
   They were going to mingle with *society.*
3. **Au contraire,** la mère du jeune homme ne le voulait pas.
   On the contrary, *the young man's mother did not wish it.*
4. **Vous vous trompez.**
   You are mistaken.
5. J'estime qu'il est **tout à fait** inutile d'apprendre le latin.
   I consider it **quite** *useless to learn Latin.*
6. **Il vaut mieux** ne pas apprendre de langue étrangère.
   It is better *not to learn any foreign language.*
7. **A quoi bon?**
   What is the use?
8. **A quoi cela lui servirait-il?** répliqua **l'homme d'esprit.**
   What good would that do him? **replied** *the* **witty person.**
9. **Sur son passage** il apercevra des montagnes.
   On his way *he will see mountains.*
10. **J'ai entendu parler d'**une belle science qu'on appelle l'astronomie.
    I have heard about *a beautiful science which is called astronomy.*
11. A quoi bon **s'occuper de** cela?
    What is the use of **being interested in** *that?*
12. La mère de Jeannot **fut de cet avis.**
    Jeannot's mother **was of the same opinion.**
13. Jeannot **était au comble de la joie.**
    Jeannot **was filled with joy.**
14. **Il aimait mieux s'amuser qu'étudier.**
    He'd rather play than study.
15. L'histoire nous **rapporte** des faits vrais.
    History **relates** *true facts to us.*
16. Ce qui se passe **en ce moment** est très intéressant.
    What is happening **at the present time** *is very interesting.*
17. Il est mauvais de **faire apprendre** quelque chose à un jeune homme comme Jeannot.
    It is bad **to teach** *something to a young man like Jeannot.*
18. Trop apprendre **risquerait de fatiguer** sa belle intelligence.
    Learning too much **might tire** *his brilliant mind.*
19. **De plus,** on n'avait pas besoin de savoir quelque chose.
    Besides, *one did not need to know anything.*
20. La conversation continua longtemps **sur ce ton.**
    The conversation continued for a long time **in that tone.**

EXERCICES

Questionnaire

1. Qui était Jeannot? 2. Qu'est-ce que Monsieur et Madame de la Jeannotière avaient décidé? 3. Que voulait le père de Jeannot? 4. A qui les parents de Jeannot se sont-ils adressés? 5. Qu'est-ce qu'ils ont demandé à un de leurs amis? 6. Qu'a répondu l'homme d'esprit au sujet du latin? 7. Qu'est-ce que la mère a demandé? 8. Convaincu par les raisons de la mère, qu'est-ce que le père a dit? 9. Qu'est-ce que l'homme d'esprit a répliqué au sujet de la géographie? 10. Que lui a répondu le père? 11. Qu'est-ce que l'homme d'esprit a dit de l'astronomie? 12. Pourquoi Jeannot était-il au comble de la joie? 13. Qu'est-ce que la mère a remarqué en s'adressant à l'ami? 14. Qu'est-ce que l'homme d'esprit a trouvé comme réponse? 15. Qu'a-t-il dit des études en général? 16. Qu'est-ce qu'on a enfin décidé?

Vrai ou Faux?

1. Monsieur et Madame de la Jeannotière voulaient donner au jeune marquis Jeannot une éducation digne de sa fortune. 2. La mère voulait que Jeannot apprenne le latin. 3. Un homme d'esprit leur a dit que le latin est inutile. 4. Selon Monsieur de la Jeannotière, on se sert du latin dans le commerce et dans l'industrie. 5. D'après l'homme d'esprit, quand Jeannot sera en voyage, il n'aura pas besoin de connaître les noms des villages qu'il traversera. 6. La mère était de l'avis qu'il faut savoir l'âge de la lune. 7. L'homme d'esprit a dit que l'histoire nous raconte mille choses fausses, et qu'il est donc inutile de l'étudier. 8. Monsieur et Madame de la Jeannotière ont proposé que Jeannot apprenne la géométrie. 9. L'homme d'esprit a dit alors qu'il faut savoir beaucoup de choses pour réussir dans le monde. 10. Il a été décidé que Jeannot apprendrait à danser.

XIX. LES QUAIS DE LA SEINE

Expressions Idiomatiques

1. **Dirigeons-nous vers** la Seine.
   Let's make our way towards *the Seine.*
2. Le commerce **se faisait** surtout par bateau.
   Trade **was carried on** *principally by boat.*
3. Ce petit village **s'appelait** Lutèce.
   This little village **was called** *Lutetia.*
4. Les bateliers **avaient mis le feu à** leur village.
   The boatmen **had set fire to** *their village.*
5. **A l'extérieur de** l'église on peut voir les restes d'un temple romain.
   Outside of *the church one can see the remains of a Roman temple.*
6. **Au cours du** neuvième siècle, Paris fut attaqué par les Normands qui venaient du Danemark.
   During the *ninth century, Paris was attacked by the Norsemen who came from Denmark.*
7. **Ils se fixèrent en** Normandie.
   They settled in *Normandy.*
8. Voilà pourquoi on dit: « Il est solide comme le Pont-Neuf. »
   That is why people say: "He is as solid as the Pont-Neuf."
9. **Nous voici** sur les quais.
   Here we are *on the quays.*
10. Là, **le long des** trottoirs, se trouvent les bouquinistes.
    There, **along the** *sidewalks, are the booksellers.*
11. **Des milliers de livres d'occasion** sont disposés dans des boîtes de métal.
    Thousands of second-hand books *are arranged in metal boxes.*
12. Ils surveillent leur marchandise **du coin de l'œil.**
    They watch over their merchandise **out of the corner of their eyes.**
13. **De temps en temps** nous nous arrêtons pour examiner un livre.
    Now and then *we stop to examine a book.*

Questionnaire

1. Pourquoi la Seine est-elle célèbre? 2. Qu'était Paris, il y a deux mille ans? 3. Que voyons-nous de la place Saint-Michel? 4. Comment s'appelait ce petit village lorsque César conquit la Gaule? 5. Que firent les Romains? 6. Que veut dire la devise de Paris? 7. Qu'avaient fait les bateliers de Lutèce? 8. Que voit-on à l'extérieur de la vieille église de Saint-Pierre? 9. Qu'arriva-t-il à Paris, au cours du neuvième siècle? 10. Que pouvons-nous voir du pont Saint-

Michel? 11. Où s'élève la Sainte-Chapelle? 12. Qu'apercevons-nous à la pointe de l'île de la Cité? 13. Qui fit bâtir le Pont-Neuf? 14. Que dit-on d'un homme très vieux qui jouit d'une bonne santé? 15. Où se trouvent les célèbres boîtes des bouquinistes? 16. Comment ces vieux marchands surveillent-ils leur marchandise? 17. Comment Anatole France a-t-il décrit ces marchands? 18. Que voyons-nous de l'autre côté de la Seine? 19. Que peut-on dire de cette calme rivière bordée de palais, d'églises et de jardins?

Vrai ou Faux?

1. La Seine a joué un rôle très important dans l'histoire de la ville de Paris. 2. Il y a deux mille ans la Gaule était un pays civilisé. 3. La Seine se jette dans la Méditerranée. 4. La devise de Paris veut dire: «Il vogue, mais il ne sombre pas.» 5. Au cours du neuvième siècle, les Normands s'établirent à Paris. 6. Notre-Dame est souvent comparée à une «bible de pierre.» 7. Autrefois, on bâtissait des maisons sur les ponts. 8. Les bouquinistes ne vendent pas de livres. 9. Anatole France a dit que ces marchands ressemblent aux vieilles statues des cathédrales. 10. La Seine, bordée de palais, d'églises, de jardins, est un des endroits du monde les plus chargés de culture et d'art.

XX. JEANNOT ET COLIN (II)

Expressions Idiomatiques

1. Il a, **bien entendu,** de nombreux amis avec lesquels **il s'amuse.**
   He has, **of course,** *many friends with whom* **he has a good time.**
2. Elle voulut bien **se résoudre à mettre en sûreté les grands biens.**
   She was quite willing **to bring herself to place the great wealth in safe-keeping.**
3. Elle lui fit comprendre **qu'il lui plaisait.**
   She made him understand **that she cared for him.**
4. **Peu à peu** elle lui fit **perdre** complètement **la tête.**
   Little by little *she made him completely* **lose his head.**
5. Dans ce tête-à-tête, il disait de tendres paroles à la jeune veuve.
   During this tête-à-tête, he spoke in loving words to *the young widow.*
6. **Je suis fâché de vous déranger.**

I am sorry to disturb you.
7. **Il ne lui reste plus un sou.**
   He has not a penny left.
8. — **Voyons un peu,** s'écrie Jeannot.
   "Just let me see," exclaims *Jeannot.*
9. Tous les domestiques avaient fui, **chacun de son côté.**
   All the servants had fled, **in every direction.**
10. Sa mère était seule, **tout en larmes.**
    His mother was alone, **in tears.**
11. Elle est **aussi bonne que riche.**
    She is **as kind as she is rich.**
12. Retournez auprès de votre mère, **la pauvre vieille.**
    Return to your mother, **the poor old woman.**
13. Le jeune homme **qui rendait visite à** la jeune veuve regardait Jeannot **de la tête aux pieds.**
    The young man **who was visiting** *the young widow, looked at Jeannot* **from head to foot.**
14. **Tu as l'air** bien bâti!
    You look **well-built!**
15. **Il était plongé dans ses pensées.**
    He was lost in his thoughts.
16. Le jeune paysan **eut tout le loisir** de regarder Jeannot.
    The young farmer **had plenty of time** *to look at Jeannot.*
17. **Tu as beau être riche,** je t'aimerai toujours.
    Although you may be rich, *I shall always like you.*
18. Nous vivrons heureux **dans le coin de terre où** nous sommes nés.
    We will live happily **in the small village where** *we were born.*
19. Il se disait: «**Tous mes amis du bel air** m'ont trahi.»
    *He said to himself: "***All my fashionable friends** *have betrayed me.*
20. **Nous aurons soin de** ta mère.
    We'll take care of *your mother.*
21. Il épousa une sœur de Colin, laquelle, **ayant bon cœur, le rendit** très heureux.
    He married a sister of Colin, who, **being kind-hearted, made him** *very happy.*

Questionnaire

1. Quel genre de vie Jeannot menait-il à Paris? 2. Qu'y avait-il non loin de chez Jeannot? 3. De quoi la jeune veuve voulait-elle s'emparer? 4. Comment a-t-elle fait perdre la tête à Jeannot? 5. Qui a proposé le mariage? 6. Qu'est-ce que tous ses amis offraient à Jeannot? 7. Où était Jeannot lorsqu'un domestique est arrivé, l'air affolé? 8. Quelles affreuses nouvelles le domestique a-t-il apportées? 9. Qu'est-ce que Jeannot a trouvé en arrivant chez son père? 10. Qu'a-t-il dit à sa mère? 11. Qu'est-ce que la jeune veuve a dit à Jeannot, quand il est retourné chez elle? 12. Où est allé Jeannot, fou de colère? 13. Que lui a répondu le professeur? 14.

Qu'est-ce que Jeannot a répliqué au professeur? 15. Qu'est-ce que Jeannot a appris dans une journée? 16. Qui était assis sur le siège de la voiture qui arrivait de la campagne? 17. Qui était Colin? 18. Qu'a répondu Colin, après avoir entendu l'histoire de Jeannot? 19. Qu'est-ce que Jeannot se disait? 20. Quelle est la morale de cette histoire?

Vrai ou Faux?

1. Il y avait, non loin de chez Jeannot, une jeune veuve très riche. 2. Elle devint la meilleure amie du père et de la mère de Jeannot. 3. Jeannot épousa la jeune veuve. 4. Un matin, un domestique annonça à Jeannot que son père venait de perdre tout son argent. 5. Le professeur dit à Jeannot de ne pas devenir écrivain. 6. Jeannot fut très bien traité par tous ses amis. 7. Il rencontra alors Colin. 8. Colin sauta de la voiture pour embrasser Jeannot. 9. Jeannot et Colin partirent ensemble pour vivre dans le coin de terre où ils étaient nés. 10. Il virent que le bonheur n'est pas dans la vanité.

XXI. LA PRISE DE LA BASTILLE

Expressions Idiomatiques

1. Le roi, **ayant l'intention de** dissoudre les Etats généraux, **avait fait venir** des régiments.
   The king, **intending to** *dissolve the States General,* **had sent for** *some regiments.*
2. **Ils devaient chasser** les représentants du peuple.
   They were to drive away *the people's representatives.*
3. Le roi allait **faire mettre** Necker **en prison**, à la Bastille.
   The king was going **to have** *Necker* **imprisoned,** *in the Bastille.*
4. Le roi **avait été poussé** par la reine Marie-Antoinette.
   The king **had been induced** **(urged to do it)** *by the queen, Marie-Antoinette.*
5. L'Assemblée nationale montra un grand courage **en face du danger**.
   The National Assembly showed great courage **in the face of the danger.**
6. Les gens **se promenaient dans** les jardins des Tuileries.
   The people were strolling in the gardens of the Tuileries.
7. Quelques soldats **s'étaient joints à eux**.
   A few soldiers **had joined them.**
8. La chute de la Bastille **produisit une impression profonde**.

The fall of the Bastille **made a great impression.**

9. Il semblait que la liberté **venait de naître** en France. *It seemed that freedom* **had just been born** *in France.*

Questionnaire

1. Entre qui existait l'opposition, pendant les jours qui précédèrent le 14 juillet 1789? 2. Que disait-on dans les rues et dans les salons de Paris? 3. Qui était Necker? 4. Qu'est-ce qu'on a raconté durant la nuit du 11 juillet? 5. Qu'est-ce que l'Assemblée nationale a fait? 6. Que se passait-il dans les jardins du Palais-Royal? 7. Où les soldats attaquèrent-ils la foule? 8. Que faisaient des centaines d'hommes à peu près en même temps? 9. Qui avait donné l'ordre de marcher sur la Bastille? 10. Quand et pourquoi la Bastille avait-elle été bâtie? 11. Qu'est-ce que la Bastille représentait pour les Français? 12. Comment la Bastille fut-elle prise? 13. Que pensait-on, en Europe, de la chute de la Bastille? 14. Que fit-on pour rendre hommage à George Washington?

Vrai ou Faux?

1. Avant le 14 juillet 1789, une opposition profonde existait entre l'Assemblée nationale et le roi. 2. On disait que des régiments devaient venir pour chasser le roi. 3. Le ministre Necker n'était pas partisan de faire des réformes libérales. 4. L'Assemblée nationale montra un grand courage en face du danger. 5. Camille Desmoulins donna l'ordre de marcher sur la Bastille. 6. Des centaines d'hommes avaient envahi l'Arsenal et les Invalides. 7. Pour beaucoup de Français, la Bastille représentait la tyrannie. 8. La foule délivra les prisonniers de la Bastille. 9. Il semblait qu'avec la chute de la Bastille la liberté venait de naître en France. 10. La clef de la Bastille fut envoyée à George Washington.

XXII. PREMIÈRE AVENTURE DE GIL BLAS

Expressions Idiomatiques

1. Gil Blas vient de quitter Oviedo, sa ville natale.
   Gil Blas **has just left** Oviedo, **his birth-place**.
2. Il a terminé ses études.
   He has finished his education.
3. Il a la parole facile.
   He is a ready speaker.
4. **Il se croit** très habile et très sage.
   He thinks he is *very clever and very wise.*
5. **Aussi est-il** plein de confiance en lui.
   Consequently he is *full of confidence in himself.*
6. Après **avoir dit adieu à** ses parents, il part.
   After **bidding farewell to** *his parents, he leaves.*
7. Me voilà libre d'agir **comme je l'entendais.**
   There I was free to act **as I pleased.**
8. **Je ne pouvais m'empêcher de** toucher les pièces d'argent.
   I could not help *touching the pieces of silver.*
9. **A peine fus-je descendu de mon cheval,** que l'hôte vint me recevoir.
   I had hardly dismounted, *when the innkeeper came to receive me.*
10. **Je lui fis part de** tout ce que j'avais l'intention de faire.
    I informed him of *everything that I intended to do.*
11. **C'était un jour maigre.**
    It was a fast-day.
12. Un cavalier **de bonne mine** entra dans la salle à manger.
    A gentleman **of fine appearance** *entered the dining room.*
13. Il s'approcha de moi **d'un air empressé.**
    He approached me **with an air of eagerness.**
14. **Je viens d'apprendre** que vous êtes le seigneur Gil Blas.
    I have just heard *that you are milord Gil Blas.*
15. Il me tint serré dans ses bras **pendant assez longtemps.**
    He held me tight in his arms **for quite a while.**
16. Il n'avait rien mangé **depuis huit jours.**
    He had eaten nothing **for a week.**
17. Il avait peur.
    He was afraid.
18. **Au bout d'un moment,** l'hôte nous servit le poisson.
    After a moment, *the host served us the fish.*
19. Il mangeait **à toute vitesse.**
    He ate **at full speed.**
20. Il buvait **de grands coups de vin.**
    He drank **big gulps of wine.**
21. Soyez désormais en garde contre les gens qui vous louent.
    In the future beware of *the people who praise you.*
22. **Il me rit au nez.**
    He laughed in my face.

Questionnaire

1. Qui était Alain-René Lesage? 2. Qu'est-ce que Gil Blas pensait de lui-même? 3. Qu'est-ce qui semblait énorme à Gil Blas? 4. Que faisait-il avec les pièces d'argent? 5. Qu'est-ce que Gil Blas a fait, une fois arrivé dans la ville voisine? 6. Comment a-t-il été reçu par l'hôte? 7. Qu'est-ce que Gil Blas lui a raconté? 8. Qu'a-t-il fait dans la salle à manger? 9. Qui est entré dans la salle à manger pendant que Gil Blas attendait son omelette? 10. Qu'est-ce que le cavalier a dit à Gil Blas? 11. En quels termes s'est-il adressé à l'hôte? 12. Pourquoi Gil Blas n'a-t-il pu faire autrement que d'inviter le cavalier à partager son repas? 13. Pourquoi Gil Blas oubliait-il sa propre faim? 14. Qu'a dit l'hôte, à propos du poisson excellent qu'il avait dans la cuisine? 15. Comment le cavalier a-t-il mangé le poisson? 16. A la santé de qui buvait-il? 17. Après avoir tout mangé et tout bu, quelle bonne leçon le cavalier a-t-il donnée à Gil Blas?

Vrai ou Faux?

1. Gil Blas se croyait très habile et très sage. 2. L'hôte n'était pas très poli. 3. Pendant que Gil Blas attendait que son omelette soit cuite, un cavalier de bonne mine entra dans la salle à manger. 4. Le cavalier dit à Gil Blas qu'il était la huitième merveille du monde. 5. Le cavalier ne pouvait pas manger l'omelette. 6. L'hôte annonça qu'il avait dans sa cuisine un poisson excellent. 7. Gil Blas se jeta sur le poisson. 8. Le cavalier buvait à la santé du père de Gil Blas. 9. Le cavalier dit à Gil Blas qu'il ne devrait pas se croire la huitième merveille du monde. 10. Le cavalier s'en alla très triste.

XXIII. LA NORMANDIE

Expressions Idiomatiques

1. C'étaient les Normands ou Northmen, **c'est-à-dire** les hommes du Nord.
   They were the Norsemen or Northmen, **that is (to say)**, the men from the North.

2. **C'est pour cela** que Victor Hugo appelait Rouen: « la ville aux cent clochers. »
   That is why Victor Hugo called Rouen: "the city with a hundred steeples."

EXERCICES

3. Chaque année, **en grand nombre,** des touristes viennent l'admirer.
Each year, **in great numbers,** *tourists come to admire it.*
4. On peut y voir des fermes, avec leurs **toits de chaume,** que Guy de Maupassant a souvent décrites dans ses contes.
There can be seen farmhouses with their **thatched roofs** *which Guy de Maupassant has often described in his stories.*
5. On ne peut quitter la Normandie sans **aller faire une visite au** Mont-Saint-Michel.
One cannot leave Normandy without **going to visit** *Mont-Saint-Michel.*
6. Sur ce roc, **en pleine mer,** il y eut d'abord une église.
On this rock, **in the open sea,** *at first there was a church.*

Questionnaire

1. Pourquoi les Américains connaissent-ils bien la Normandie? 2. Qu'éprouvent-ils en traversant la Normandie? 3. Qu'aperçoivent-ils? 4. Où s'étend cette terre fertile? 5. D'où étaient arrivés les pirates durant le neuvième siècle? 6. Comment pénétraient-ils dans les terres? 7. Pourquoi les terres reçurent-elles le nom de Normandie? 8. Que fit Rollon après avoir été nommé duc de Normandie? 9. Où se trouve la ville de Rouen? 10. Comment Victor Hugo appelait-il Rouen? 11. Par quoi la place du Vieux Marché est-elle occupée aujourd'hui? 12. Qu'est-ce qu'on peut toujours voir à Caen? 13. Qu'est-ce que les touristes viennent admirer à Bayeux? 14. Que représente la tapisserie de la reine Mathilde? 15. Qu'est-ce que Guy de Maupassant a souvent décrit dans ses contes? 16. Qu'est-ce que c'est que le Mont-Saint-Michel? 17. Quel nom mérite l'abbaye du Mont-Saint-Michel?

Vrai ou Faux?

1. C'est en Normandie que les touristes américains débarquent en général. 2. La Normandie s'étend de Paris à la Méditerranée. 3. Les Normands étaient des hommes du sud. 4. En 911, le roi de Paris donna les terres de Normandie à Rollon le Northman. 5. Rouen a très peu de monuments. 6. C'est sur la place du Vieux Marché que Jeanne d'Arc fut brûlée en 1431. 7. Guillaume le Conquérant conquit l'Angleterre en 1066. 8. La tapisserie de la reine Mathilde se trouve à Caen. 9. Le camembert a rendu célèbre le nom du village où il naquit. 10. Le village et l'abbaye du Mont-Saint-Michel font une sorte de pyramide de pierre.

XXIV. GIL BLAS ET L'ÉVÊQUE
Expressions Idiomatiques

1. **Il lui fait un aimable accueil.**
 He receives him with a hearty welcome.
2. Ah! c'est vous **dont on m'a dit tant de bien!**
 Oh! it is you about whom I was told so much good!
3. **Je me tins sur mes gardes.**
 I was on my guard.
4. **Je suis satisfait de** votre écriture.
 I am satisfied with your handwriting.
5. **Je remercierai** mon ami **de** m'avoir envoyé un garçon si instruit.
 I shall thank my friend for having sent me such a well educated boy.
6. **Je ferai de vous** mon secrétaire.
 I shall make you my secretary.
7. Mon travail allait **consister à écrire sous** sa dictée.
 My work was going to consist of writing from his dictation.
8. **Il avait une haute idée de** son talent.
 He had a high opinion of his talent.
9. **Il prenait** chacun de ses sermons **pour un chef-d'œuvre.**
 He thought that each of his sermons was a masterpiece.
10. Il ne manquait jamais de me le dire, **toutes les fois que** j'écrivais.
 He never failed to tell me so, every time I wrote.
11. **Je m'appliquais de mon mieux.**
 I did the best I could.
12. **Je veux qu'il n'y ait pas la moindre faute.**
 I do not want the slightest mistake.
13. Il y a une chose qui **m'importe par-dessus tout.**
 There is one thing which matters to me above all.
14. **Je veux que tu sois franc envers moi.**
 I want you to be frank with me.
15. Je lui dis que je manquais **des lumières nécessaires** pour juger.
 I told him that I lacked the necessary intelligence for judging.
16. **A quelque temps de là,** mon maître **tomba gravement malade.**
 Some time after that, my master became seriously ill.
17. **Il n'était plus que l'ombre de lui-même.**
 He was only the shadow of his former self.
18. **Comment as-tu trouvé** le sermon que **j'ai fait** ce matin?
 What did you think of the sermon which I gave this morning?
19. Vous m'avez ordonné de ne jamais vous mentir **à ce sujet.**
 You have told me never to lie to you on that subject.
20. J'ai promis d'être absolument franc **à votre égard.**
 I promised to be absolutely frank with you.
21. Il était **un tout petit peu** moins parfait.
 It was a tiny bit less perfect.
22. **Je tenais la promesse solennelle.**

I was keeping the solemn promise.
23. Je ne t'en veux pas d'avoir été si franc.

I bear no grudge against you for *having been so frank*.
24. Je ne le trouve point mauvais.
I do not disapprove of it.

QUESTIONNAIRE

1. Après de nombreux voyages, où Gil Blas a-t-il été envoyé? 2. Qu'est-ce que l'évêque lui a demandé? 3. Qu'a répondu Gil Blas? 4. Qu'est-ce que l'évêque a fait, un peu plus tard? 5. Qu'a-t-il demandé à Gil Blas? 6. De quoi l'évêque était-il satisfait? 7. En quoi le travail de Gil Blas allait-il consister? 8. Qu'est-ce que l'évêque ne manquait jamais de dire à Gil Blas? 9. Qu'est-ce que l'évêque a confié, un jour, à Gil Blas? 10. Qu'est-ce que Gil Blas s'est empressé de répondre? 11. Qu'est-ce que l'évêque a ajouté aussitôt? 12. A quelque temps de là, qu'est-il arrivé à l'évêque? 13. Après sa maladie, quelle sorte de sermon a-t-il prononcé? 14. Comment Gil Blas a-t-il dit à l'évêque que son sermon n'était pas tout à fait parfait? 15. Qu'est-ce que l'évêque a répondu à Gil Blas? 16. Pourquoi Gil Blas tâchait-il de trouver quelque chose à dire? 17. Qu'est-ce que l'évêque a dit en poussant Gil Blas dehors?

VRAI OU FAUX?

1. L'évêque retint Gil Blas à son service. 2. Il dit que l'éducation de Gil Blas avait été négligée. 3. L'évêque demanda à Gil Blas de lui dire toujours la vérité. 4. Gil Blas remercia son maître de la confiance qu'il avait en lui. 5. Il promit à Monseigneur de lui dire la vérité. 6. Un jour, Gil Blas tomba gravement malade. 7. Après sa maladie, l'évêque prononça un sermon des plus brillants. 8. Gil Blas lui dit que son sermon était parfait, comme d'habitude. 9. L'évêque ne voulait pas garder à son service un garçon imbécile qui goûtait mal la beauté d'un ouvrage. 10. Il souhaita à Gil Blas beaucoup de bonheur dans la vie, et un peu plus de goût.

XXV. NAPOLÉON I

EXPRESSIONS IDIOMATIQUES

1. Il était **en âge de** commencer ses études.
He was **old enough to** *begin his studies*.

2. Il lisait **avec ardeur** les œuvres de Jean-Jacques Rousseau.
He **eagerly** *read the works of Jean-Jacques Rousseau*.

3. **Il entra à** l'Ecole militaire de Paris.
He was admitted to *the Military Academy in Paris.*
4. **Son action d'éclat** attira l'attention de ses chefs.
His brilliant feat of arms *attracted the attention of his superiors.*
5. **Il fut chargé de** défendre le gouvernement révolutionnaire.
He was entrusted with *the defense of the revolutionary government.*
6. **En récompense de** ses services il fut nommé commandant de l'armée d'Italie.
As a reward for *his services he was appointed commander of the army of Italy.*
7. Il arriva en Italie **pour prendre la tête de** son armée.
He arrived in Italy **to take command of** *his army.*
8. **Il m'a fait peur!**
He frightened me!
9. Il avait **une armée peu nombreuse.**
He had **a small army.**
10. **Beaucoup d'entre eux** désiraient un gouvernement fort.
Many of them *wanted a strong government.*
11. Il renversa le gouvernement par **le coup d'État** du 18 brumaire.
He overthrew the government by **the coup d'état** *of the 18 brumaire. (November 9th.)*
12. Il tâcha de guérir **les blessures que** les guerres civiles **avaient faites à** la France.
He tried to cure the **wounds inflicted on** *France by the civil wars.*
13. **Son plus cher désir** était la paix.
His most ardent desire was peace.
14. **D'autre part,** l'Angleterre n'accepta jamais ses offres de paix.
On the other hand, *England never accepted his peace proposals.*
15. **L'Angleterre n'avait pas tort.**
England was not wrong.
16. **Au cours de** ces onze années il accomplit une œuvre magnifique.
During *these eleven years he accomplished a wonderful work.*
17. **Il mena à bien** cette immense entreprise.
He carried through *this immense enterprise.*
18. Plusieurs secrétaires écrivaient **en même temps** sous sa dictée.
Several secretaries wrote **at the same time** *from his dictation.*
19. **Ils avaient peine** à le suivre.
They had difficulty in *following him.*
20. Il travaillait **à table,** pendant les quinze minutes qu'il passait à ses repas.
He worked **while eating,** *during the fifteen minutes he spent for his meals.*
21. Il travaillait même **en promenade.**
He worked even **while walking.**
22. Personne **n'avait fait mieux connaître** le nom de la France.
No one **had made** *the name of France* **better known.**

EXERCICES

Questionnaire

1. De quoi Napoléon était-il doué? 2. Où naquit-il? 3. Où commença-t-il ses études? 4. Quel désir montrait-il? 5. Quelle note obtint-il d'un de ses professeurs? 6. Où se distingua-t-il d'abord? 7. De quoi fut-il chargé par le gouvernement révolutionnaire? 8. Par qui la France était-elle attaquée à cette époque? 9. Comment Bonaparte fut-il reçu par les autres officiers? 10. Comment détruisit-il plusieurs armées ennemies? 11. Que fit Bonaparte, le 9 novembre 1799? (le 18 Brumaire.) 12. Qu'est-ce que le Sénat proposa, le 18 mai 1804? 13. Qu'est-ce que les rois d'Europe pensaient de Napoléon? 14. Que fit-il, malgré les guerres presque continuelles? 15. Que créa-t-il en France? 16. Comment travaillait-il? 17. Comment supprima-t-il la liberté que la Révolution avait conquise? 18. De quelle façon voulait-il dominer l'Église? 19. Qu'arriva-t-il en 1815? 20. Comment les Français supportaient-ils la tyrannie? 21. Combien d'hommes la France avait-elle perdus sur les champs de bataille. 22. Qu'arriva-t-il après la chute de Napoléon? 23. Qu'est-ce qui fit de nouveau, de Napoléon, le fils de la Révolution? 24. Qu'avait-il maintenu? 25. Qu'est-ce que Napoléon avait apporté à la France?

Vrai ou Faux?

1. Napoléon était un homme extraordinaire. 2. Il était mauvais élève au collège de Brienne. 3. Au siège de Toulon, en 1793, il fut battu par les Anglais. 4. Quand il arriva en Italie, pour prendre la tête de son armée, Bonaparte fut bien reçu par les autres officiers français. 5. Pendant la campagne d'Italie, Bonaparte avait fait ce qu'on allait appeler plus tard la guerre-éclair. 6. Il fut nommé empereur des Français par le Sénat. 7. Pendant les onze années que dura le règne de Napoléon empereur, la paix fut presque continuelle. 8. Les rois d'Europe pensaient que Napoléon aimait la paix. 9. Napoléon donna à toutes les régions de la France des lois communes. 10. Napoléon mourut en 1821, à Sainte-Hélène.

XXVI. L'ALSACE

Expressions Idiomatiques

1. **A la suite d'**une défaite, l'Alsace a été enlevée à la France.
 Following a defeat, Alsace was taken away from France.
2. A la fin de **la Seconde Guerre mondiale,** l'Alsace a clairement exprimé son désir de demeurer française.
 At the end of **World War II,** *Alsace clearly expressed its desire to remain French.*
3. **Le naturel de ce peuple est la joie.**
 These people have a happy disposition.
4. Strasbourg **a joué un rôle** important dans l'histoire de l'Europe.
 Strasbourg **played an** *important* **part** *in the history of Europe.*
5. **De loin** on aperçoit des clochers et des tours.
 From a distance *one sees steeples and towers.*

Questionnaire

1. Depuis quand l'Alsace fait-elle partie de la France? 2. Qu'est-ce que l'Alsace a exprimé, à la fin de la Seconde Guerre mondiale? 3. Qu'est-ce que les Alsaciens ont répondu aux gens qui demandaient si l'Alsace était française ou allemande? 4. En quoi consiste la nation française? 5. Qu'est-ce qui fait une nation? 6. Quelle sorte de pays est la France? 7. Qu'est-ce que les Alsaciens apportent à la France? 8. Où l'Alsace est-elle située? 9. Où se trouve Strasbourg? 10. Que savez-vous du «Serment de Strasbourg»? 11. Qu'est-ce que c'est que «La Marseillaise»? 12. Qui composa la Marseillaise? 13. Comment faut-il apercevoir Strasbourg? 14. En quels termes Alexandre Dumas parle-t-il de l'Alsace? 15. Que peut-on dire de la cathédrale de Strasbourg? 16. Que représente la façade de la cathédrale? 17. Que voit-on en haut du portail? 18. Comment les douze mois de l'année sont-ils représentés? 19. Qu'est-ce qu'un Alsacien a dit de l'Alsace?

Vrai ou Faux?

1. L'Alsace est une province chère au cœur de bien des Français. 2. La France est une race. 3. C'est la volonté de ses membres de vivre ensemble qui fait une nation. 4. A la fin de la Seconde Guerre

mondiale, les Alsaciens ont dit qu'ils se sentaient allemands. 5. L'Alsace est située au bord de la Méditerranée. 6. Strasbourg se trouve sur la Seine. 7. La Marseillaise est l'hymne national français. 8. La cathédrale de Strasbourg est «une bible de pierre.» 9. Les cathédrales du moyen âge étaient le livre d'images du peuple. 10. «L'Alsace est deux fois française,» a dit un Alsacien.

XXVII. VICTOR HUGO

Expressions Idiomatiques

1. Victor Hugo **fut** un grand **auteur dramatique.**
   Victor Hugo **was** a great **playwright.**
2. **Il se mêla aux** luttes politiques.
   He took part in the *political struggles.*
3. Son père **l'emmena avec lui au cours de** ses voyages.
   His father **took him along during** *his trips.*
4. **Il était encore tout enfant.**
   He was still a small child.
5. Il épousa Adèle Foucher **qu'il aimait depuis longtemps.**
   He married Adele Foucher **with whom he had been in love for a long time.**
6. Victor Hugo **demanda la main d'Adèle à ses parents.**
   Victor Hugo **asked her parents for Adele's hand.**
7. C'est là qu'**il dut livrer** ses plus grandes batailles littéraires.
   It was there that **he had to fight** *his greatest literary battles.*
8. Victor Hugo **remporta** la victoire.
   Victor Hugo **won** *the victory.*
9. Sa fille se noya au cours d'**une promenade en bateau** sur la Seine.
   His daughter drowned during **a boat ride** *on the Seine.*
10. Et s'il n'en reste qu'un, je serai celui-là!
    And if there is only one left, *I will be the one!*
11. Il écrivit «Les Misérables,» roman **à propos duquel** Tennyson a dit: "French of the French and lord of human tears."
    He wrote "Les Miserables," **novel about which** *Tennsyson said: "French of the French and lord of human tears."*
12. Victor Hugo décrit **par exemple**, la bataille de Waterloo.
    Victor Hugo describes, **for instance**, *the battle of Waterloo.*

Questionnaire

1. Où naquit Victor Hugo? 2. Où l'emmena son père? 3. Comment exprime-t-il les sentiments de reconnaissance qu'il avait pour sa mère? 4. Dans quel collège fit-il ses études? 5. Quand perdit-il sa

mère? 6. Où alla-t-il s'établir pendant un certain temps, après la mort de sa mère? 7. Qui épousa-t-il en 1822? 8. Que répondirent les parents d'Adèle, la première fois que Victor Hugo demanda sa main? 9. Dans quel vers célèbre Joseph Berchoux a-t-il exprimé la pensée des jeunes romantiques? 10. Pourquoi l'année 1830 est-elle importante dans la vie littéraire de Victor Hugo? 11. Par quoi Victor Hugo fut-il frappé en 1843? 12. Qu'écrivit-il en souvenir de son enfant perdue? 13. Quel événement politique se produisit le 2 décembre 1851? 14. Pourquoi Victor Hugo s'enfuit-il de France? 15. Où vécut-il, après avoir quitté la France? 16. Que savez-vous des *Misérables?* 17. Qu'est-ce que Victor Hugo reste, avant tout, pour beaucoup de Français? 18. Quand revint-il à Paris? 19. Quand mourut-il? 20. Quel est le surnom qu'il a bien mérité?

Vrai ou Faux?

1. Le dix-neuvième siècle fut rempli d'un bout à l'autre par l'immense personnalité de Victor Hugo. 2. Il avait une santé fragile. 3. Il ne montrait aucun goût pour la poésie, au collège Louis-le-Grand. 4. Victor Hugo épousa Adèle Foucher qu'il connaissait depuis peu de temps. 5. Victor Hugo devint chef de l'école classique. 6. Quand Charles-Louis Napoléon s'empara du pouvoir, Victor Hugo prit part à la résistance républicaine. 7. Victor Hugo est, avant tout, l'auteur des *Misérables.* 8. Il n'écrivit pas pendant son séjour à Guernesey. 9. Il mourut à l'âge de quatre-vingt-trois ans, en 1885. 10. Aucun écrivain français ne s'exprima dans la langue française avec plus d'éclat ni plus de beauté.

XXVIII. GAVROCHE

Expressions Idiomatiques

1. **Il est âgé de onze ans.**
   He is eleven years old.
2. Gavroche **est mal élevé.**
   Gavroche **is ill-bred.**
3. Mais, **en réalité,** il observait la boutique.
   But, **actually,** *he was looking at the store.*
4. **Il lançait un coup d'œil au** savon.
   He glanced at *the soap.*

5. On n'a jamais su **à quoi avait trait** ce monologue.
   One never knew **to what** *this monologue* **referred.**
6. Ce monologue **se rapportait à** la dernière fois **où** il avait déjeuné.
   This monologue **had reference to** *the last time he had had lunch.*
7. **Il y avait trois jours.**
   It was three days ago.
8. **On était au vendredi.**
   This was Friday.
9. **Il faisait chaud.**
   It was warm.
10. Les deux enfants **se remirent en marche.**
    The two children **started off again.**
11. **Qu'est-ce que vous avez donc, petits?**
    What's the matter with you, children?
12. **Voilà deux heures que nous marchons.**
    We have now been walking for two hours.
13. **Ah ça!** Il faut manger, pourtant.
    Now then! *Nevertheless, one must eat.*
14. **Voici de quoi dîner** pour trois.
    Here is enough to eat *for three.*
15. Les pauvres enfants **avaient grand'faim.**
    The poor children **were very hungry.**
16. **En un clin d'œil,** Gavroche glissa dans le trou.
    In the twinkling of an eye, *Gavroche slid into the hole.*
17. **Donnez-vous la peine de vous asseoir.**
    Please take a seat.
18. **Il se laissa glisser le long de** la jambe de l'éléphant.
    He slid down *the leg of the elephant.*
19. **Il se mit à battre des mains.**
    He started to clap his hands.
20. On apercevait **des toiles d'araignée.**
    One could see **cobwebs.**
21. Le plus petit dit **à mi-voix:** «Il fait noir.»
    The smaller one said **in a low tone:** *"It is dark."*
22. Je vais supprimer la lumière.
    I'm going to put out *the light.*
23. Il se crut obligé d'instruire **ces enfants en bas âge.**
    He thought that he was obliged to inform **these very young children.**
24. **Ça, c'était à la girafe.**
    This, it used to belong to the giraffe.
25. **Bien sûr!**
    Surely!

Questionnaire

1. Qui était Gavroche? 2. Pourquoi Gavroche observait-il la boutique du coiffeur? 3. Que faisaient les deux enfants? 4. Qu'est-ce que Gavroche leur demanda? 5. Où Gavroche fit-il monter les deux enfants? 6. Que leur demanda-t-il devant la boutique d'un boulanger? 7. Que répondit l'aîné? 8. Que dit Gavroche, après avoir trouvé un sou dans ses poches? 9. Que cria-t-il au bou-

langer en mettant son sou sur le comptoir? 10. Qu'est-ce qu'il y avait dans un coin de la place de la Bastille? 11. Pourquoi les deux enfants se confiaient-ils à Gavroche? 12. Une fois à l'intérieur de l'éléphant, que dit Gavroche? 13. Que savez-vous de l'intérieur de l'éléphant? 14. Qu'est-ce qu'il y avait sur le lit de Gavroche? 15. D'où venaient les objets qui se trouvaient à l'intérieur de l'éléphant? 16. Une fois la lumière éteinte, que commença-t-on à entendre? 17. Qu'est-ce que le petit garçon demanda à Gavroche? 18. Où vivaient les rats? 19. Pourquoi Gavroche n'avait-il pas de chat? 20. Quel air avait l'éléphant pendant que les trois pauvres enfants dormaient?

Vrai ou Faux?

1. Gavroche était un enfant bien élevé. 2. Le coiffeur chassa les deux enfants dans la rue. 3. Gavroche les fit monter vers la place de la Bastille. 4. Gavroche ne voulait pas acheter de pain blanc. 5. L'éléphant était la maison de Gavroche. 6. Il n'y avait pas de lit à l'intérieur de l'éléphant. 7. Le petit garçon entendit un bruit étrange sur le grillage. 8. Gavroche dit au petit que les rats ne mangent pas les petits enfants. 9. Au bout de quelques minutes, les trois enfants dormaient d'un sommeil profond. 10. L'éléphant avait l'air satisfait de sa bonne action.

XXIX. MONTMARTRE

Expressions Idiomatiques

1. Il y a beaucoup de **« boîtes de nuit »** à Montmartre.
   *There are many **night clubs** in Montmartre.*
2. **C'est ainsi que** naquirent les fameux cabarets de Montmartre, **alors que** cabaret **ne voulait pas** encore **dire** boîte de nuit.
   Thus (That's the way) *the famous taverns of Montmartre were born,* **when (in the days when)** *tavern* **did not yet mean** *night club.*
3. **Le soir,** ils se réunissaient dans des auberges.
   In the evenings, *they met in taverns.*

EXERCICES

QUESTIONNAIRE

1. Qu'est-ce que c'est que la Butte? 2. Que pense un étranger, quand on prononce le nom de Montmartre? 3. Décrivez la colline de Montmartre, telle qu'elle était il y a cent ans. 4. Pourquoi les artistes venaient-ils à Montmartre, à la fin de chaque semaine? 5. Décrivez la vie à Montmartre, à cette époque. 6. Où les jeunes artistes de talent habitaient-ils? 7. Où voyait-on souvent le poète Verlaine? 8. Qui est Henri Murger? 9. Que disait le poète Henri Heine? 10. Que savez-vous de Maurice Utrillo? 11. Que faisaient les jeunes gens, le soir? 12. Qu'est-ce que Rodolphe Salis ouvrit, dans son atelier, en 1881? 13. Que savez-vous du journal «Le Chat Noir»? 14. Pourquoi a-t-on dit que Bruant était un disciple de François Villon? 15. Comment le succès des artistes montmartrois amena-t-il la fin du vieux Montmartre? 16. Qu'est-ce qu'on trouve aujourd'hui à Montmartre? 17. Que peut-on encore y voir?

Vrai ou Faux?

1. Il n'y a aujourd'hui plus de boîtes de nuit à Montmartre. 2. Les étudiants venaient à Montmartre, le dimanche, pour étudier. 3. Vers 1880 beaucoup d'artistes venaient s'y reposer. 4. Il y a un demi-siècle, on pouvait y voir Pablo Picasso. 5. Les jeunes gens étaient toujours tristes à cause de leur vie difficile. 6. Les écrivains les plus spirituels vinrent au Cabaret du «Chat Noir.» 7. «*Le Chat Noir*» était un journal satirique. 8. Le succès des artistes et poètes montmartrois leur fit quitter la colline pour aller habiter d'autres quartiers. 9. Il n'y a plus aujourd'hui de sites charmants, à Montmartre. 10. Le Montmartre d'hier était à la fois un village, la patrie des artistes et la capitale de la Bohème.

XXX. PASTEUR

Expressions Idiomatiques

1. Il fut mis au collège.
   He was sent to school.
2. Il fut reçu à l'École normale supérieure.
   He was admitted to the Teachers' Training College.
3. Il passait ses après-midi à faire des expériences.
   He spent his afternoons (in) *carrying out experiments.*
4. Il occupa une chaire de chimie.
   He held a professorship in chemistry.
5. Il avait acquis une grande réputation.
   He had made a name for himself.
6. On guérit les malades atteints de la rage.
   The patients afflicted with rabies are cured.
7. Une des lois force les nations à se préparer à la guerre.
   One of the laws forces the nations to prepare for war.

Questionnaire

1. Où et quand naquit Pasteur? 2. Pourquoi son père ne cessait-il de l'encourager au travail? 3. Pourquoi Pasteur partit-il pour Paris? 4. Où passait-il souvent l'après-midi? 5. Que lui recommandait son père, de sa province natale? 6. A quoi Pasteur s'intéressa-t-il entre 1843 et 1846? 7. Où fut-il envoyé en 1848? 8. Pourquoi revint-il à Paris? 9. Quelle découverte avait déjà donné une grande réputation à Pasteur? 10. Que disait-il au sujet des savants? 11. Quelle est la plus grande gloire de Pasteur? 12. Quel fut le résultat de ses nombreuses expériences? 13. Qu'est-ce qui fut fondé à Paris en 1888? 14. Quelles paroles prononça Pasteur, le jour où l'Institut Pasteur fut fondé? 15. Qu'est-ce que cet homme modeste disait de sa propre philosophie? 16. Qu'est-ce que le docteur Roux pensait de Pasteur?

Vrai ou Faux?

1. Louis Pasteur naquit dans une famille très riche. 2. Dans son enfance, Pasteur préférait le dessin aux études sérieuses. 3. Il ne réussit pas à devenir un bon élève. 4. Après avoir été professeur de chimie à Dijon, il occupa une chaire de chimie à l'université de Paris. 5. Il avait acquis une grande réputation pour ses travaux sur la fermentation. 6. D'après Pasteur, la plus grande joie pour un savant est de voir que ses découvertes trouvent une application utile dans la

vie. 7. La plus grande gloire de Pasteur est la découverte du traitement et de la guérison de la rage. 8. La méthode préventive que Pasteur a inventée n'est plus employée en Europe aujourd'hui. 9. Selon Pasteur, la science devra toujours essayer d'aider les hommes et de diminuer leurs souffrances. 10. La pasteurisation du lait est l'application d'une découverte du docteur Roux.

XXXI. LES CAFÉS DE PARIS

Expressions Idiomatiques

1. Des étudiants **prennent en hâte** une tasse de café.
   Students **hastily drink** *a cup of coffee.*
2. Il y a de petits arbres plantés dans des caisses **peintes en vert.**
   There are small trees planted in boxes **painted green.**
3. De braves campagnards, **de passage à Paris,** déjeunent avant de **rentrer chez eux.**
   Honest farmers **passing through Paris** *lunch before* **going back home.**
4. Les artistes **se donnent rendez-vous.**
   The artists **agree to meet.**
5. Il y a des cafés où **on fait des affaires.**
   There are cafés where **one does business.**
6. Il y en a où **on joue aux échecs.**
   There are some where **one plays chess.**
7. Les Comédiens du roi vinrent s'établir **en face.**
   The royal comedians came to settle down **on the opposite side.**
8. Il compta parmi ses clients les hommes les plus distingués **d'alors.**
   He counted among his clients the most distinguished men **of that time.**
9. Cette liberté n'aurait pas été tolérée par **les gens du monde.**
   This freedom would not have been tolerated by **high society.**
10. **Tous les jours de** la semaine, on rencontre ses amis.
    Every day in *the week, one meets one's friends.*
11. **Au printemps, il fait doux.**
    In the spring, the weather is balmy (mild).
12. Garçon, donnez-moi **de quoi écrire!**
    Waiter, give me **something to write with!**
13. **Il se garderait bien d'**interrompre une conversation.
    He'd take care not to *interrupt a conversation.*

Questionnaire

1. Qu'est-ce qui frappe ceux qui visitent Paris pour la première fois? 2. Comment raisonnait l'Anglais dont parle l'anecdote? 3. Qu'aperçut-il sur le quai? 4. Que s'empressa-t-il de noter sur son car-

net? 5. Comment déjeunent certains provinciaux de passage à Paris? 6. Que rencontre-t-on à la terrasse des cafés de Montparnasse? 7. Où se trouve le rendez-vous des joueurs d'échecs? 8. Où peut-on prendre un café lorsque le temps est beau? 9. Qu'est-ce qu'on peut aussi faire dans un café? 10. Dans quel endroit bien des écrivains ont-ils écrit de belles pages? 11. Où pouvait-on voir le vieux Verlaine? 12. Qu'est-ce que les Français aiment beaucoup? 13. Que fait le garçon de café pendant que les clients boivent leur apéritif? 14. A quoi peut-on comparer certains cafés de la rive gauche de la Seine? 15. Quel rôle le café joue-t-il dans la vie du Parisien? 16. Pourquoi les provinciaux et les étrangers qui visitent Paris aiment-ils s'asseoir aux terrasses des cafés?

Vrai ou Faux?

1. Il y a un très grand nombre de cafés à Paris. 2. En France, toutes les femmes sont rousses. 3. A Montparnasse, il y a des cafés où les artistes se donnent rendez-vous. 4. Diderot préférait les cafés aux salons, car on pouvait y parler sur tous les sujets, avec une liberté qui n'aurait pas été tolérée par les gens du monde. 5. Les Français n'aiment pas prendre leurs repas à loisir. 6. Le café est un endroit idéal pour regarder passer les gens. 7. A Paris les gens viennent au café surtout pour causer. 8. Les Parisiens boivent très vite. 9. La boisson n'est souvent qu'un prétexte pour se rencontrer. 10. Le café joue, dans la vie du Parisien, le rôle d'un club.

XXXII. MON ONCLE JULES

Expressions Idiomatiques

1. Ma mère **faisait souvent des reproches à** son mari.
   My mother **often reproached** *her husband.*
2. Je l'aurais reconnu **du premier coup.**
   I would have recognized him **at once.**
3. **Il avait eu,** paraît-il, **une mauvaise conduite.**
   He had led, it seems, a loose life.
4. **Il gagnait beaucoup d'argent.**
   He was making a great deal of money.
5. Je resterai sans **te donner de mes**

nouvelles.
I'll stay without **letting you hear from me.**

6. L'espoir de mon père grandissait **à mesure que** le temps passait.
My father's hope increased (**proportionately**) *as time went on.*
7. Un jeune homme **demanda en mariage** la plus jeune de mes sœurs.
A young man **asked the hand of** *the younger of my sisters.*
8. Il fut décidé que toute la famille **ferait un petit voyage.**
It was decided that the whole family **would take a short trip.**
9. Un Français **peut s'offrir** facilement la vue d'un peuple voisin.
A Frenchman **can treat himself** *easily to the view of a neighboring people.*
10. Il ouvrait les huîtres **d'un coup de couteau.**
He opened the oysters **with one flick of his knife.**
11. **J'ai peur de me rendre malade.**
I'm afraid of making myself sick.
12. **Il ne faut pas gâter** les garçons.
One must not spoil *boys.*
13. Je restai **à côté de** ma mère.
I remained **beside** *my mother.*
14. Il voulut même **donner l'exemple.**
He even wanted **to set the example.**
15. **Il ferait mieux de se tenir tranquille.**
He would do better to keep still.
16. **Il a une belle situation** en Amérique.
He has an excellent position *in America.*
17. Pourquoi **dire ces bêtises-là?**
Why **talk such nonsense?**
18. **J'aime mieux** que tu ailles voir toi-même, **de tes propres yeux.**
I prefer *that you go to see for yourself,* **with your own eyes.**
19. **Il ne détournait pas le regard de** sa besogne.
He did not look away from *his task.*
20. **Merci beaucoup,** capitaine.
Thank you very much, *captain.*
21. **Il se laissa tomber dans** un fauteuil.
He dropped into *an armchair.*
22. Il me rendit la monnaie.
He gave me the change.
23. Devant nous, **à l'horizon,** une ombre violette semblait sortir de la mer.
In front of us, **on the horizon,** *a purple shadow seemed to come out of the sea.*

Questionnaire

1. Après avoir donné cent sous à un vieux pauvre, que dit Joseph Davranche? 2. Que faisait la famille Davranche, chaque dimanche? 3. Quel air avaient les parents de Joseph, dans ces promenades? 4. Quelles paroles prononçait le père, en voyant entrer dans le port les grands navires? 5. Qui était l'oncle Jules? 6. Quel est le plus grand des crimes, pour les familles pauvres? 7. Qu'est devenu l'oncle Jules, une fois en Amérique? 8. Qu'est-ce qu'il a écrit dans sa pre-

mière lettre? 9. Qu'est-ce qu'il a écrit dans sa seconde lettre? 10. Qu'est-ce que la mère de Joseph disait souvent? 11. Qu'avait-on décidé de faire après le mariage de la sœur de Joseph? 12. Que savez-vous de Jersey? 13. Sur le bateau, qu'est-ce que le père a demandé à sa famille? 14. Qu'est-ce que M. Davranche montrait à ses filles? 15. Qu'a-t-il dit à Mme Davranche, d'un air inquiet? 16. Qu'est-ce que le capitaine a répondu au sujet du vieil ouvreur d'huîtres? 17. Qu'est-ce que Mme Davranche, devenue furieuse, a ajouté après avoir appris que c'était l'oncle Jules? 18. Qu'est-ce que Joseph a demandé à l'ouvreur d'huîtres? 19. Qu'est-ce que la mère de Joseph a dit en apprenant qu'il avait donné dix sous de pourboire au pauvre matelot? 20. Pourquoi sont-ils revenus par le bateau de Saint-Malo?

Vrai ou Faux?

1. La famille de Joseph Davranche était riche. 2. Chaque dimanche, les Davranche allaient se promener dans leurs plus beaux habits. 3. L'oncle Jules était le seul espoir de la famille, après en avoir été la terreur. 4. Le père ne s'attendait pas à revoir l'oncle Jules. 5. Sur le bateau qui emmenait la famille à Jersey, il y avait un vieux matelot qui ouvrait les huîtres. 6. Le père voulait offrir des huîtres à sa famille. 7. Le capitaine ne savait pas qui était le vieux matelot. 8. Le père et la mère furent très heureux d'apprendre que le vieil ouvreur d'huîtres était l'oncle Jules. 9. La mère dit qu'elle était sûre que ce voleur ne ferait jamais rien. 10. La famille Davranche est revenue par le même bateau pour rencontrer de nouveau l'oncle Jules.

XXXIII. LA MULE DU PAPE

Expressions Idiomatiques

1. Il est comme la mule du Pape, qui garde sept ans **son coup de pied.**
   He is like the Pope's mule, who saves up her kick for seven years.
2. J'ai passé **huit jours** à la campagne, **en plein air.**
   I spent a week in the country, in the open air.
3. **J'ai fini par découvrir** ce que je voulais.
   I finally found out what I wanted.
4. C'étaient, **du matin au soir,** des processions et des pèlerinages.
   It was from morning till night processions and pilgrimages.

5. Les ouvriers travaillaient **du haut en bas** des maisons.
   Workmen worked **from top to bottom** *of the houses.*
6. L'on entendait des tambourins **du côté du** pont.
   One could hear drums in the direction of the *bridge.*
7. **Si humble que vous fussiez,** il vous donnait sa bénédiction.
   However humble you might be, *he gave you his blessing.*
8. Puis, **le jour tombant,** il rentrait à la ville.
   Then, **at nightfall,** *he came back to town.*
9. Sa mule, **mise en train** par la musique, se mettait à sauter.
   His mule, **put in good spirits** *by the music, started to jump.*
10. Le Pape **marquait le pas de la danse.**
    The Pope **beat time with the dance music.**
11. **Il faut dire que** la bête **en valait la peine.**
    It must be said that *the animal* **was worth the trouble.**
12. Ses deux longues oreilles lui donnaient **l'air bon enfant.**
    Her two long ears gave her **a good-natured look.**
13. C'était le meilleur moyen de **faire plaisir au Pape,** et aussi de **faire fortune.**
    It was the best way **to please the Pope** *and also* **to make one's fortune.**
14. **Ah! mon Dieu!**
    Oh! Dear me!
15. Il continua le jeu qui **lui avait si bien réussi.**
    He continued the game which **had turned out so well for him.**
16. Il **était** toujours plein d'attentions pour la mule.
    He always **showed** *the mule* **much attention.**
17. **Ils faisaient mille mauvais tours** à la mule.
    They played *the mule* **many nasty tricks.**
18. Elle se trouva tout à coup sur une plate-forme, **en plein midi.**
    She suddenly found herself on a platform, **at high noon.**
19. **Du cri qu'elle en poussa,** toutes les vitres tremblèrent.
    From the shriek she let out, *all the windows shook.*
20. Tistet Védène **faisait mine de pleurer.**
    Tistet Védène **was pretending to cry.**
21. Mon Dieu! dit le pauvre Pape **en levant les yeux.**
    Dear me! said the poor Pope **looking up.**
22. **C'est une autre affaire!**
    That's another question altogether!
23. Ce fut **toute une affaire.**
    It was **quite an undertaking.**
24. Elle pensait au joli coup de pied qu'elle allait lui donner **le lendemain matin.**
    She was thinking about the pretty kick she was going to give him **the next morning.**
25. **C'est égal,** pensait-elle.
    All the same, *she thought.*
26. **Les beaux jours** étaient revenus.
    Happy days *had come back.*
27. **Mais oui!**
    Why yes!
28. **A propos,** grand Saint-Père, est-ce que vous l'avez toujours votre mule?
    By the way, *great Holy-Father, do you still have your mule?*

29. **Elle va bien?** ... **Ah! tant mieux!**
 Is she well? ... **Oh! so much the better!**
30. Tu viendras à la vigne avec **nous deux.**
 You'll come to the vineyard with **both of us.**
31. **Sa belle mine fit courir** un murmure d'admiration.
 His good looks called forth a murmur of admiration.
32. **Tiens, attrape!**
 Here, take that!
33. **Pensez-donc!** elle le lui gardait depuis sept ans!
 Just think of it! she had been keeping it for him for seven years!

Questionnaire

1. Décrivez la ville d'Avignon au temps des Papes. 2. Que faisaient les soldats du Pape? 3. Que faut-il au peuple d'Avignon, quand il est content? 4. Qui était Boniface? 5. Que faisait-il tous les dimanches? 6. Comment s'amusait la mule, au milieu des tambourins? 7. Que portait le Pape, tous les soirs, à sa mule? 8. Décrivez la mule. 9. Pourquoi faisait-on des gentillesses à la mule? 10. Qui était Tistet Védène? 11. Où traîna-t-il pendant six mois? 12. Que dit-il, un jour, au Pape? 13. Qu'est-ce qui arriva le lendemain? 14. Pourquoi la mule n'était-elle pas contente? 15. Que vit la mule, une fois au sommet du clocher, sur une plate-forme? 16. Comment la mule descendit-elle du clocher? 17. Où était Tistet Védène, le lendemain matin? 18. Sept ans plus tard, qu'est-ce que Tistet Védène dit au Pape? 19. Quel genre de coup de pied la mule donna-t-elle à Tistet Védène? 20. Pourquoi ce coup de pied fut-il si terrible?

Vrai ou Faux?

1. Au temps des Papes, Avignon était une ville pleine de gaieté. 2. Boniface était un Pape très bon pour le peuple. 3. La mule du Pape n'aimait pas le vin avec du sucre. 4. Tistet Védène parlait doucement à la mule, comme à une jeune fille. 5. Un jour, Tistet Védène la fit monter au sommet du clocher. 6. La mule aimait bien Tistet Védène. 7. La mule pensait souvent à Tistet Védène et au coup de pied qu'elle allait lui donner. 8. Tistet Védène partit pour sept ans. 9. Quand il revint de la cour de Naples, la mule fut très heureuse. 10. La mule donna à Tistet Védène le coup de pied qu'elle lui gardait depuis sept ans.

XXXIV. LA VIE SCOLAIRE

EXPRESSIONS IDIOMATIQUES

1. **Jeter les bases.**
   To lay the foundations.
2. **L'Assemblée Constituante**
   The Constituent Assembly (of 1789).
3. Recevoir **une instruction.**
   To receive an education.
4. **A partir de l'âge de deux ans.**
   From the age of two.
5. **Ils prennent un premier contact** avec les chefs-d'œuvre.
   They become acquainted *with the masterpieces.*
6. **Apprendre par cœur.**
   To learn by heart.
7. **Savoir par cœur.**
   To know by heart.
8. **Suivre des cours.**
   To take courses.
9. **Des leçons de choses.**
   Object lessons; nature studies.
10. **Ils réussissent à** l'examen.
    They pass the *examination.*
11. Il est l'objet de **vives critiques.**
    It is the object of **sharp criticism.**
12. **Comme ils l'entendent.**
    As they please.
13. **Ils travaillent dur.**
    They study hard.
14. **Dans bien des cas.**
    In many instances.
15. **A l'heure actuelle.**
    At the present time.
16. La vie scolaire est **en pleine réforme.**
    School life is being **thoroughly reorganized.**
17. Les problèmes sont **loin d'être résolus.**
    The problems are **far from being solved.**

QUESTIONNAIRE

1. Qu'est-ce que l'Assemblée Constituante proclama par la loi du 3 septembre 1791? 2. Par qui fut établi l'enseignement primaire en 1882? 3. De quoi se compose aujourd'hui le système scolaire français? 4. Jusqu'à quel âge l'instruction est-elle obligatoire? 5. A partir de quel âge les enfants français peuvent-ils entrer à l'école? 6. Qu'est-ce qu'on apprend aux petits dans les classes enfantines? 7. A l'école primaire, que fait-on réciter aux élèves en classe? 8. Jusqu'à quel âge le lycée retient-il les élèves? 9. Au lycée, comment les élèves sont-ils répartis? 10. Qu'est-ce que les lycéens étudient? 11. Par quoi se terminent les études secondaires? 12. Quelles critiques adresse-t-on à ce régime scolaire? 13. A l'université, comment les étudiants peuvent-ils organiser leur travail? 14. A quoi se préparent la plupart des étudiants? 15. De quoi se plaignent les

jeunes? 16. Que souhaitent-ils? 17. A quoi les Français s'efforcent-ils de remédier? 18. Dans quelles villes de province a-t-on créé des centres universitaires nouveaux? 19. Qu'est-ce qu'on s'efforce d'établir aujourd'hui pour la population estudiantine? 20. A qui veut-on ouvrir les portes des écoles et des universités?

Vrai ou Faux?

1. En 1791, presque tout le monde en France savait lire et écrire. 2. Dans les classes enfantines, on travaille beaucoup. 3. Quand les petits Français ont atteint l'âge de cinq ans, ils entrent dans les écoles primaires. 4. Ils apprennent par cœur des fables de La Fontaine. 5. Les professeurs utilisent ces fables dans leurs cours d'histoire. 6. Les études secondaires sont assez faciles. 7. Le baccalauréat permet aux lycéens d'entrer dans n'importe quelle université. 8. Les étudiants français sont obligés d'assister aux cours. 9. La plupart des étudiants travaillent dur. 10. Aujourd'hui, tous les problèmes sont résolus.

XXXV. LE PROVERBE

Expressions Idiomatiques

1. **Comme d'habitude.**
   As usual.
2. **Il était de mauvaise humeur.**
   He was in a bad humor.
3. **Il venait de** rentrer.
   He had just *returned*.
4. **Faire des commissions.**
   To run errands.
5. **Bien entendu!**
   Of course! Certainly!
6. **Tu as fait tes devoirs.**
   You did your homework.
7. **Il valait mieux avouer.**
   It was better to confess.
8. **Huit jours.**
   A week; one week.
9. **Toute la journée.**
   All day long.
10. **Rien ne sert de** courir.
    It is useless to *run*.
11. **A point.**
    At the right time; in time.
12. **Au travail!**
    Let us get to work!
13. **A ton aise.**
    As you like.
14. **S'il le faut.**
    If it is necessary.

15. **Que ce soit fini!**
    Stop that!
16. **Je vois bien.**
    I realize.
17. **C'est à vous de** trouver un exemple.
    It is up to you to *find an example.*
18. **Il s'agissait** d'une compétition.
    It was about *a contest.*
19. Ces objets **qui frappent nos regards.**
    These things **that attract our attention.**
20. **On dirait.**
    One would think.
21. **Il lança un regard** à son père.
    He cast a glance *at his father.*
22. Il en parla en **termes élogieux.**
    He spoke of it in **high terms.**
23. **Hors du sujet.**
    Beside the point.
24. **A haute voix.**
    Aloud.
25. **Il en voulait à** son père.
    He was angry with *his father.*
26. **De quoi s'était-il mêlé?**
    Why had he interfered?
27. **A coup sûr.**
    Certainly; assuredly.
28. **Ça lui apprendrait.**
    That would teach him a lesson.
29. **De bonne humeur.**
    In a good humor.
30. **Au bout d'un moment.**
    After a while.
31. **Poser une question.**
    To ask a question.
32. **Au fait.**
    By the way.
33. Il pouvait **faire le malheur** de son père.
    He could **humiliate** *his father.*
34. **Perdre la face.**
    To lose face.
35. **Tu es dans la lune.**
    You are dreaming.
36. **Pas mal!**
    That's pretty good!
37. **J'y arriverai.**
    I will succeed in doing it.
38. **A partir de maintenant.**
    From now on.

Questionnaire

1. Combien d'enfants M. Jacotin avait-il? 2. Qu'est-ce qu'il demanda à son fils Lucien? 3. Où Lucien était-il allé avec son camarade Chapusot? 4. Quand le professeur a-t-il donné le devoir de français? 5. Avec qui M. Jacotin est-il au bureau, toute la journée? 6. Que faisait M. Jacotin à l'âge de douze ans? 7. Combien de temps Lucien a-t-il eu pour faire son devoir? 8. Qu'est-ce que Lucien alla prendre dans un coin de la cuisine? 9. Quand Lucien se trouva seul avec son père, que fit-il? 10. Que lui dit alors M. Jacotin? 11. Quelle fable le professeur a-t-il recommandé de ne pas résumer? 12. Que fit Lucien pendant que son père écrivait? 13. Quelle copie le professeur commenta-t-il d'abord? 14. Quelle note le professeur a-t-il

donnée à Lucien? 15. Que se passa-t-il en classe à la lecture de la copie de Lucien? 16. A table, quelle question M. Jacotin posa-t-il à son fils? 17. Qu'est-ce qu'il avait risqué en faisant le devoir de son fils? 18. De quel sentiment le cœur de Lucien s'attendrit-il? 19. De quel air M. Jacotin regarda-t-il les siens? 20. Qu'est-ce que M. Jacotin voulait faire comprendre à Lucien?

Vrai ou Faux

1. Ce jeudi soir, M. Jacotin était de bonne humeur. 2. Lucien penchait la tête sur son assiette. 3. Lucien avoua qu'il n'avait pas fait son devoir de français. 4. Béruchard est un mauvais élève. 5. Le devoir de français consiste à expliquer un proverbe. 6. En donnant le devoir, le maître n'a rien dit aux élèves. 7. M. Jacotin commença par dicter le devoir à Lucien. 8. Le professeur parla du devoir de Lucien en termes élogieux. 9. Au retour de l'école, Lucien songeait à son père avec rancune. 10. Béruchard avait eu la note treize.

VOCABULARY

FOREWORD

This vocabulary is intended to be complete. The following abbreviations are used:

adj.	adjective	*m.*	masculine
adv.	adverb	*pl.*	plural
f.	feminine	*pro.*	pronoun

A

a present indicative of **avoir**
à at, to, for, in, of, on, by, with
  à cause de because of
  à chaque instant continually
  à côté de beside
  à l'abri de sheltered from
  à la fois at the same time
  à la hâte hastily
  à la suite de following
  à l'extérieur outside
  à mi-voix in a low voice
  à partir de ce jour from that day on
  à peine hardly, scarcely
  à propos by the way
  à propos de with regard to
  à quoi bon? what is the use?
  à l'intérieur inside
  à travers through
  au cours de during
abandonner to abandon; to forsake, desert; to leave
abbaye, *f.*, abbey
abbé, *m.*, priest
Abélard, Pierre, (1079-1142) French theologian and philosopher
abîmer to damage, injure
abondant, -e abundant; prolific
abord, *m.*, access
  d'abord at first
  tout d'abord at first, to begin with
aborder to accost; to approach
abri, *m.*, shelter, cover
  à l'abri de sheltered, secure, safe from
abriter to shelter, shield; to protect
abrupt, -e abrupt, steep
absolu, -e absolute
absolument absolutely, utterly
absurde absurd, nonsensical
abus, *m.*, abuse
académicien, *m.*, Academician; member of the Académie française
Académie française the French Academy of letters founded in 1635 by Richelieu. Its 40 members are elected for life and are often called the "Immortals".
accablé, -e overwhelmed, overcome, dejected
accepter to accept
accompagner to accompany, escort
  s'accompagner to play one's own accompaniment
accomplir to accomplish; to achieve, carry out
accorder to grant, concede
accourir to flock, rush up; to come running
accueil, *m.*, welcome, reception
  faire un aimable accueil to receive someone with a hearty welcome
  recevoir un accueil enthousiaste to be well received
accueillir to receive; to greet; to welcome
accuser to accuse, blame
acheter to buy
achever to end, finish, complete
acquérir to acquire, obtain, get, gain
  acquérir une réputation to make a name for oneself
acteur, *m.*, actor
actif, -ve active, brisk, alert
action, *f.*, action; deed
  action d'éclat brilliant feat of arms
activité, *f.*, activity
  activités commerciales business; trade
actuel, actuelle of the present time; existing
Adam, *m.*, Adam
Adèle, *f.*, Adela
adieu good-bye, farewell
  dire adieu à to bid farewell to
administrer to administer, govern
admirable admirable, wonderful
admirablement admirably, wonderfully
admiration, *f.*, admiration
admirer to admire
adopter to adopt; to embrace; to espouse
adresser to address
  s'adresser à to address someone, speak to
affaire, *f.*, affair, question, matter, business; case
  ce fut toute une affaire it was quite an undertaking
  c'est une autre affaire! that's another question altogether!
  faire des affaires to do business
  Les affaires vont-elles bien? How is business? (Is business brisk?)
affectueux, affectueuse affectionate, loving
afin de in order to
affirmer to affirm, assert
affliger to afflict, distress, grieve
affluent, *m.*, tributary
affolé -e panic-stricken, bewildered
affreux, affreuse frightful, shocking
Afrique, *f.*, Africa
âge, *m.*, age; period
  des gens d'âge old people
  en bas âge very young
  être en âge to be old enough
âgé, -e old, aged
  être âgé de dix ans to be ten years old
agent, *m.*, agent
  agent de police policeman

agile — apéritif

agile agile, light-footed
agir to act
  s'agir de to be a question (matter) of
  Il s'agissait d'une compétition. It was about a contest
agité, -e agitated, troubled; rough
agréable agreeable, pleasant, nice
agricole agricultural
ah! ah! oh!
  ah çà! now then! look here!
aide, *f.*, help, assistance
  venir en aide to help
aider to help
aigu, aiguë shrill, sharp, acute
ailleurs elsewhere
  d'ailleurs besides, moreover
aimable amiable, pleasant
aimablement amiably, pleasantly, nicely
aimer to love, like, be fond of
  aimer mieux to prefer
aîné, -e elder; eldest
ainsi thus, so
  ainsi que as, also, like
air, *m.*, air, atmosphere; appearance, manner, look
  l'air bon enfant a good-natured look
  amis du bel air fashionable friends
  avoir l'air to look, seem
  d'un air empressé with eagerness
  en plein air in the open (air)
aise, *f.*, ease, comfort
  à ton aise as you like
Ajaccio a city on the island of Corsica
ajouter to add
alcôve, *f.*, alcove, recess
Alexandre, *m.*, Alexander
Alexandre-le-Grand (356-323 B.C.) Alexander the Great, king of Macedonia
allée, *f.*, walk, lane, path
Allemagne, *f.*, Germany
allemand, -e German
aller to go; to fit, be becoming
  aller à ravir to be very becoming
  aller bien to be well
  aller chercher to fetch, to go get
  aller en classe to attend school
  aller en voiture to ride, take a ride; to be riding in a carriage
  aller faire une visite to go visiting
  aller se promener to go for a walk; to take a ride
  aller trouver to go to see, go to find
  allons! come now! well then!
  s'en aller to leave, go away
alliance, *f.*, alliance, union
allongé -e long; elongated

allumer to light
alors then
  alors que when
  d'alors of that time
Alpes, *f., pl.*, the Alps, the highest chain of mountains in Europe
Alsace, *f.*, old province of eastern France
alsacien, alsacienne Alsatian
ambition, *f.*, ambition
amener to bring, bring about
américain, -e American
Amérique, *f.*, America
  l'Amérique du Sud South America
ami, *m.*, friend
amicalement in a friendly way, cordially
amie, *f.*, friend
amitié, *f.*, friendship
amour, *m.*, love
amoureux, amoureuse loving, in love
amusant -e amusing, diverting
amuser to amuse, entertain
  s'amuser to have a good time, to enjoy oneself
an, *m.*, year
  avoir dix ans to be ten years old
  être âgé de dix ans to be ten years old
ancêtre, *m.*, ancestor, forefather
ancien, ancienne ancient, old; former
anecdote, *f.*, anecdote
ange, *m.*, angel
anglais, -e English
Anglais, *m.*, Englishman; **les Anglais,** *pl.*, the English people
Angleterre, *f.*, England
anglo-saxon, saxonne Anglo-Saxon
animal, *m.*, **animaux,** *pl.*, animal, beast
  cet animal-là! that brute!
animé, -e animated, brisk, lively; full of life; gay
Anjou, *m.*, Anjou, old province of western France
Anne, *f.*, Anna, Ann
Anne de Bretagne (1477-1514) first wife of king Charles VIII, then wife of king Louis XII, brought Brittany to the French crown as a dowry.
année, *f.*, year
annoncer to announce; to foretell
Antibes a French town on the Mediterranean
antique ancient
antiquité, *f.*, ancient times, antiquity
Antoine, *m.*, Anthony
août, *m.*, August
apercevoir to see, perceive
  s'apercevoir(de) to notice; to realize
apéritif, *m.*, appetizer, a drink before a meal

apparaître to appear
appartement, *m.,* apartment
appartenir to belong
appeler to call
  s'appeler to be called, be named
application, *f.,* application, applying
appliquer to apply
  s'appliquer de son mieux to do the best one can, apply oneself earnestly
apporter to bring
apprendre to learn, to hear, to teach
  Ça lui apprendrait That would teach him a lesson
  faire apprendre to teach
apprentissage, *m.,* apprenticeship
approcher to approach, draw near
  s'approcher (de) to approach, go near, draw near
approuver to approve; to agree to, consent to
après after
  d'après according to, after
après-midi, *m. or f.,* afternoon (*plural*: après-midi)
aptitude, *f.,* aptitude, ability, fitness
aqueduc, *m.,* aqueduct
araignée, *f.,* spider
  toile d'araignée *f.,* cobweb
Arbois a small town in the Jura mountains
arbre, *m.,* tree
Arc, Jeanne d' (1412-1431) French heroine
arc de triomphe, *m.,* triumphal arch
arche, *f.,* ark
archevêque, *m.,* archbishop
architecte, *m.,* architect
ardent, -e eager, passionate, burning, blazing, fiery
ardeur, *f.,* eagerness, ardor
arène, *f.,* arena; amphitheater
Arène, Paul (1843-1896) French writer
argent, *m.,* money; silver
  gagner beaucoup d'argent to make a great deal of money
aristocratique aristocratic
arithmétique, *f.,* arithmetic
Arles an ancient city in the South of France
arme, *f.,* weapon, arm
  les armes (coat of) arms
  faire des armes to fence
  maître d'armes fencing master
  prendre les armes to take up arms
armée, *f.,* army
arracher to pull (out); to draw; to snatch
arranger to arrange; to settle
arrêter to stop; to arrest
  s'arrêter to stop

arrière, *m.,* back
  en arrière backwards
arriéré -e old-fashioned, backward; dull
arrière-petit-fils, *m.,* great-grandson
arrivée, *f.,* arrival
arriver to arrive, come; to happen
  J'y arriverai I will succeed in doing it.
arsenal, *m.,* arsenal
art, *m.,* art
  les arts liberal arts
  beaux-arts fine arts
  la faculté des arts the arts school
artillerie, *f.,* artillery
artisan, *m.,* artisan
artisanal, -e relating to crafts
artiste, *m. and f.,* artist
assemblée, *f.,* assembly; gathering
  l'Assemblée Constituante the Constituent Assembly (of 1789)
asseoir to seat
  s'asseoir to sit down
  donnez-vous la peine de vous asseoir please take a seat
assez enough, sufficiently; rather
assiette, *f.,* plate
assister (à) to attend; to witness
assurer to assure; to insure
astre, *m.,* heavenly body; star
astronomie, *f.,* astronomy
atelier, *m.,* workshop; studio
Atlantique, *m.,* the Atlantic (Ocean)
atroce atrocious; terrible
attacher to attach; to fasten; to bind, tie
attarder (s') to linger, stay late
attaquer to attack, assail
atteindre to reach, attain
  être atteint d'une maladie to have caught a disease; to be afflicted by a disease
attendre to wait, wait for, expect
  en attendant meanwhile
  faire attendre to keep (someone) waiting
attendrir (s') to be touched, moved
attention, *f.,* attention, care
  attention! look out!
  être plein d'attentions pour to show much attention to
  faire attention à to pay attention to; to be careful
attirer to attract, draw
attitude, *f.,* attitude; posture, position
attraper to catch; to seize
  tiens, attrape! here, take that!
au (contraction of **à le**) at the; to the
auberge, *f.,* inn

aucun — ballon

aucun, -e any; no one
audacieusement boldly, daringly
au-dessous (de) below; under
au-dessus (de) above
augmenter to increase; to rise
aujourd'hui today
aumône, *f.*, alms, charity
   demander l'aumône to beg
aune, *f.*, ell, an old measure, about 45 inches
auparavant before, previously
auprès de close to, beside; with
auraient conditional of **avoir**
Auray a town in southern Brittany
aussi too, also; that is why; as
   aussi bonne que riche as kind as she is rich
   aussi est-il consequently he is . . .
aussitôt immediately
autant as much, as many
auteur, *m.*, author, writer
   auteur dramatique playwright
automne, *m.*, autumn, fall
autonome self-governing, independent
autour about, round, around
autre other
   autre chose something else
   beaucoup d'autres encore many more
   d'autre part on the other hand
   de temps à autre now and then
   . . . en vaut un autre . . . is as good as another
   ils se faisaient la guerre les uns aux autres they made war upon one another
   les uns . . . les autres some . . . others
autrefois formerly, in the past
autrement otherwise
Autriche, *f.*, Austria
autrichien, autrichienne Austrian
Auvergne *f.*, Auvergne, old French province
aux (contraction of **à les**) at the, to the
avaler to swallow
avancer to advance; to move or put forward
   s'avancer to move forward; advance
avant before
   avant de (+ inf.) before
   avant que (+ subj.) before
   avant tout first of all, above all
   en avant forward
avantage, *m.*, advantage
avare, *m.*, miser
avec with
   avec ardeur eagerly
   avec cela besides
   emmener avec soi to take along (a person)

aventure, *f.*, adventure; experience
avenue, *f.*, avenue
avertir to warn, notify, advise
avertissement, *m.*, warning
Avignon Avignon, a city in southern France which was the Papal seat from 1309 to 1377
avis, *m.*, opinion, judgment; advice
   être de cet avis to be of the same opinion
avocat, *m.*, counsel, advocate, lawyer
avoir to have
   avoir à to be obliged to, have to
   avoir beau . . . in vain
   avoir beau être riche although one may be rich
   avoir besoin de to need, want
   avoir bon cœur to be kind hearted
   avoir de la chance to be lucky
   avoir envie de to feel like, wish
   avoir faim to be hungry, feel hungry
   avoir froid to be cold, feel cold
   avoir hâte de to be eager to
   avoir honte de to be ashamed of
   avoir l'air to look, seem
   avoir la parole facile to be a ready speaker
   avoir l'habitude de to be used to
   avoir lieu to take place
   avoir l'intention de to intend
   avoir peine à to have difficulty in
   avoir peur to be afraid
   avoir raison to be right
   avoir soin de to take care of
   avoir tort to be wrong
   avoir trait à to refer to
   avoir une mauvaise conduite to lead a loose life, misbehave
   il y a there is, there are; ago
      il y a longtemps long ago
      qu'est-ce qu'il y a? what is the matter?
   il y avait there was, there were; ago
avouer to confess, admit
   Il valait mieux avouer it was better to confess
azur, *m.*, azure, blue
   la Côte d'Azur the French Riviera

B

baccalauréat, *m.*, bachelor's degree, a French examination for a bachelor's degree
baissé, -e lowered; down
balancer to swing; to sway; to rock
balle, *f.*, ball; bullet, shot
ballet, *m.*, ballet
ballon, *m.*, rounded mountain top

bandit, *m.,* ruffian, villain
baptiser to baptize, christen
baraque, *f.,* booth (at a fair)
barbe, *f.,* beard
baron, *m.,* baron
barque, *f.,* boat; craft, barge
bas, basse low
   enfant en bas âge a very young child
   marée basse low tide
   parler bas to speak in a low voice
   tout bas softly, in a whisper
bas, *m.,* lower part, bottom, foot
   du haut en bas from top to bottom
base, *f.,* base; basis; foundation
   jeter les bases to lay the foundations
basque Basque
Basse-Normandie Lower Normandy
bassin, *m.,* pond
Bastille, *f.,* the Bastille, state prison in Paris, destroyed in 1789
bataille, *f.,* battle, fight
   livrer bataille to give battle, fight
bateau, *m.,* boat
   promenade en bateau a boat ride
batelier, *m.,* boatman
bâtiment, *m.,* building, edifice; ship, vessel
bâtir to build, erect; to make
bâton, *m.,* stick
   des coups de bâton a beating; blows with a stick
battre to beat; to defeat
   battre des mains to clap one's hands, applaud
   se battre to fight
Baudelaire, Charles (1821-1867) French poet
Bayeux City in Normandy
bê baa, the bleating of a sheep
Béarn, *m.,* Bearn, old province of southern France
beau, bel, belle beautiful, fair, handsome, fine
   avoir beau in vain
   avoir beau être riche although one may be rich
   beaux-arts fine arts
   il fait beau the weather is fine
   les beaux jours sont revenus happy days are here again
   amis du bel air fashionable friends
   la belle saison the summer months
   une belle situation an excellent position
   sa belle mine his or her good looks
beaucoup (de) much, very much, many, a great deal
   beaucoup d'autres encore many more
   beaucoup d'entre eux many of them
   merci beaucoup thank you very much
beauté, *f.,* beauty
   les beautés d'une ville the sights of a city
Belgique, *f.,* Belgium
belle see **beau**
bénédiction, *f.,* blessing
bénéficier to profit, benefit by
berceau, *m.,* cradle
Berlioz, Hector (1803-1869) French composer
besogne, *f.,* work, task, job
besoin, *m.,* need, want
   avoir besoin de to need, want
bête stupid, foolish
bête, *f.,* animal
bêtise, *f.,* stupidity, nonsense
   dire des bêtises to talk nonsense
beurre, *m.,* butter
Bible *f.,* Bible
bibliothèque, *f.,* library
bien well; much, very; many, a great deal; indeed, really, quite
   bien des misères many a trouble
   bien élevé well-bred
   bien entendu of course, certainly
   bien que although, though
   bien réussir to turn out well, succeed
   bien sûr surely
   aller bien to be well, to be getting along
   dire du bien de to speak well of, to tell much good about
   eh bien! well! now then!
   être bien to be comfortable
   mener à bien to carry through
   se porter bien to be in good health
   si bien que with the result (of, that)
   vouloir bien to be willing
bien, *m.,* good, well-being; possession, estate, property
bientôt soon
bière, *f.,* beer
biniou, *m.,* Breton bagpipe
bizarre strange, bizarre
blanc, blanche white
blanc, *m.,* blank
Blanche de Castille (1185-1252) mother of Saint-Louis
blessure, *f.,* wound
   faire des blessures to inflict wounds
bleu, -e blue
blouse, *f.,* blouse, smock
bœuf, *m.,* ox
bohème, *f.,* bohemia (of the artistic world)
boire to drink

boire — calendrier

"boire" du soleil   to bask in the sun
Vous avez trop bu!   You are drunk!
bois, *m.*, wood, forest
boisson, *f.*, beverage, drink
boîte, *f.*, box, can
  boîte de nuit   nightclub
bol, *m.*, bowl
bombardement, *m.*, bombardment, shelling
bon, bonne   good, nice, kind
  bon!   all right! good! agreed!
  à quoi bon?   what is the use?
  avoir bon cœur   to be kindhearted
  l'air bon enfant   a good-natured look
  de bonne heure   early, in good time; in early days
  de bonne mine   of fine appearance
Bonaparte, Napoléon (1769-1821) Napoleon I Emperor of the French
Bonaparte, Lucien (1775-1840) brother of Napoleon I
bonheur, *m.*, happiness; success; good fortune, good luck
bonjour, *m.*, good morning; good day
bonté, *f.*, goodness, kindness
  vous avez trop de bonté   you are too kind
bord, *m.*, bank, shore; side, edge; rim, brim (of hat)
border   to border
bouche, *f.*, mouth
boucher   to stop, plug
bouger   to move, stir
boulanger, *m.*, baker
boulevard, *m.*, boulevard
bouleverser   to upset
bouquiner   to hunt after old books; to read, to pore over old books
bouquiniste, *m.*, second-hand bookseller
bourgeois, *m.*, citizen; commoner; middle-class man
  Le Bourgeois Gentilhomme   "The Tradesman turned Gentleman", a comedy by Molière
Bourgogne, *f.*, Burgundy, old province of eastern France
Bourguignon, *m.*, Burgundian
bout, *m.*, end; tip; piece
  au bout de quelque temps   after a while
  au bout d'un moment   after a moment
  d'un bout à l'autre   from beginning to end
  être à bout de souffle   to be out of breath
boutique, *f.*, shop
bras, *m.*, arm

brave   brave, courageous; good, honest, worthy
bravo!   bravo! well done!
Brest   a large harbor in western Brittany
Bretagne, *f.*, Brittany, old province in western France
  La Grande-Bretagne   Great Britain
bretelle, *f.*, strap
  une paire de bretelles   a pair of suspenders
breton, bretonne   Breton
  le breton   ancient Celtic dialect spoken in Brittany
Brienne   town in the old French province of Champagne
brillamment   brilliantly
brillant, -e   brilliant; sparkling
briller   to shine, sparkle, glitter
broderie, *f.*, piece of embroidery
brouillard, *m.*, fog
Bruant, Aristide (1851-1925) French song writer and entertainer
bruit, *m.*, noise
  faire du bruit   to make noise
brûler   to burn
brumaire, *m.*, second month of the French Republican calendar (October 23 to November 21)
brusquement   suddenly
brusquerie, *f.*, bluntness
bu   past participle of **boire**
bureau, *m.*, office; desk
but, *m.*, aim, design, end
butte, *f.*, knoll, mound
buvais   imprefect of **boire**

C

c'   pronoun **ce**
ça   (contraction of **cela**) that, it
çà   hither
  ah çà!   now then!
cabaret, *m.*, inn, tavern
cabinet, *m.*, office, study
cacher   to hide, conceal
  se cacher   to hide
cadeau, *m.*, present, gift
Caen   city in Normandy
café, *m.*, coffee; café
  boire un café   to drink a cup of coffee
cage, *f.*, cage
cahier, *m.*, copy book, notebook
caisse, *f.*, case, box, tub
calcul, *m.*, arithmetic
calendrier, *m.*, calendar

Californie, *f.*, California
calme calm, still, composed
calvaire, *m.*, calvary
camarade, *m.*, comrade, friend
Camargue, *f.*, the Camargue, an island formed by the delta of the Rhône river
Camembert village in Normandy
campagnard, *m.*, countryman, peasant
campagne, *f.*, countryside; country, open country; campaign
    maison de campagne country home
Canada, *m.*, Canada
canal, *m.*, (canaux, *pl.*) canal
candidat, *m.*, candidate
Cannes a French city on the Mediterranean
canon, *m.*, gun; cannon
canot, *m.*, small boat
capable capable, able
capitaine, *m.*, captain
capitale, *f.*, capital; chief town
caporal, *m.*, corporal
car for
carcasse, *f.*, carcass; framework; skeleton
cardinal, *m.*, (cardinaux, *pl.*) cardinal
caresser to caress, fondle, pet
carnaval, *m.*, carnival
carnet, *m.*, notebook
carré, *m.*, square
carrière, *f.*, career
Cartier, Jacques (1491-1557) French navigator and explorer
cas, *m.*, case, instance
    dans bien des cas in many instances
casser to break
catastrophe, *f.*, catastrophe, disaster
cathédrale, *f.*, cathedral
Catherine de Russie (1729-1796) Catherine II the Great, Empress of Russia
catholique (Roman) Catholic
cause, *f.*, cause
    à cause de because of, on account of
causer to cause, bring about; to talk, chat
cavalier, *m.*, horseman; gentleman
cave, *f.*, cellar, vault
ce, cet, cette, ces, *adj.,* this, that; these, those
ce (*pron.*) it, they, these, those, this, that
    ce qui, ce que that which, what
    c'est-à-dire that is to say
    c'est égal! ... all the same ...
    c'est la mode! it is the fashion! it is in the style!
    c'est pour cela that is why
    c'est une autre affaire! that's another question altogether!
ceci this
céder to yield, give in

cela that, it
    cela ne fait rien it does not matter
    c'est pour cela that is why
célèbre famous
célébrer to celebrate, extol, sing the praise of
celtique Celtic
celui, celle; ceux, celles the one, that; the ones, these, those
    celui-ci the latter, this one
    celui-là the former, that one
censure, *f.*, censorship
cent one hundred
centaine, *f.*, about a hundred, a hundred or so
centime, *m.*, centime (one 100th of a franc)
central, -e central, middle
centralisation, *f.*, centralization
centre, *m.*, center, middle
cependant yet, still, however; meanwhile, in the meantime
cérémonie, *f.*, ceremony
    avec cérémonie ceremoniously
certain, -e some, certain; sure
ces plural of **ce, cet, cette**
César, Jules (101-44 B.C.) Julius Cæsar
cesse, *f.*, cease
    sans cesse unceasingly
cesser to cease, stop
    cesser d'écrire to stop writing
cet see **ce** (*adj.*)
ceux, celles plural of **celui, celle**
ceux-ci, celles-ci plural of **celui-ci, celle-ci**
chacun, -e each; every one; each one
    chacun de son côté in all directions
chagrin, *m.*, grief, sorrow; vexation, annoyance
chaire, *f.*, chair; professorship
    occuper une chaire de chimie to hold a professorship in chemistry
chaise, *f.*, chair, seat
chambre, *f.*, room; chamber
champ, *m.*, field
    champ de bataille battlefield
    dans les champs in the country; in the fields
Champs-Elysées (les) the Champs-Elysées, an avenue in Paris
chance *f.*, chance; luck
    avoir de la chance to be lucky
chandelle, *f.*, candle, tallow-candle
changeant, -e changing
changement, *m.*, change
changer to change, exchange
chanson, *f.*, song
chant, *m.*, singing, song
chanter, to sing

chapeau — clocher

chapeau, *m.,* hat
chapelain, *m.,* chaplain
chapelle, *f.,* chapel
chapitre, *m.,* chapter
chaque each
chargé, -e loaded, full
charger to load; to commission
    charger quelqu'un de faire quelque chose to instruct someone to do something
    être chargé de to be entrusted to
    se charger de to take upon oneself to
Charlemagne (742-814) king of the Franks, emperor of the West
Charles le Simple (879-929) Charles III, king of France
Charles VII (1403-1461) king of France
Charles VIII (1470-1498) king of France
charmant, -e charming, delightful
charpente, *f.,* frame, framework
chasse, *f.,* hunt, hunting
chasser to hunt; to drive away, expel, dismiss
chat, *m.,* cat
château, *m.,* castle, stronghold; palace
    château fort fortified castle
châtiment, *m.,* punishment; chastisement
chaud, -e warm, hot
    il fait chaud it is warm (weather)
chaume, *m.,* thatch
    toit de chaume thatched roof
chef, *m.,* leader, head
chef-d'œuvre, *m.,* masterpiece
    prendre quelque chose pour un chef-d'œuvre to think something is a masterpiece
chemin, *m.,* way, road
    reprendre le chemin de to take the road back to
cheminée, *f.,* chimney
    cheminée d'usine smoke stack
chêne, *m.,* oak tree
cher, chère dear; expensive, costly
    son plus cher désir his most ardent desire
Cher, *m.,* the Cher, a river in France
Cherbourg a French city on the coast of Normandy
chercher to look for, search for; to seek
    aller chercher to go get, fetch
cheval, *m.,* (**chevaux,** *pl.*) horse
    descendre de son cheval to dismount
    être à cheval to sit astride
    monté sur un cheval riding a horse
chevalier, *m.,* knight
    Les chevaliers de la Table ronde the Knights of the Round Table
cheveu, *m.,* hair; **les cheveux,** *pl.,* the hair
chez in, at, to or at the house of
    chez lui to or at his house, his home
    chez moi to or at my house, my home
chic smart, stylish; first-rate, first-class
chien, *m.,* dog
chimie, *f.,* chemistry
Chinon French town near the city of Tours
choisir to choose, select
choix *m.,* choice
chose, *f.,* thing
    autre chose something else
    des leçons de choses object lessons, nature studies
    quelque chose something
chrétien, chrétienne Christian
Christ, *m.,* Christ
    avant Jésus-Christ B. C.
Christianisme, *m.,* Christianity
chute, *f.,* fall; downfall; failure
cidre, *m.,* cider
ciel, *m.,* sky; heaven
cinq five
cinquantaine, *f.,* about fifty, fifty or so
cinquante fifty
cinquième fifth
circonstance, *f.,* circumstance
cité, *f.,* city, town
    La Cité that part of Paris on which Notre-Dame cathedral stands. Actually an island encompassed by two arms of the Seine river, it is the most ancient part of the city.
citer to quote; to mention
citoyen, *m.,* citizen
civil, -e civil, civic
civilisation, *f.,* civilization
civilisé, -e civilized
clair, -e clear, bright
clair, *m.,* light
    clair de lune moonlight
clairement clearly, plainly; distinctly
classe, *f.,* class; classroom
    aller en classe to go to school
classique classical
clef or **clé,** *f.,* key
clerc, *m.,* cleric, clergyman; learned man, scholar
client, *m.,* client, customer
climat, *m.,* climate
clin d'œil, *m.,* wink
    en un clin d'œil, in the twinkling of an eye
cloche, *f.,* bell
clocher, *m.,* steeple

club — conquérant

club, *m.,* club
cocher, *m.,* coachman
code, *m.,* code, law
cœur, *m.,* heart
  apprendre par cœur to learn by heart, to memorize
  avoir bon cœur to be kindhearted
  rire de bon cœur to laugh heartily
  savoir par cœur to know by heart
coiffeur, *m.,* barber, hairdresser
coin, *m.,* corner; spot
  coin de terre small village; plot of land
  du coin de l'œil out of the corner of one's eye
Colbert, Jean-Baptiste (1619-1683) French minister
colère, *f.,* anger
  être en colère to be angry
collège, *m.,* school, secondary school; college
  mettre au collège to send to school
colline, *f.,* hill
colonne, *f.,* column, pillar
combattre to fight; to battle with
combien how much, how many
  je ne sais combien de marches ever so many stairs
comble, *m.,* highest point, height
  être au comble de la joie to be filled with joy
comédie, *f.,* comedy, play
  La Comédie-Française the Comédie Française, a state theater in Paris, founded in 1680. It is the home of the French classical drama.
comédien, *m.,* actor, player
commandant, *m.,* commanding officer, head
commander to command; to order
comme as; like, as if, as though
  comme je l'entends as I please
commencer to begin
comment how; what! why!
  comment ils le trouvent how they like him
  comment se porte-t-elle? how is she?
commenter to comment; to pass remarks upon
commerçant, *m.,* merchant, tradesman
commerce, *m.,* business, trade
commettre to commit
  commettre une faute to make a mistake
commission, f., commission; message; errand
  faire des commissions to run errands
commode, *adj.* convenient; easy, handy
commun, -e common
compagnie, *f.,* company
compagnon, *m.,* companion, comrade, fellow
comparer to compare
compétition, *f.,* contest, competition
Compiègne a French city in the old province of Ile-de-France
complet, complète complete, entire, full
complètement completely, entirely
compléter to complete; to finish, perfect
composer to compose; to write
  se composer (de) to consist (of)
compositeur, *m.,* composer
comprendre to comprise, include; to understand
compter to count; to number, have; to be of consequence
comptoir, *m.,* counter
comtat, *m.,* county
  Le Comtat the county of Avignon
comte, *m.,* count
concierge, *m. and f.,* door-keeper, janitor
concilier to reconcile; to adjust; to conciliate
conclure to conclude; to end, finish
  conclure un marché to make a deal, drive a bargain
concorde, *f.,* concord, harmony
  la place de la Concorde a famous square in Paris
  le pont de la Concorde one of the Paris bridges
concours, *m.,* competition, competitive examination
condamner to condemn, sentence, convict
  être condamné à mort to be sentenced to death
condition, *f.,* condition
conduire to lead, drive; conduct, escort
  se conduire to behave
  se conduire de la sorte to behave like that (in such a fashion)
conduite, *f.,* conduct, behavior
  avoir une mauvaise conduite to lead a loose life, to misbehave
confiance, *f.,* confidence
  avoir confiance en to trust
confier to trust, entrust; to confide
  se confier to trust in
confondre to confound; to confuse
  se confondre to intermingle; to be identical; to be identified with
confortable comfortable
connaissance, *f.,* acquaintance, knowledge
connaître to know, be acquainted with
  faire connaître to make known
connu, -e known
conquérant, *m.,* conqueror

conquérant — courir xii

Guillaume le Conquérant (1027-1087) William the Conqueror
conquérir to conquer; to win (over)
conquête, *f.,* conquest
consacrer to devote
  se consacrer à to devote oneself to, give oneself up to
conseil, *m.,* advice
  donner des conseils to advise
conseiller, *m.,* counsellor, adviser
conseiller to advise, to counsel
conserver to preserve
considérable considerable, important
considérer to look at; to consider
consister to consist
  consister à to consist in
  consister en to consist of
consolant, -e consoling, comforting
consommer to consume; to drink
consonne, *f.,* consonant
constamment constantly; steadily
constituant, -e constituent, component
  L'Assemblée constituante the Constituent Assembly (1789)
constitution, *f.,* constitution
construire to construct; build, erect
  se faire construire un château to have a castle built
consul, *m.,* consul
contact, *m.,* contact, touch
  ils prennent un premier contact avec they become acquainted with
conte, *m.,* tale, story, short-story
contempler to behold; to gaze at
contemporain, -e contemporary
contenir to contain, hold, have
content, -e pleased, satisfied; happy
conter to relate, tell
conteur, *m.,* story-teller
contient present indicative of **contenir**
continuel, continuelle continual, unceasing
continuellement continually
continuer to continue, keep on
contraire, *m.,* contrary
  au contraire on the contrary
contre against
  être en guerre contre to be at war with
  être fâché contre to be angry with
contribuer to contribute
contrôle, *m.,* control; checking
contrôlé, -e stamped; supervised
convaincre to convince
conversation, *f.,* conversation
convoi, *m.,* convoy; funeral procession
copie, *f.,* copy; reproduction
corde, *f.,* rope

Corneille, Pierre (1606-1684) great French dramatist
corporation, *f.,* (trade) guild
corps, *m.,* body
correspondance, *f.,* correspondence
  faire sa correspondance to write one's mail
corsaire, *m.,* corsair, privateer
Corse, *f.,* Corsica, French island in the Mediterranean Sea
corse Corsican
costume *m.,* costume, dress
côte, *f.,* coast, shore
côté, *m.,* side
  à côté de beside
  chacun de son côté in all directions
  de tous les côtés on all sides; far and wide
  du côté de in the direction of, around
  regarder quelqu'un de côté to cast a sidelong glance at someone
cou, *m.,* neck
coucher, *m.,* setting
  le coucher du soleil sundown, sunset
coucher to sleep; to lie; to pass the night
se coucher to go to bed, to retire
couler to flow, run
couleur *f.,* color
  boîte de couleurs box of paints, paintbox
coup, *m.,* blow, knock; stroke; thrust
  à coup sûr certainly; assuredly
  (des) coups de bâton a beating
  coup d'État coup d'état, stroke of state policy
  coups de vin gulps (glasses) of wine
  donner des coups to strike, hit
  d'un coup de couteau with a flick of the knife
  du premier coup at once; at the first attempt
  en venir aux coups to come to blows
  un coup de pied a kick
  un coup d'œil a glance
  tout à coup suddenly, all of a sudden
  tuer d'un coup de couteau to stab to death
couper to cut
cour, *f.,* court; yard
  la vie de cour courtly life, life at court
courage, *m.,* courage
courageux, courageuse courageous, brave
courageusement courageously, bravely
courant, -e ordinary; current
courir to run
  faire courir un murmure d'admiration

    to call forth a murmur of admiration
couronner to crown
cours, *m.*, course
  au cours de during
  les professeurs font leurs cours the professors hold their classes, lecture
  suivre des cours to take courses
course, *f.*, race; errand
  canot de course racing boat
court, -e short, brief
couteau, *m.*, knife
coûter to cost
coutume, *f.*, custom, habit
couvert past participle of **couvrir**
couverture, *f.*, blanket
couvrir to cover
craindre to fear, be afraid
  Je crains qu'il ne vienne I am afraid he is coming
création, *f.*, creation, foundation
crédit, *m.*, credit
créer to create; to establish
creuser to hollow out; to dig
  se creuser la tête to rack one's brains
creux, creuse hollow
cri, *m.*, cry, shout, scream; squeak
  pousser un cri to let out a shriek, utter a cry, a scream
crier to cry, shout; to complain, grumble
crime, *m.*, crime
cristallographie, *f.*, crystallography
critique, *m.*, critic
critique, *f.*, criticism,; censure
critiquer to criticize; to censure
croire to believe; think
  Je vous prie de le croire I assure you
  se croire to think oneself to be ...
croisade, *f.*, crusade
croissance, *f.*, growth, growing
croix, *f.*, cross
cruel, cruelle cruel; bitter, hard
cuire to cook
  faire cuire un poisson to cook a fish
cuisine, *f.*, kitchen; cooking
cuit, -e cooked
cultiver to cultivate, till
cultivé, -e cultured
culture, *f.*, culture
curieux, curieuse curious; odd, peculiar

D

d' see **de**
dame, *f.*, lady
  Notre-Dame famous church in Paris, and outstanding example of Gothic architecture

Danemark, *m.*, Denmark
danger, *m.*, danger
  sans danger safely
Danois, *m.*, Dane
dans in, into, within
  dans le monde entier all over the world
danse, *f.*, dance, dancing
danser to dance
date, *f.*, date
dater to date
Daudet, Alphonse (1840-1897) French author
dauphin, *m.*, dauphin (eldest son of the French king)
davantage more
de of, by, to, with, from
  d'abord at first, first, to begin with
  d'autre part on the other hand
  de nos jours today, nowadays, in our day
  de passage à passing through
  de plus besides
  de plus en plus more and more
  de quoi dîner enough to eat
  de quoi écrire something to write with
  de retour back again, upon one's return to
  de sorte que so that
  de temps à autre now and then
  de très bonne heure at a very early age; very early
  de très près closely, at close range
  d'ordinaire usually
  du coin de l'œil out of the corner of one's eye
  du côté de in the direction of
  du premier coup at once; at the first attempt
  du reste moreover
Deauville French town on the coast of Normandy
débarquer to land, disembark
débarrasser to rid
  se débarrasser de to get rid of
debout standing
  se tenir debout to be standing
début, *m.*, beginning, start
décembre, *m.*, December
décerner to grant, award, bestow
déchirer to tear
décider to decide
déclarer to declare, proclaim
  faire déclarer to convict as ...
décoré, -e decorated
découverte, *f.*, discovery
découvrir to discover, find out
  finir par découvrir to finally find out

décrire — diplomatie

décrire to describe
défaite, *f.,* defeat
défendre to defend; to forbid
défense, *f.,* defense
défenseur, *m.,* defender; upholder, supporter
degré, *m.,* degree; rank
  degré primaire primary education
dehors out, outside
déjà already; before, previously
déjeuner, *m.,* lunch, luncheon
déjeuner to lunch, have lunch
délivrer to deliver; to rescue, release
demain tomorrow
  demain matin tomorrow morning
demander to ask, ask for
  demander la main to ask for the hand (in marriage)
demeure, *f.,* home, dwelling
demeurer to live, reside; to remain, stay
demi, -e half
démocratie, *f.,* democracy
démolir to demolish, pull down
dent, *f.,* tooth
  parler entre ses dents to mumble
départ, *m.,* departure, starting
dépêcher: (se dépêcher) to hasten, make haste, hurry
dépense, *f.,* expense
dépenser to spend
déplaisant, -e disagreeable
déposer to lay, set down
depuis since, for, from
  depuis peu recently
  attendre depuis une heure to have been waiting for an hour
  depuis un moment for some time
  qu'il aimait depuis longtemps with whom he had been in love for a long time
député, *m.,* deputy, delegate
déranger to disturb, trouble
dernier, dernière last, final
derrière behind
des (contraction of **de** and **les**) of the, from the; some, any
dès since, from; as early as
désagréable disagreeable, unpleasant, offensive
désappointer to disappoint
descendant, *m.,* descendant, scion
descendre to come down, go down; to go downstream
  descendre de cheval to dismount
description, *f.,* description
désert, -e deserted, lonely
désespéré, -e desperate; driven to despair; hopeless

désespérer; (se) désespérer to be in despair
désir, *m.,* desire, wish
désirer to desire, wish, want
désormais henceforth, hereafter
dessin, *m.,* drawing
  des cours de dessin art classes
dessiner to draw; to design; to lay out
  faire dessiner to have ... laid out
destiner (se) to intend to take up
détail, *m.,* detail
détourner to turn away, avert
  détourner le regard to look away from
détruire to destroy, ruin
dette, *f.,* debt
  faire des dettes to run into debt
deuil, *m.,* mourning; sorrow
deux two, both
  deux fois par semaine twice a week
  nous deux both of us
  tous (les) deux both
deuxième second
devant before, in front of; in front
dévaster to lay waste, ravage
développement, *m.,* development, growth
devenir to become
deviner to guess
devinrent past definite of **devenir**
devise, *f.,* device; motto, slogan
devoir, *m.,* duty; homework, exercise
devoir must, ought, to be obliged to; to owe
dévorer to devour
dévouement, *m.,* devotion; devotion to duty
dialecte, *m.,* dialect
dictée, *f.,* dictation
  écrire sous la dictée de to write from dictation by (of)
dicter to dictate
Dieu, *m.,* God
  Dieu merci! Thank heaven!
  mon Dieu! Dear me! Good heaven!
différence, *f.,* difference
différent, -e different; various
difficile difficult, hard
difficulté, *f.,* difficulty
digne deserving, worthy
dignité, *f.,* dignity; dignified air
digue, *f.,* dike, break-water
Dijon former capital of Burgundy
dimanche, *m.,* Sunday
diminuer to lessen, reduce
dîner to dine, have dinner
  de quoi dîner enough to eat
dîner, *m.,* dinner, dinner-party
diocèse, *m.,* diocese
diplomatie, *f.,* diplomacy

diplôme, *m.*, diploma; certificate
dire to say, tell
  dire adieu à to bid farewell to
  dire des bêtises to talk nonsense
  dire des injures to insult
  dire du bien de to speak well of (tell much good about)
  c'est-à-dire that is to say
  je ne dis pas non I don't deny it
  on dirait one would think
  on dit they say, people say
  on peut dire it can be said
  se dire to think
  vouloir dire to mean
directeur, *m.*, director, manager, head
direction, *f.*, guidance, direction, leadership
diriger to direct, lead
  se diriger vers to make one's way toward, turn towards
disait imperfect indicative of **dire**
disciple, *m.*, disciple, follower
discours, *m.*, talk; speech, address
discussion, *f.*, discussion, debate
discuter to discuss, argue
disparaître to disappear; to vanish
disposer to dispose, set out, arrange
dissoudre to dissolve
distinctement distinctively; clearly
distinction, *f.*, distinction, discrimination
distingué, -e refined, smart
distinguer to distinguish; to discern, see, make out
  se distinguer to distinguish oneself
distraction, *f.*, diversion, amusement
divers, -e diverse, different
dix ten
dix-huit eighteen
dix-huitième eighteenth
dix-neuf nineteen
dix-neuvième nineteenth
dix-sept seventeen
dix-septième seventeenth
docteur, *m.*, doctor (of medicine)
document, *m.*, document
dolmen, *m.*, dolmen
domaine, *m.*, domain, estate
dôme, *m.*, dome, cupola
domestique, *m. and f.*, servant
domination, *f.*, domination, rule
dominer to rule, control; to tower above
Domrémy a small village in the province of Lorraine, the birthplace of Joan of Arc
don, *m.*, gift, talent
donc then, consequently, therefore
donner to give
  donner des coups to strike, hit
  je te donnerai de mes nouvelles I shall let you hear from me
  donner l'exemple to set an example
  donner une leçon to give a lesson, teach a lesson
  donnez-vous la peine de vous asseoir please take a seat
  on y donne des représentations dramatiques dramatic plays are performed there
  se donner rendez-vous to agree to meet
dont whose, of whom, of which, by which, from whom, from which
dormir to sleep
  elle n'en dormit pas she could not sleep for thinking of it
dos, *m.*, back
double double, twofold
doucement gently; softly; quietly
douceur, *f.*, sweetness, softness
  sentez quelle douceur elle a! feel how soft it is!
doué, -e gifted
douleur, *f.*, suffering, pain; sorrow, grief
doute, *m.*, doubt
  sans doute no doubt; probably
douter to doubt
doux, douce sweet, gentle, soft, mild
  doux (douce) comme un mouton as gentle as a lamb
  il fait si doux the weather is so balmy, so mild
douzaine, *f.*, dozen
douze twelve
douzième twelfth
dramatique dramatic
  auteur dramatique playwright
drame, *m.*, drama
drap, *m.*, cloth
dresser to raise, erect
  se dresser to stand up, rise
droit, -e straight, erect
droit, *m.*, right; law
  École de droit law school
druide, *m.*, druid
du (contraction of **de** and **le**) of the, from the; some, any
dû past participle of **devoir**
duc, *m.*, duke
duchesse, *f.*, duchess
duel, *m.*, duel
Dumas, Alexandre (1803-1870) French romantic novelist and dramatist
dur, -e difficult, hard
dur, *adv.*, hard
durer to last

E

eau, *f.*, water
échanger to exchange; to barter
  échanger des lettres to correspond (by letters)
échapper (s') to escape
échec, *m.*, failure, defeat; *pl.*, chess
  jouer aux échecs to play chess
éclair, *m.*, flash of lightning
  guerre-éclair lightning war, "blitz"
éclairer to light
éclat, *m.*, flash, chip; brilliancy, vividness
  action d'éclat brilliant feat of arms
  éclat de rire burst of laughter
éclatant, -e glaring, dazzling; brilliant
éclater to burst, explode; to sparkle, flash; to break out
  éclater de rire to burst out laughing
école, *f.*, school
  École normale supérieure National Teachers' Training College
écolier, *m.*, school boy
économiser to economize; to save
Écosse, *f.*, Scotland
écouler (s') to pass, elapse, slip away
écouter to listen to
écraser to crush, overwhelm
écrier (s') to exclaim, cry out
écrire to write
  écrire sous la dictée de to write from dictation by (of)
  de quoi écrire something to write with
écrit, *m.*, writing; written work
écriture, *f.*, writing; handwriting
écrivain, *m.*, writer, author
écrouler (s') to collapse, fall in, tumble down
édifice, *m.*, edifice, building
édit, *m.*, edict
  L'Édit de Nantes The Edict of Nantes, issued by King Henry IV of France, granted civil and religious liberty to the Protestants
éducation, *f.*, education
Eduens, *m. pl.*, Aedui, a tribe of Ancient Gaul, dwelling between the Loire and the Saône rivers
effacer (s') to wear away; to fade, die out, grow dim
effaré, -e scared; startled
effet, *m.*, effect, result
  en effet as a matter of fact, indeed
efforcer (s') de to endeavor
effort, *m.*, effort

effrayer to frighten, scare
égal, -e equal
  c'est égal all the same
égalité, *f.*, equality
égard, *m.*, consideration, respect
  à votre égard with regard to you; toward you, to you
égarer to mislay, mislead
église, *f.*, church
Égypte, *f.*, Egypt
eh! hey! oh! ah!
  eh bien! well! now then!
élan, *m.*, impulse, outburst
élégant, -e elegant, well-dressed, fashionable, stylish
éléphant, *m.*, elephant
élève, *m. and f.*, pupil, student
élevé, -e high, raised
  bien élevé well-bred
  de plus en plus élevé higher and higher
  mal élevé ill-mannered, badly brought up
élever to raise, bring up; to erect, to build
  élever la voix to raise one's voice
  s'élever to rise, arise
élire to elect
Élisabeth, *f.*, Elizabeth
élite, *f.*, élite; flower, pick, best part
elle she, her
élogieux, -ieuse laudatory, flattering
  en termes élogieux in high terms
éloigné, -e distant
éloigner (s') to go away; to move off; to withdraw
émancipation, *f.*, emancipation
embarras, *m.*, difficulty; embarrassment, confusion
embarrassé, -e embarrassed; abashed, awkward
embellir to beautify
embrasser to kiss; to embrace, hug
émeute, *f.*, disturbance, riot
emmener to take away, take along
émouvant, -e moving, touching
émouvoir to move; to touch
emparer (s') to take hold of, seize
empêcher to prevent, hinder
  s'empêcher de to refrain from
  je ne pouvais m'empêcher de le toucher I could not help touching it
empereur, *m.*, emperor
empire, *m.*, empire
employé, *m.*, employee, clerk
employer to employ, to use
emporter to carry away, take away; to take along

empressé, -e   eager
   d'un air empressé   with eagerness
   s'empresser   to hurry, hasten
ému past participle of **émouvoir**
en *prep.*, in, into, while, by, on, to, at
   en effet   as a matter of fact
   en face   opposite
   en ville   downtown
en, *pron.*, of it, of them, from it, from them, for it; some, any
enchanter   to charm; to bewitch
encore   still, yet, again, more, once more
encourager   to encourage
endormi, -e   asleep, sleeping
   s'endormir   to fall asleep, go to sleep
endroit, *m.*, place, spot
énergie, *f.*, energy
enfance, *f.*, childhood
enfant, *m.* and *f.*, child
   enfant en bas âge   a very young child
   il était encore tout enfant   he was still quite little
   l'air bon enfant   a good-natured look
enfantin   childlike; childish
enfermer   to shut up, imprison, confine
enfin,   at last, finally
enfuir(s')   to flee, run away
engager   to pledge; to involve
engloutir   to engulf, swallow up
enlever   to take away
ennemi, -e   hostile
ennemi, *m.*, enemy, foe
ennui, *m.*, boredom, ennui
ennuyer   to annoy; to bore, weary
ennuyeux, ennuyeuse   boring, tedious, dull
énorme   huge
enseignement, *m.*, education; teaching; instruction
enseigner   to teach
ensemble   together
ensemble, *m.*, whole, entirety
ensuite   then, afterwards
entendre   to hear
   bien entendu!   Of course! Certainly!
   comme je l'entendais   as I pleased, as I thought best
   entendre parler de   to hear about
   faire entendre sa voix   to sing
enterrer   to bury
enthousiasme, *m.*, enthusiasm
enthousiaste   enthusiastic
entier, entière   entire, whole
   dans le monde entier   all over the world
   tout entier   entire, entirely
entièrement   entirely, completely
entourer   to surround

entraîner   to drag, carry along; to carry away
entre   between, among
   beaucoup d'entre eux   many of them
   entre les mains de   in the hands of
   l'un d'entre eux   one of them
entrée, *f.*, entering; entrance
entreprendre   to undertake; to take up
entreprise, *f.*, undertaking
entrer   to enter, come in, go in
   entrer à l'école   to be admitted to school
   faire entrer (dans)   to show in
entretien *m.*, conversation, interview
envahir   to invade
envie, *f.*, desire, longing; envy
   avoir envie de   to feel like, wish
envieux, envieuse   envious
environ   about
environs, *m. pl.*, surroundings, neighborhood
envoyer   to send
épais, épaisse   thick
épaule, *f.*, shoulder
époque, *f.*, epoch, time
épouse, *f.*, wife
épouser   to marry, wed
épouvanter   to terrify
épreuve *f.*, test, examination
éprouver   to feel, experience
épuiser   to exhaust; to wear, tire out
équipe   *f.*, team; crew
ère, *f.*, era, epoch
errer   to roam, wander about
escalier, *m.*, staircase, stairway
Espagne, *f.*, Spain
espagnol, -e   Spanish
Espagnol, *m.*, Spaniard
espèce, *f.*, kind, sort
espérer   to hope
espoir, *m.*, hope
esprit, *m.*, mind; spirit; intelligence; wit
   homme d'esprit   a witty person
Esquimau, *m.*, **Esquimaux**, *pl.*, Eskimo
essayer   to try
est, *m.*, east
estimer   to think, consider, deem
estudiantin, -e   of students
   la population estudiantine   the student population
et   and
établir   to establish; to settle, institute, create
   s'établir   to settle; to take up one's residence
établissement, *m.*, establishment; founding
étage, *m.*, story, floor
était   imperfect of **être**

étaler — fâcher

étaler to display, lay out
état, *m.*, state; condition; estate
  être en état de to be able to, be ready to
État, *m.*, state, government
  Les États généraux The States General, a representative assembly, was instituted by Philippe IV, the Fair, in 1302
  coup d'État coup d'état, stroke of state policy
États-Unis, *m. pl.*, the United States of America
  États-Unis d'Europe the United States of Europe
été, *m.*, summer
été past participle of **être**
éteindre to extinguish, put out
étendre to spread, extend
  s'étendre to stretch oneself out; to extend, stretch
étiquette, *f.*, étiquette; tag, label
étonnement, *m.*, astonishment, surprise, amazement
étonner to astonish, amaze, surprise
  s'étonner to be astonished, be surprised
étrange strange, odd
étrangement strangely, peculiarly
étranger, étrangère foreign; strange
étranger, *m.*, stranger, outsider; foreign parts; abroad
être to be
  être à to belong to; to be the turn of
  être à cheval to sit astride
  être en garde contre to beware of
  être plein d'attentions pour to show much attention (to)
  aussi est-il consequently he is ...
  c'est à vous de it is up to you to
  c'est égal! ... all the same ...
  je n'y suis pas I am not at home
  on était au vendredi this was Friday
  Que ce soit fini! Stop that!
  si humble que vous fussiez however humble you might be
  toujours est-il the fact remains
étroit, -e narrow
étude, *f.*, study; *pl.*, education
  faire ses études to be educated; to get an education
  terminer ses études to finish one's education, graduate
étudiant, *m.*, student
étudier to study
Eure, *f.*, French river, west of Paris
Europe, *f.*, Europe
européen, européenne European
eux they, them

chez eux at their home
Ève, *f.*, Eve
éveiller (s') to awaken; to wake up
événement, *m.*, event, incident
évêque, *m.*, bishop
évidemment obviously, clearly
éviter to avoid; to abstain from
examen, *m.*, examination
examiner to examine, investigate, inspect
excellent, -e excellent
excessif, -ive exaggerated; extreme
excuser to excuse
exécuter to execute; to put to death
exemple, *m.*, example
  donner l'exemple to set an example
  par exemple for instance
exercer to exert, exercise
  s'exercer to practise
exercice, *m.*, exercise
exhaler (s') to be exhaled, be emitted
exigence, *f.*, requirement; need; exigency
exil, *m.*, exile
exister to exist, be
expérience, *f.*, experiment
  faire des expériences to carry out experiments
explication, *f.*, explanation; interpretation
expliquer to explain
explorateur, *m.*, explorer
exposer to expose; to subject to; to hold up to
expression, *f.*, expression
exprimer to express
  s'exprimer to express oneself
explorer to explore
extase, *f.*, ecstasy
extension, *f.*, extension
extérieur, *m.*, exterior, outside
  à l'extérieur outside
extraordinaire extraordinary, wonderful
extrêmement extremely, exceedingly

F

fable, *f.*, fable
fabriquer to manufacture; to make
façade, *f.*, front, face, façade
face, *f.*, face
  en face de opposite; before
  perdre la face to lose face
fâché, -e sorry, angry
  être fâché contre to be angry with
  je suis fâché de vous déranger I am sorry to disturb you
fâcher to anger

se fâcher to become angry, lose one's temper
facile easy; easy-going
  avoir la parole facile to be a ready speaker
facilement easily
façon, *f.*, manner, way
  sans façon (s) without ceremony
faculté, *f.*, faculty
  la faculté des arts the art school
faible week, feeble; bad; dim
faiblesse, *f.*, weakness
faim, *f.*, hunger
  avoir faim to be hungry
  avoir grand-faim to be very hungry
  mourir de faim to starve to death
faire to make, do; to cause; to order, to have
  faire apprendre to teach
  faire attendre to keep someone waiting
  faire attention à to pay attention to; to show concern for
  faire courir un murmure d'admiration to call forth a murmur of admiration
  faire déclarer to convict as ...
  faire de mauvais tours to play nasty tricks
  faire des armes to fence
  faire des blessures to inflict wounds
  faire des commissions to run errands
  faire des dettes to run into debts
  faire des expériences to carry out experiments
  faire des reproches to reproach
  faire dessiner to have ... laid out
  faire entendre sa voix to sing
  faire entrer to show in
  faire juger to have (someone) tried
  faire la guerre to wage war
  faire le malheur de to humiliate, hurt
  faire mettre en prison to have (someone) put in prison
  faire mine de to pretend to
  faire obstacle à to stand in (someone's) way
  faire part to inform
  faire partie de to be part of
  faire penser à to remind (someone) of
  faire peur to frighten
  faire plaisir to please
  faire sa correspondance to write one's mail
  faire semblant to pretend
  faire ses études to be educated, get an education
  faire un aimable accueil (à quelqu'un) to receive (someone) with a hearty welcome
  faire un (petit) voyage to take a (short) trip
  faire venir to bring; to summon; to send for
  aller faire une visite to go visiting
  cela ne fait rien it does not matter
  il fait beau (chaud, doux) the weather is fine (warm, balmy)
  il fait mauvais (temps) the weather is bad
  il fait noir it is dark
  le métier que vous faites your profession
  que faire? What was I to do? What is to be done?
  se faire to be done; to be made
  se faire construire un château to have a castle built
  se faire du mal to hurt oneself
  se faire prier to require urging
  le commerce se faisait trade was carried on
  les cours se faisaient en latin courses were taught in Latin
  faisaient imperfect of **faire**
fait, *m.*, fact
  au fait by the way
  rapporter des faits vrais to relate true facts
  tout à fait quite
falloir to be necessary, must
  il faut que je m'en aille I must leave
  il ne faut pas que je m'en aille I must not leave
  s'il le faut if it is necessary
fameux, fameuse famous
  rendre fameux to make ... famous
familial, -e of the family
familier, familière familiar, intimate; friendly, genial, simple, informal
famille, *f.*, family
fanatisme, *m.*, fanaticism
farce, *f.*, farce
fatigué, -e tired, weary, fatigued
fatiguer to fatigue, tire
faut (il) present indicative of **falloir**
faute, *f.*, fault, mistake; transgression, offense
  la moindre faute the slightest mistake
fauteuil, *m.*, arm-chair, easy-chair
faux, fausse false, untrue
  chanter faux to sing out of tune
faveur, *f.*, favor
favorable favorable, auspicious
favoriser to favor

femme — Frédéric-le-Grand

femme, *f.,* woman; wife
  femme de chambre housemaid, chambermaid
fenêtre, *f.,* window
féodal, -e (féodaux, *pl.***)** feudal
ferme firm, steady
ferme, *f.,* farm; farmhouse
fermentation, *f.,* fermentation
fermer to close
féroce ferocious, savage, wild
fertile fertile, rich
fête, *f.,* feast, festivity, festival
  jour de fête holiday, feastday
feu, *m.,* fire ;heat
  mettre le feu to set fire
février, *m.,* February
fiancée, *f.,* fiancée
fidèle faithful
fier, fière proud
fièrement proudly
fifre, *m.,* fife
figure, *f.,* figure; face
figurer: (se) figurer to imagine
fille, *f.,* girl, daughter
  jeune fille girl, young woman
fils, *m.,* son
fin, -e fine; small
fin, *f.,* end
  mettre fin à to put an end to; to bring to an end
financier, financière financial
finir to finish; to end
  finir par découvrir to finally find out; to end (up) by finding out
  on n'en finirait pas de . . . there would be no end to . . .
fit, firent past definite of **faire**
fixer to fix, make firm
  fixer les yeux sur to gaze, stare at
  se fixer to settle
flâner to lounge, stroll, loaf
flatterie, *f.,* flattery
fleur, *f.,* flower
  arbre en fleur (s) tree in bloom
fleuve, *m.,* (large) river which flows into the sea
flot, *m.,* wave; flood
foi, *f.,* faith
fois, *f.,* time; occasion
  à la fois at the same time
  deux fois par semaine twice a week
  encore une fois once more, once again
  toutes les fois every time
  une fois de plus once more
  une fois la guerre terminée after the war was finished

folie, *f.,* madness, folly
  aimer à la folie to love to distraction
folle, *fem. of* **fou**
fond, *m.,* bottom, end, depth, back
fonder to found, lay the foundations of
fontaine, *f.,* fountain, pool
force, *f.,* strength, force, vigor
  de toutes ses forces with all one's might
forcer to force, compel
forêt, *f.,* forest
forme, *f.,* form, shape
former to form; to make
  se former to form; to take form
fort, -e strong; large; heavy
  le plus fort the best part of it
fort very; extremely; hard; loudly
  fort bien quite well
  être fort obligé to be much obliged
forteresse, *f.,* fortress, stronghold
fortification, *f.,* fortification
fortifier to fortify
fortune, *f.,* fortune, riches
  faire fortune to make one's fortune
fou, folle mad, insane; excessive, extravagant
fou, *m.,* madman, lunatic; fool
fouiller to search, rummage
foule, *f.,* crowd, throng
fourrure, *f.,* fur; hair, coat (of animal)
foyer, *m.,* hearth; home
fragile frail
frais, fraîche fresh; cool
  vous avez les lèvres fraîches your lips have a healthy color
franc, franche frank, open, candid
franc, *m.,* franc
français, française French
Français, *m.,* Frenchman;
  Les Français, *m. pl.,* the French (people)
français, *m.,* French, the French language
France, *f.,* France
France, Anatole (pseudonym of **Jacques Anatole Thibault**) (1844-1924) French writer
François Ier (1494-1547) Francis I, king of France
Franco-Prussienne (la guerre) the war between France & Prussia (1870-1871)
frapper to strike; to impress
  ces objets qui frappent nos regards these things that attract our attention
  être frappé de douleur to be grief-stricken
Frédéric, *m.,* Frederick
Frédéric-le-Grand (1712-1786) Frederick II, king of Prussia

fréquenter to frequent, associate with; to attend (school)
   fréquenter la bonne société to move in good society
frère, *m.,* brother
frivole frivolous
froid, -e cold
froid, *m.,* cold
   il avait froid he was cold
fromage, *m.,* cheese
front, *m.,* forehead, brow
fuir to flee, run away
fumée, *f.,* smoke
furieux, furieuse furious, raging
fusil, *m.,* gun
fusion, *f.,* fusion, melting
fussiez imperfect subj. of **être**
fut past definite of **être**
futur, -e future

G

gagner to earn; to win
   gagner beaucoup d'argent to make a great deal of money
gai, -e lively, merry
gaieté, gaîté, *f.,* gaiety, mirth, cheerfulness
galerie, *f.,* gallery; long room
Galles, *f.,* Wales
   le pays de Galles Wales
gallo-romain, -e Gallo-Roman
Gallo-romain, *m.,* Gallo-Roman
gamin, *m.,* urchin
garantir to guarantee; to insure
garçon, *m.,* boy; son; waiter
   un mauvais garçon a rascal, a rogue
garde, *f.,* care, watch
   être en garde contre to beware of
   se tenir sur ses gardes to be on one's guard
garder to guard; to keep; to hold, retain; to take care of, tend; to save up
   garder le silence to keep silent
   se garder de to take care not to; to refrain from
gardien, *m.,* guard, herdsman
Gascogne, *f.,* Gascony, old province of southwestern France
gâter to spoil
   se gâter to go wrong
gauche left
Gaule, *f.,* Gaul, an ancient territory, embracing what is now northern Italy, France, Belgium, and parts of Holland, Switzerland and Germany
gaulois, -e Gallic, of Gaul

Gaulois, *m. pl.,* the Gauls, inhabitants of ancient Gaul
géant, *m.,* giant
gelé, -e frozen, frost-bitten
gelée, *f.,* frost
gendre, *m.,* son-in-law
gêné, -e embarrassed; ill at ease; uneasy; sickened, indisposed
général, -e general
général, *m.,* general
généreux, généreuse liberal, generous
générosité, *f.,* generosity
Geneviève, *f.,* Genevieve
génial, -e inspired, full of genius
génie, *m.,* genius
Génois, *m.,* Genoese; from the city of Genoa, Italy
genre, *m.,* kind, manner, way; gender
   genre de vie way of life
gens, *pl.,* people, folk
   beaucoup de gens many people
   des gens d'âge old people
   jeunes gens young people
   les gens du monde (high) society
gentil, gentille gentle; nice
gentilhomme, *m.,* man of gentle birth; gentleman
gentillesse, *f.,* graciousness
   gentillesses, *pl.,* gracious deeds, nice things
géographie, *f.,* geography
Germains, *m. pl.,* Germans, a Teutonic tribe
geste, *m.,* gesture
girafe, *f.,* giraffe
gîte, *m.,* home, lodging, resting place
glacé, -e chilled, frozen; cold
glisser to slip, slide; glide
   se glisser to glide, creep
gloire, *f.,* glory
glorieux, glorieuse glorious
gondole, *f.,* gondola
gothique gothic
goût, *m.,* taste, inclination, liking; good taste; right judgment
   avoir du goût pour to have a liking for
goûter to taste; to appreciate; to enjoy
gouvernement, *m.,* government
gouverner to govern, rule; to manage
gouverneur, *m.,* governor, commanding officer
grâce, *f.,* grace, charm
   grâce à thanks to, owing to
gracieusement gracefully
gracieux, gracieuse graceful; gracious
grade, *m.,* degree; grade
grand, -e great; large, tall
   avoir grand-faim to be very hungry
   en grand nombre in great numbers

grand — historique

grands mots high sounding words
le grand monde high society
le grand soleil bright sunshine
grand-chose much
　pas grand-chose not much
grandeur, *f.*, greatness, grandeur; majesty, splendor
　les grandeurs distinctions, honors, marks of esteem
grandir to grow, to increase
grandissant growing, increasing
granit, *m.*, granite
gratuit, -e free, gratuitous
grave heavy; serious, sober, solemn
gravement gravely, solemnly, soberly
　tomber gravement malade to become seriously ill
gravure *f.*, print, engraving, etching
gré, *m.*, will; pleasure; liking, taste
　au gré des flots at the mercy of the waves
grec, grecque Greek
　les Grecs, *m. pl.*, the Greeks
Grenade Granada, city and province of southern Spain
grève, *f.*, strand, seashore, beach; strike
grillage, *m.*, (metal) grating, wire-netting
grimper to climb (up)
gris, -e grey
gronder to growl; to rumble; to scold
　l'orage gronde the storm rages
gros, grosse big; stout
groupe, *m.*, group
guère not much; only a little; hardly
guérir to cure, heal; to be cured, recover
guérison, *f.*, cure, recovery
Guernesey Guernsey, one of the English Channel islands
guerre, *f.*, war
　être en guerre contre (sometimes **avec**) to be at war with
　faire la guerre to wage war
　la Seconde Guerre mondiale World War II
　la Guerre de Cent Ans the Hundred Years' War, from 1337 to 1435 between England and France
gueux, *m.*, beggar, tramp
guider to guide, lead, conduct; direct
Guillaume, *m.*, William
Guillaume le Conquérant (1027-1087) William the Conqueror
Guillaume Tell William Tell, a legendary hero of Switzerland
gymnastique, *f.*, physical education; gymnastics

H

habile clever, skillful, smart
habillé, -e dressed, clad
habit, *m.*, dress, costume; clothes
habitant, *m.*, inhabitant, resident
habiter to live, reside, dwell
habitude, *f.*, habit
　avoir l'habitude de to be used to, to be accustomed to
　comme d'habitude as usual
　d'habitude usually
habituel, habituelle usual, customary
habituer to accustom
haïr to hate, detest
Harold II (1022-1066) King of England, defeated at the battle of Hastings
hasard, *m.*, chance, luck
hâte, *f.*, haste, hurry
　à la hâte hastily, hurriedly
　avoir hâte de to be eager to, to be in a hurry to
　en hâte hastily, hurriedly
hâter (se) to hasten, hurry
haut, -e high, tall
　hautes études higher studies
　marée haute high tide
　avoir une haute idée de to have a high opinion of
haut above, up
　tout haut aloud
haut, *m.*, height; top, upper part
　du haut en bas from top to bottom
　en haut de at the top of
hauteur, *f.*, height, altitude
hein! hey! Eh? What?
hélas! alas!
Heine, Henri (1799-1856) Heinrich Heine, German poet
Henri IV (1553-1610) king of France
herbe, *f.*, grass
héritier, *m.*, heir
héros, *m.*, hero
hésitation, *f.*, hesitation, wavering
hésiter to hesitate, to waver
heure, *f.*, hour; o'clock, time
　à l'heure actuelle at the present time
　de bonne heure at an early age; early; in early days
heureusement happily; successfully; fortunately
heureux, heureuse happy
hier yesterday
histoire, *f.*, history; story, narrative
historique historical

hiver, *m.*, winter
   hiver comme été in winter as in summer, both summer and winter
hollandais, -e Dutch
Hollande, *f.*, Holland
hommage, *m.*, homage
   rendre hommage à to render, do, pay homage to
homme, *m.*, man
   hommes d'armes men-at-arms
   homme d'esprit a witty person
honnête honest, straight
honneur, *m.*, honor
   les honneurs honors, rewards
   en l'honneur de in honor of
honorable honorable, respectable, reputable
honorer to honor
honte, *f.*, shame
   avoir honte de to be ashamed of
horizon, *m.*, horizon
   à l'horizon on the horizon
hors de ... out of, outside (of)
   hors du sujet beside the point
hospitalité, *f.*, hospitality
hôte, *m.*, host, innkeeper
Hugo, Victor (1802-1885) French lyric poet, novelist and dramatist
huit eight
   huit jours a week
huitième eighth
huître, *f.*, oyster
humain, -e human
humaniste humanistic; humanist
humanité *f.*, humanity; mankind; kindness
humble humble
   les humbles the meek
humeur, *f.*, humor
   de bonne humeur in a good humor
   de mauvaise humeur in a bad humor
humide damp, moist, wet
humiliation, *f.*, humiliation
hurler to howl, roar, yell
hymne, *m.*, song
   hymne national national anthem

I

idéal, -e ideal
idéal, *m.*, ideal
idée, *f.*, idea
   avoir une haute idée de to have a high opinion of
idiomatique idiomatic
ignorant, -e ignorant
ignorer not to know

il he, it
île, *f.*, island
Ile-de-France, *f.*, an old province of France with Paris as its capital
illustre illustrious, famous
illustrer to illustrate
ils, *m. pl.*, they
image, *f.*, picture, figure
   livre d'images picture book
imaginaire imaginary
   Le Malade Imaginaire The Hypochondriac
imagination, *f.*, imagination
imaginer to imagine, fancy
imbécile, *m.*, fool, idiot
imiter to imitate
immense vast, huge; great
immobile motionless, still
impérial, -e imperial
importance, *f.*, importance, consequence, weight
important, -e important
importer to be of importance, be of consequence; to matter
   n'importe quand no matter when, at any time
   n'importe quel jour any day
   n'importe qui anyone
   n'importe quoi anything
   que nous importe? what do we care?
   qu'importe? what does it matter?
imposer to impose
impossible impossible
impression, *f.*, impression
incendie, *m.*, fire, burning
inconnu, -e unknown
inconvénient, *m.*, disadvantage, drawback
indépendance, *f.*, independence
indifférent, -e indifferent, unconcerned, cold
industrie, *f.*, industry
industriel, -le industrial
infaillibilité, *f.*, infallibility
infatigable untiring, tireless
influence, *f.*, influence
initier to initiate
injure, *f.*, wrong; insulting remark; insult
   dire des injures à to insult; to use insulting language to
   faire injure à to wrong
   recevoir une injure to be wronged
injuste unjust, unfair
injustement unjustly, wrongfully
injustice, *f.*, injustice; unfairness
insister to insist
intact, -e intact, undamaged, untouched

innombrable — joyeux

innombrable innumerable, countless
inquiet, inquiète anxious, worried
inquiéter (s') to become anxious, worry
inquiétude, *f.*, restlessness; anxiety, concern
insolence, *f.*, insolence, impertinence
inspirer to inspire
instant *m.*, moment, instant
  à chaque instant continually, at every moment
institut, *m.*, institute
instruction, *f.*, education
  recevoir une instruction to receive an education
instruire to inform; to teach, educate, instruct
instruit, -e well read; educated
insupportable unbearable, insufferable
intellectuel, intellectuelle intellectual
intelligence, *f.*, intelligence, intellect
  sa belle intelligence his brilliant mind
intendant, *m.*, administrator (of a province)
intention, *f.*, intention, purpose, intent
  avoir l'intention de to intend to
intéressant, -e interesting
intéresser (s') à to take (feel) an interest in
intérêt, *m.*, interest
  sans intérêt disinterestedly; without any interested motives
intérieur, -e interior, inner, internal
intérieur, *m.*, interior, inside
  à l'intérieur de inside
interroger to examine; to question
interrompre to interrupt
intime close
introduire to introduce, bring in, admit
inutile useless, vain
invalide invalid, infirm, disabled
  les Invalides building and landmark in Paris, built in 1670 under Louis XIV
invariablement invariably, unvaryingly
invasion, *f.*, invasion
inventer to invent, discover
invitation, *f.*, invitation
inviter to invite; to ask
ira future of **aller**
Irlande, *f.*, Ireland
Islande, *f.*, Iceland
Italie, *f.*, Italy
italien, italienne Italian

J

j' (je) I
Jacques, *m.*, James
jadis formerly, once
jaloux, jalouse jealous
jamais never, ever
  à jamais forever
jambe, *f.*, leg
janvier, *m.*, January
jardin, *m.*, garden
jardinier, *m.*, gardener
je I
Jeanne, *f.*, Joan
Jeanneton, *f.*, Jenny
Jeannot, *m.*, Johnny
Jersey Jersey, one of the English Channel Islands
jésuite, *m.*, Jesuit
Jésus-Christ Jesus Christ
  en l'an 58 avant Jésus-Christ in the year 58 B.C.
jeter to throw, cast
  jeter les bases to lay the foundations
  jeter un regard to cast a glance
  la rivière se jette dans la mer the river empties into the sea
  se jeter les uns sur les autres to fall upon, attack each other
jeu, *m.*, (**jeux,** *pl.*), game, play
jeudi, *m.*, Thursday
jeune young
  les jeunes the young people
jeunesse, *f.*, youth
joie, *f.*, joy, delight
  être au comble de la joie to be filled with joy
joindre (se) à to join with (someone)
Joinville (1224-1317) French historian
joli, -e pretty; nice; lovely
jouer to play
  jouer aux échecs to play chess
  jouer des pièces (de théâtre) to perform plays
  jouer un rôle considérable to play an important part
joueur, *m.*, player
jouir (de) to enjoy
jour, *m.*, day
  jour de fête holiday
  jour maigre fast-day, meatless day
  de nos jours nowadays
  huit jours a week
  le jour tombant nightfall
  les beaux jours happy days
  tous les jours everyday
journal, *m.*, (**journaux,** *pl.*,) newspaper
journaliste, *m.*, journalist, reporter
journée, *f.*, day (time)
joyeusement joyously, joyfully
joyeux, joyeuse merry, mirthful, cheerful

Judas Judas (Iscariot)
juge, *m.,* judge
jugement, *m.,* judgment, trial
juger to try, pass sentence, judge; to think, believe
    faire juger to have (someone) tried
juillet, *m.,* July
juin, *m.,* June
Jules, *m.,* Julius
Jura *m.,* Jura, a range of mountains in eastern France
jurer to swear, affirm
jusque, jusqu'à to, up to, as far as, till
    jusqu'au moindre geste to the smallest gesture
juste, *adj.,* just, right, fair
juste exactly, precisely
    au juste exactly
justement justly, deservedly; precisely, exactly
justice, *f.,* justice
    rendre la justice to administer justice

K

kilomètre, *m.,* kilometer (0.624 mile)

L

l' (**le, la**)
la the; her, it
là there; here
    à ce moment-là at that moment; in those days
    à quelque temps de là sometime after that
là-bas over there
laboratoire, *m.,* laboratory
lac, *m.,* lake
lâcher to release; to drop; to let loose
là-dedans in there; within
La Fontaine, Jean de (1621-1695) French poet, best known for his fables
là-haut up there
laine, *f.,* wool
laisser to leave, let, allow
    il n'en laissait rien voir he did not betray his emotions
    se laisser glisser le long de to slide down
    se laisser tomber dans to drop into
lait, *m.,* milk
lancer to throw, cast, hurl; to launch
    lancer un coup d'œil à to glance at
    il lança un regard à son père he cast a glance at his father
    se lancer des fleurs to throw flowers at one another
lande, *f.,* moor, heath
langue, *f.,* language, tongue
    langue étrangère foreign language
    langue maternelle mother tongue
lapin, *m.,* rabbit
laquelle *fem.* of **lequel**
large wide, broad
large, *m.,* the open sea
    au large de Terre-Neuve off Newfoundland
larme, *f.,* tear
    tout en larmes in tears
    verser des larmes to shed tears
las, lasse tired, weary
latin, -e Latin
    le Quartier latin the students' quarter in Paris
latin, *m.,* Latin, the Latin language
latitude, *f.,* latitude
    être sous une latitude to be in a latitude
le the; him, it
leçon, *f.,* lesson
    donner une leçon à to teach (someone) a lesson
    des leçons de choses object lessons, nature studies
lecteur *m.,* reader; lecturer; teacher
lecture, *f.,* reading
légende, *f.,* legend
léger, légère light, slight; flighty, frivolous
légion, *f.,* legion
légume, *m.,* vegetable
Le Havre a French city on the coast of Normandy
lendemain, *m.,* the next day, morrow
    le lendemain matin the next morning
lent, -e slow
lentement slowly
lequel, laquelle, lesquels, lesquelles who, whom, which, that
    lequel des deux which one of the two
les the; them
Lesage, Alain-René (1668-1747) French novelist and dramatist
lettre, *f.,* letter
    les lettres letters, literature
leur, leurs their
leur them, to them
lever to raise, lift
    lever la tête to look up; to raise one's head
    lever les yeux to look up
    se lever to stand up; to rise, get up

lèvre — maire   xxvi

lèvre, *f.,* lip
lézard, *m.,* lizard
libéral, -e liberal
libération, *f.,* liberation, freeing
liberté, *f.,* liberty, freedom
  en toute liberté freely, without restraint
  remettre en liberté to set free
libre free
lieu, *m.,* place
  avoir lieu to take place
lieue, *f.,* league (measure of distance, about two and a half miles)
lièvre, *m.,* hare
ligne, *f.,* line; row
limité, -e limited, bounded
lion, *m.,* lion
lire to read
lit, *m.,* bed
  il est au lit depuis . . . he has been bedridden for . . .
littéraire literary
littérature, *f.,* literature
livre, *m.,* book
  livre de lecture reader
livrer to deliver; to hand over
  livrer bataille to give battle
Locke, John (1632-1704) English philosopher
logique, *f.,* logic
logis, *m.,* home, house; lodgings
loi, *f.,* law
loin far, afar
  de loin from a distance
lointain, -e distant, remote
Loire, *f.,* a river in France
loisir, *m.,* leisure
  à loisir leisurely, at leisure
  avoir tout le loisir to have plenty of time
l'on, see **on**
long, longue long
  depuis de longs siècles for many centuries
  le long de along
longtemps a long time, a long while
  aussi longtemps que as long as
  depuis longtemps for a long time
  il y a très longtemps very long ago
  pendant assez longtemps for quite a while; long enough
longuement for a long time; at great length
Lorraine, *f.,* an old province of eastern France
lors (de) at the time of
lorsque when
louer to praise, commend; to rent

Louis IX or **Saint Louis** (1215-1270) King of France (1226 to 1270)
Louis XI (1423-1483) King of France (1461-1483)
Louis XIII (1601-1643) King of France (1461-1483)
Louis XIV, Louis-Le-Grand (1638-1715) King of France for 72 years, (1643-1715)
Louis XV (1710-1774) King of France (1715 to 1774)
Louis XVI (1754-1793) King of France from 1774 to 1792. He was guillotined in 1793.
lourd, -e heavy
Louvre, *m.,* the Louvre, a Paris museum
lui he, him, her, to him, to her
  chez lui at his home
Lulli, Jean-Baptiste (1633-1687) Italien-French composer
lumière, *f.,* light
  les lumières understanding, intelligence
  manquer des lumières nécessaires . . . to lack the necessary intelligence . . .
  supprimer la lumière to put out the light
lune, *f.,* moon
  Tu es dans la lune You are dreaming
Lutèce Lutetia, the former name of Paris
lutte, *f.,* struggle, strife
lutter to struggle, fight; to make a stand (against)
lycée, *m.,* (state-supported) secondary school
  le lycée Saint-Louis Saint-Louis High School and Junior College
lycéen, *m.,* pupil in a lycée

M

m' (me) me
M. (monsieur) Mr.
ma my
maçonnerie, *f.,* masonry
Madame, *f.,* (or madame) Mrs.; (in address) Madam
magasin, *m.,* store, shop
magique magic
magnifique magnificent, beautiful; handsome
mai, *m.,* May
maigre thin, lean
  un jour maigre a fast-day, a meatless day
main, *f.,* hand
maintenant now
maintenir to maintain; to uphold, keep
maire, *m.,* mayor

mais but
    mais oui! why, yes! certainly!
maison, *f.*, house
    à la maison at home
    maisons en pierre stone houses
maître *m.*, master; owner,; teacher; title applied to lawyers, authors, notaries, painters, etc.
    maître d'armes fencing master
maîtrise, *f.*, choir school
majestueux, majestueuse majestic
majorité, *f.*, majority; greater part
mal badly, poorly; ill
    il ne serait pas mal it would be proper, advisable
    mal élevé ill mannered, badly reared
    Pas mal! That's pretty good!
    se faire mal to hurt oneself, to get hurt
    supporter mal to endure with difficulty
mal, *m.*, evil, harm
    dire du mal de to speak ill of
    se faire du mal to hurt oneself
    vouloir du mal à quelqu'un to wish evil to someone
malade ill, sick
    se rendre malade to make oneself sick
malade, *m. and f.*, sick person; patient
maladie, *f.*, illness, disease
maladif, maladive sickly
malgré in spite of
    malgré tout nevertheless; yet; in spite of all
malheur, *m.*, misfortune; accident
    faire le malheur de to humiliate; to bring the downfall of; to hurt
malheureusement unfortunately
malheureux, malheureuse unhappy, unfortunate, wretched
    le malheureux the poor man
    les malheureux the unfortunate, the poor
maltraiter to treat harshly, abuse
maman, *f.*, mamma, mother
Manche, *f.*, the English Channel
mandoline, *f.*, mandolin
manger to eat
manière, *f.*, manner, way
    belles manières good manners
manque, *m.*, lack; want
manquer to lack, want; to fail; to be missing
    manquer à sa promesse to break one's promise
    ne manquer de rien to want for nothing
    je n'y manquerai pas I shall not fail to do so

manteau, *m.*, cloak, coat
maquette, *f.*, clay model
marbre, *m.*, marble
marchand, *m.*, merchant; shopkeeper
marchandise, *f.*, merchandise, goods, wares
marche, *f.*, walking, march; step, stair
    se remettre en marche to start off again
marché, *m.*, market; deal, bargain
    conclure un marché to make a deal; to drive a bargain
marcher to walk; to march, move against
mardi, *m.*, Tuesday
    Mardi-Gras Shrove Tuesday
marée, *f.*, tide
    marée basse low tide
    marée haute high tide
mari, *m.*, husband
mariage, *m.*, marriage, wedding
    demander en mariage to ask the hand of
Marie-Antoinette (1755-1793) Queen of France, wife of Louis XVI
marier (se) to marry, get married
    se marier avec to marry
marin, *m.*, seafaring man; sailor, seaman
Marne, f., river in N.E. France, flowing west into the Seine
marque, *f.*, mark, sign
marquer to mark
    marquer le pas to mark time
marquis, *m.*, marquis
marquise, *f.*, marchioness
Marseillaise, *f.*, the Marseillaise, national anthem of the French Republic
Marseille Marseilles, large French city on the Mediterranean coast
martyr, *m.*, martyr
matelas, *m.*, mattress
matelot, *m.*, sailor, seaman
maternel, maternelle maternal
    école maternelle kindergarten
Mathilde, *f.*, Matilda
matière, *f.*, subject matter
matin, *m.*, morning
    le lendemain matin the next morning
    du matin au soir from morning till night
Maupassant, Guy de (1850-1893) celebrated French short-story writer and novelist
mauvais -e, bad
    avoir une mauvaise conduite to lead a loose life, to misbehave
    faire un mauvais tour to play a nasty trick
    il fait mauvais temps the weather is bad
me me, to me, myself, to myself

méchant — misère

méchant, -e wicked, bad; malicious
mécontent, -e displeased, annoyed
médaille, *f.*, medal
médecin, *m.*, doctor, physician
    Le Médecin malgré lui "The Doctor in Spite of Himself", a comedy by Molière
médecine, *f.*, medicine
méditer to meditate, ponder
Méditerranée, *f.*, Mediterranean Sea
méditerranéen, méditerranéenne Mediterranean
méfier (se) to beware; to distrust
meilleur, -e better; **le meilleur** the best
mélancolique melancholy, gloomy
mêler (se) to mix, mingle, blend; to take part in
    se mêler de to take a hand in, interfere with
    De quoi s'était mêlé? Why had he interfered?
mélodieux, mélodieuse melodious, tuneful
membre, *m.*, member
même same, self; very; even
    de même in the same way, likewise
    en même temps at the same time
mémoire, *f.*, memory
menace, *f.*, threat, menace
menacer to threaten, menace
mener to lead, take
    mener à bien to carry through, work out
menhir, *m.*, menhir; standing stone
mensonge, *m.*, lie, falsehood
mentir to lie
mépris, *m.*, contempt, scorn
    regard de mépris contemptuous glance
mépriser to despise, scorn
mer, *f.*, sea
    en pleine mer in the open sea
    la mer montait the tide was coming in
    la mer du Nord the North Sea
merci thank you
mère, *f.*, mother
méritant, -e deserving
mériter to deserve, merit
merveille, *f.*, marvel, wonder
    des merveilles de moutons wonderful sheep
merveilleusement wonderfully, marvelously
merveilleux, merveilleuse marvelous, wonderful
mes *pl.* of **mon** and **ma**
mésaventure, *f.*, misadventure, mishap
messe, *f.*, mass
messieurs, *plur. of* **monsieur**
mesure, *f.*, measure

à mesure que as, in proportion as, proportionately
mesurer to measure
métal, *m.*, (**métaux,** *plur.*) metal
méthode, *f.*, method
méthodiquement methodically; systematically
métier, *m.*, profession; trade, craft
    le métier que vous faites your profession
mètre, *m.*, meter (about 39.37 in).
mettre to place, put; to put on
    mettre au collège to send to school
    mettre en prison to jail, imprison
    mettre en train to put in good spirits
    mettre le feu à to set fire to
    mettre le siège devant to lay siege to
    se mettre to put oneself, place oneself
    se mettre à to begin
meuble, *m.*, piece of furniture
meurtri, -e bruised, battered, ravaged
Michel, *m.*, Michael
microscopique microscopic, tiny
midi, *m.*, noon, twelve o'clock
    en plein midi at high noon, in broad daylight
    le Midi the South (of France)
mieux better; **le mieux** the best
    aimer mieux to prefer
    le mieux du monde extremely well
    s'appliquer de son mieux to do the best one can
    tant mieux so much the better
milieu, *m.*, middle, midst; environment; surroundings
    au milieu de in the midst of, in the middle of
militaire military
mille, *m.*, thousand, a thousand
    mille mauvais tours many nasty tricks
mille, *m.*, mile
millier, *m.*, (about a) thousand
million, *m.*, million
mine, *f.*, appearance, look
    faire mine de to pretend to
    sa belle mine his good looks
ministre, *m.*, minister
minute, *f.*, minute
mis past participle of **mettre**
Misanthrope, Le a comedy by Molière whose main character is a misanthropist (one who hates mankind)
misérable miserable, unfortunate, wretched; wicked
misère, *f.*, misery; extreme poverty, destitution; trouble, ill

bien des misères many a trouble
dans la misère poverty stricken
Missouri, *m.*, Missouri
Mistral, Frédéric (1830-1914) Provençal poet. (Nobel Prize winner for literature, 1904)
mi-voix (à) in an undertone, under one's breath
Mme (madame) Mrs.
mode, *f.*, fashion
être à la mode to be in fashion (vogue)
C'est la mode! It is the fashion; It is the style!
modèle, *m.*, model; pattern
moderne modern
modeste modest; unassuming, unpretentious
modique moderate, reasonable
mœurs, *f. pl.*, manners, customs
moi I, me, to me
moindre lesser; **le moindre** the least
la moindre faute the slightest mistake
moins less **le moins** least
au moins at least
mois, *m.*, month
moitié, *f.*, half
mollement softly
Molière (1622-1673) French dramatist of the 17th century
moment, *m.*, moment
à ce moment-là at that time
à tout moment constantly
au bout d'un moment after a while
au moment où at the time when
depuis un moment for some time
en ce moment at the present time, at the moment
mon my
mon Dieu! dear me!
monde, *m.*, world
dans le monde entier all over the world
le grand monde high society
le mieux du monde extremely well
les gens du monde (high) society
tout le monde everyone, everybody
mondial, -e world-wide
la Seconde Guerre mondiale World War II
monnaie, *f.*, change
pièce de monnaie coin
rendre la monnaie to give change
monologue, *m.*, monologue
monotone monotonous
Monseigneur, *m.*, (or **monseigneur**) Your Lordship, your Grace; his Lordship, his Grace
Monsieur or **monsieur**, *m.*, (**Messieurs** or **messieurs**, *pl.*) mister, Mr.; gentlemen
monsieur votre fils your distinguished son
deux messieurs two gentlemen
monstre, *m.*, monster
mont, *m.*, mount, mountain
Le Mont-Saint-Michel little city built on a rocky island, off the Norman coast
montagne, *f.*, mountain
montagneux, montagneuse mountainous
monter to go up, ascend, climb; to raise; to carry up; to pull up
la mer montait the tide was coming in
monté sur un cheval riding a horse
Montmartre the Montmartre district of Paris
Montparnasse the Montparnasse quarter of Paris
montrer to show, display, exhibit; to point out
se montrer to show oneself, appear, be seen
monument, *m.*, monument
monumental, -e monumental; huge
moquer (se) to mock, make fun
se moquer de to make fun of
moqueur, moqueuse mocking
moral, morale moral; mental
morale, *f.*, moral (of a story); ethics
moraliste, *m.*, moralist
morceau, *m.*, piece
mordant, -e biting, caustic, keen
mordre to bite
mort, -e dead
mort, *f.*, death
être condamné à mort to be sentenced to death
morue, *f.*, cod
mosaïque, *f.*, mosaic
mot, *m.*, word
n'avoir qu'un mot à dire to be brief, have only a word to say
grands mots high sounding words
mouchoir, *m.*, handkerchief
moulin, *m.*, mill
mourir to die
mouton, *m.*, sheep
être doux (douce) comme un mouton to be as gentle as a lamb
moyen, moyenne middle
le moyen âge the Middle Ages
moyen, *m.*, means, way
mule, *f.*, mule
multiplier to multiply
multitude, *f.*, multitude
une multitude de bruits many noises

munir — nouvelle

munir to arm; to provide; to equip
mur, *m.,* wall
Murger, Henri (1822-1861) French writer
murmure, *m.,* murmur, whisper
murmurer to murmur, whisper
musée, *m.,* museum
musique, *f.,* music

N

n' (ne)
nager to swim
naïf, naïve, artless, simple-minded
naissance, *f.,* birth
naître to be born
   venir de naître to have just been born
Nantes Nantes, a city in the old province of Brittany
Naples a city in southwestern Italy
Napoléon Iᵉʳ (1769-1821) Napoleon I, Emperor of the French (1804 to 1815)
naquit past definite of **naître**
natal, -e native
   ville natale birthplace
nation, *f.,* nation
   Les Nations Unies The United Nations
national, -e national
natte, *f.,* mat, matting
nature, *f.,* nature
naturel, naturelle natural, plain
   le naturel de ce peuple est la joie these people have a happy disposition
naturellement naturally, of course
naviguer to sail, navigate
navire, *m.,* boat, ship
ne ... pas not
   ne ... guère only a little, not much, hardly
   ne ... jamais never
   ne ... ni ... ni neither ... nor
   ne ... personne no one, nobody
   ne ... plus no more, no longer
   ne ... point not at all, not
   ne ... que only
   ne ... rien nothing
né past participle of **naître**
nécessaire necessary
Necker, Jacques (1732-1804) Minister of Finance in France
négligence, *f.,* negligence; carelessness; thoughtlessness
négliger to neglect
neige, *f.,* snow
nettement clearly; plainly, flatly
neuf, neuve new
neuf nine

neuvième ninth
neveu, *m.,* (**neveux,** *pl.*) nephew
nez, *m.,* nose
   rire au nez de quelqu'un to laugh in someone's face
ni neither, nor
Nice Nice, city in Southeastern France, on the Mediterranean
Nicole, *f.,* girl's first name
Nîmes Nimes, a city in southern France
noble noble, high, high-minded; stately
noble, *m.,* nobleman
noblesse, *f.,* nobility
noir, -e black; dark
   il fait noir it is dark
noix, *f.,* walnut
nom, *m.,* name
   nom de famille last name, family name
nombre, *m.,* number
   en grand nombre in great numbers
   un grand nombre (de) many
nombreux, nombreuse numerous, many
   une armée peu nombreuse a small army
nommer to name
non no; not
nord, *m.,* north
normal, -e normal
   École normale supérieure National Teachers' Training College
normand, -e Norman; of Normandy
Normand, *m.,* Northman; Norseman
Normandie, *f.,* Normandy
Norvège, *f.,* Norway
nos our
notamment particularly; especially
note, *f.,* note; notice; mark; report
   obtenir de bonnes notes to get good grades (marks)
noter to write down,; to jot down, take down
notre our
nouer to tie, knot
nourrir to nourish; to feed
nous we, us, to us
   nous deux both of us
   nous voici here we are
nouveau, nouvel, nouvelle new
   à or **de nouveau** again
   un nouveau, une nouvelle another
nouvelle, *f.,* news
   demander des nouvelles de la santé de to inquire about the health of; to ask after someone
   je te donnerai de mes nouvelles I shall let you hear from me

novembre, *m.,* November
noyer (se) to drown oneself; to be drowned
nuage, *m.,* cloud
nuit, *f.,* night
   boîte de nuit night club
nul, nulle, *adj.,* no; not one; indefinite pron., no one; nobody
nul, *ind. pron.,* no one; nobody

O

obéir to obey
objection, *f.,* objection
objet, *m.,* object, thing
   objet d'art object of art
   il est l'objet de vives critiques it is the object of sharp criticism
obligatoire, *adj.,* compulsory; obligatory
obliger to oblige; to compel
   être fort obligé to be much obliged
observer to observe, watch
obstacle, *m.,* obstacle
   faire obstacle à to stand in the way of
obtenir to obtain, get
   obtenir de bonnes notes to get good grades
oc (in Old Provençal) yes
   la langue d'oc the dialect of the south of France
occasion *f.,* occasion; circumstances; opportunity, bargain
   livre d'occasion second-hand book
occuper to occupy; to hold
   occuper une chaire de chimie to hold a professorship in chemistry
   s'occuper de or **à** to be interested in; to apply one's thoughts to; to be busy
océan, *m.,* ocean
odeur, *f.,* odor, smell
œil, *m.,* (**yeux,** *pl.*) eye
   de ses propres yeux with one's own eyes
   du coin de l'œil out of the corner of one's eye
   en un clin d'œil in the twinkling of an eye
   fixer les yeux sur to gaze at, stare at
   lever les yeux to look up
   sous les yeux before the eyes
   un coup d'œil a glance
œuf, *m.,* egg
œuvre, *f.,* work
officier, *m.,* officer
offre *f.,* offer, proposal
offrir to offer
   pouvoir s'offrir to be able to treat oneself, afford
oie, *f.,* goose
oïl (in Old French) yes
   la langue d'oïl the dialects of northern France
olivier, *m.,* olive-tree
ombre, *f.,* shadow, shade; darkness
   n'être plus que l'ombre de soi-même to be merely the shadow of one's former self
omelette, *f.,* omelet
on one, we, they
   l'on same as **on**
   on était au vendredi this was Friday
   on n'en finirait pas de . . . there would be no end to . . .
   on peut dire it can be said
   on trouve there are
oncle, *m.,* uncle
onze eleven
opéra, *m.,* opera; opera-house
opposé, -e opposite, contrary
opposer to oppose; to object
opposition, *f.,* opposition
opprimé, -e oppressed, down-trodden
optimisme, *m.,* optimism
or now
or, *m.,* gold
orage, *m.,* thunder-storm
oral, *adj.* oral
orateur, *m.,* orator; speaker
   talent d'orateur oratorical talent
ordinaire ordinary
   d'ordinaire usually, as a rule
ordonner to order, command; to arrange, regulate
   ordonner des remèdes to prescribe remedies
ordre, *m.,* order, command; public order, law and order
oreille, *f.,* ear
organisation, *f.,* organization
organiser to organize; to arrange
orgueil, *m.,* pride, arrogance
Orient, *m.,* Orient, East
originaire originating (from), native (of)
original, -e original
origine, *f.,* origin, source
Orléanais, *m.,* old province of central France
orner to adorn, decorate
orthographe, *f.,* spelling, orthography
oser to dare
ôter to remove
ou or
   ou bien or else, or

où where, when
oublier to forget
ouest, *m.,* west
oui yes
  mais oui! why, yes!
ouvertement openly; frankly
ouverture, *f.,* opening
ouvrage, *m.,* work; piece of work
ouvreur, *m.,* opener
ouvrier, *m.,* worker; workman; craftsman
ouvrir to open
  s'ouvrir to open
Oviedo a city in northwestern Spain

P

pacte, *m.,* pact, agreement, covenant
page, *f.,* page
page, *m.,* page (of king)
païen, païenne pagan
paille, *f.,* straw
Paimpol a harbor on the northern coast of Brittany
pain, *m.,* bread
  il mange son pain sec he eats his bread dry
  un pain a loaf of bread
paire, *f.,* pair
paix, *f.,* peace
palais, *m.,* palace
  le Palais-Royal famous residence in Paris, built in 1629 for Cardinal Richelieu
  Palais de Justice the Palace of Justice, an historical building in Paris, in which sit the national courts of France
pâle pale
palmier, *m.,* palm-tree
pamphlet, *m.,* pamphlet, satirical writing
Pampérigouste a ficticious name used to denote far away places
panique, *f.,* panic, scare
Panurge one of the main characters of Rabelais' *Pantagruel*
papa, *m.,* dad(dy)
papal, -e papal
Pape, *m.,* Pope
paquet, *m.,* package
par by, through, out of, on account of
  par exemple for instance
  par terre on the ground
paraître to appear; to seem, look
  il paraît it seems
parapet, *m.,* parapet; breastwork; a low wall or railing

parc, *m.,* park
parce que because
parcourir to travel through, go over
par-dessus over
  par-dessus bord overboard
  par-dessus tout above all
Pardon, *m.,* pardon (in Brittany, local procession or pilgrimage)
pardonner to pardon, forgive
pareil, pareille like; similar
parent, *m.,* relative
  mes parents my father and mother
paresseux, paresseuse lazy
parfait, -e perfect
  silence parfait dead silence
parfois sometimes, at times
parfum, *m.,* fragrance, scent
Parisien, *m.,* Parisian
parler to speak, talk
  entendre parler de to hear of
parmi among, amid
parole, *f.,* word, remark
  avoir la parole facile to be a ready speaker, to have a fluent tongue
part, *f.,* share, part, portion
  d'autre part on the other hand
  faire part de to inform
partager to divide; to share
parti, *m.,* party
  prendre parti pour to side with
particulier, particulière particular; special; private, personal
partie, *f.,* part
  en grande partie largely
  faire partie de to be a part of
partir to leave, go away
  à partir de ce jour from that day on
  à partir de l'âge de deux ans from the age of two
partisan, *m.,* upholder, supporter (of)
partout everywhere
  un peu partout almost everywhere
parvenir to arrive, reach
parvenu, *m.,* parvenu, upstart
pas not
  pas du tout not at all
pas, *m.,* step, pace, stride
  à vingt pas twenty paces away
  marquer le pas to mark time
passage, *m.,* passage
  de passage à passing through
  sur son passage on his way, as he went by
passant, *m.,* passer-by
passé, *m.,* past
passer to pass; to go by; to spend (time);

to disappear; to stick out, show; to pass away
passer son temps to spend one's time
se passer to take place, happen; to elapse, go by
Pasteur, Louis (1822-1895) great French scientist
pasteuriser to pasteurize, sterilize
paternel, paternelle paternal
patiemment patiently
patience, *f.*, patience
patient -e patient
patrie, *f.*, native country; fatherland; home
patriotique patriotic
patron, *m.*, owner, proprietor; employer; master; patron; patron saint
patte, *f.*, paw, leg, foot
Pau a French city, former capital of the province of **Béarn**
pauvre poor, needy; wretched
la pauvre vieille the poor old woman
pauvre, *m.*, poor (needy) man, beggar
les pauvres the poor
pauvreté, *f.*, poverty
pavillon, *m.*, pavillion
pavillon de chasse hunting lodge
payer to pay, pay for
se payer, to treat oneself to, to afford
pays, *m.*, country, region
le vin du pays the local wine
paysage, *m.*, landscape, scenery
paysan, *m.*, **paysanne,** *f.*, peasant, farmer
peau, *f.*, skin
pêche, *f.*, fishing
pêcher to fish
pêcheur, *m.*, fisherman
peindre to paint; to portray, describe
peint en vert painted green
peine, *f.*, difficulty
à peine hardly, scarcely, barely
avec peine with difficulty
avoir peine à to have difficulty in
donnez-vous la peine de vous asseoir please take a seat
en valoir la peine to be worth the trouble
peintre, *m.*, painter
pèlerinage, *m.*, pilgrimage
pénal, -e penal
pencher to bend; to lean; to incline
pendant during
pendant assez longtemps for quite a while
pendant que while
pendre to hang, hang up
pénétrer to penetrate, enter

pensée, *f.*, thought
être plongé dans ses pensées to be lost in one's thoughts
penser to think
penser à to think about
faire penser à to remind (one) of
pensez donc! just think of it! just imagine!
pension, *f.*, pension, allowance
perdre to lose; to miss
perdre la face to lose face
perdre la tête to lose one's head
père, *m.*, father
Le père Hugo old man Hugo
Le Saint-Père the Holy Father, the pope
période, *f.*, period; age, era
permettre to permit, allow
personnage, *m.*, personage; character; figure, prominent figure, person of rank
personnalité, *f.*, personality
personne no one, nobody
personne, *f.*, person, individual
telle personne such and such a person
peste, *f.*, plague
petit, -e small, little
faire un petit voyage to take a short trip
petit à petit little by little, gradually
petit, *m.*, little boy, little one
petit-fils, *m.*, grandson
peu little, few; not very
à peu près about, nearly
peu à peu little by little
un peu partout almost everywhere
un tout petit peu a tiny bit
une armée peu nombreuse a small army
voyons un peu just let me see
peuple, *m.*, people; nation
le peuple the multitude
peur, *f.*, fear
avoir peur to be afraid
faire peur to frighten
peut present indicative of **pouvoir**
peut-être perhaps
philosophe, *m.*, philosopher
philosophie *f.*, philosophy
philosophique philosophical
phrase, *f.*, sentence
physionomie, *f.*, appearance, aspect
physique, *f.*, physics
Picardie, *f.*, Picardy, old province in the north of France
Picasso, Pablo (1881-   ) contemporary Spanish painter

pièce — porte

pièce, *f.*, piece, coin; play
  ils coûtent mille francs pièce they cost a thousand francs apiece
  jouer des pièces (de théâtre) to perform plays
  pièce de monnaie coin
  pièce de quarante sous two-franc piece
pied, *m.*, foot; base
  de la tête aux pieds from head to foot
  donner un coup de pied à to kick
  un coup de pied a kick
pierre, *f.*, stone
pile, *f.*, pier; mole
pin, *m.*, pine (tree)
piquet, *m.*, stake, post
pirate, *m.*, pirate
pire worse
  le pire the worst
pis worse
  tant pis! so much the worse, it can't be helped!
pitié, *f.*, pity, compassion
  avoir pitié de to have pity on; to feel sorry for
pittoresque picturesque
place, *f.*, square; place
  la place du Vieux Marché The Old Market Square
placer to place; to put; to set
plaindre, (se) to complain
plaire to please, be agreeable to
  il lui plaisait she cared for him
  s'il vous plaît (if you) please
plaisance, *f.*, pleasure
plaisanter to joke
  vous plaisantez! you are joking! you don't mean it!
plaisanterie, *f.*, joke
plaisir, *m.*,
  éprouver le plaisir de vivre to experience the joy of living
  faire plaisir à to please
planche, *f.*, board, plank
plante, *f.*, plant
  Le Jardin des Plantes The Paris Botanical Gardens and Zoo
planter to plant
plat, *m.*, dish
plateau, *m.*, plateau; tray
plate-forme, *f.*, flat roof (of a house)
plâtre, *m.*, plaster
plein, -e full
  en plein air in the open (air)
  en plein midi at high noon, in broad daylight
  en pleine mer in the open sea
  en pleine réforme being thoroughly reorganized
  être plein d'attentions pour to show much attention to
pleurer to weep, cry, mourn for
pleuvoir to rain
plongé-e immersed
  plongé dans ses pensées immersed, lost, in (his) thoughts
pluie, *f.*, rain
plume, *f.*, feather; pen
plupart, *f.*, the most, the greatest (or greater) part (or number)
  la plupart du temps generally; in most cases
  pour la plupart mostly, for the most part
plus more; **le plus** most
  de plus besides, moreover
  de plus en plus more and more
  ne .. plus no more, no longer
  n'être plus que l'ombre de soi-même to be only the shadow of one's former self
  plus encore even more
  une fois de plus once more
plusieurs several
plut past definite of **plaire**
Plutarque (45?-125) Plutarch, Greek biographer
plutôt rather
poche, *f.*, pocket
poème, *m.*, poem
poésie, *f.*, poetry
poète, *m.*, poet
point (ne) not, not at all
point, *m.*, point
  à point at the right time; in time
pointe, *f.*, point, end, tip
poisson, *m.*, fish
poli, -e polite, courteous
police, *f.*, police
poliment politely
politique political
politique, *f.*, politics
pomme, *f.*, apple
  pomme de pin pine cone
pommier, *m.*, apple-tree
pompeux, pompeuse pompous, stately
pont, *m.*, bridge; deck (of ship)
populaire popular
population, *f.*, population
porche, *m.*, porch
port, *m.*, port, harbor
portail, *m.*, portal (of church)
porte, *f.*, door, gate

porte-plume, *m.,* penholder
porter to carry; to bear; to wear
  porter un nom to bear a name
  comment se porte-t-elle? how is she?
  elle se porte bien she is in good health
portrait, *m.,* portrait
  vous êtes son portrait you are his living image
poser to put, place, lay
  poser des questions to ask questions
position, *f.,* position
posséder to possess, own, have
possession, *f.,* possession
possible possible
  le plus près possible as near as possible
pot, *m.,* pot; can; jar
poulet, *m.,* chicken
pour for, to, in order to
  pour la plupart mostly
  pour que in order that
  être bon pour to be good to
pourboire, *m.,* tip
pourquoi why
  c'est pourquoi therefore
  voilà pourquoi that is why
pourrais, pourrait conditional of **pouvoir**
poursuivre to pursue, harry, chase; to continue, carry on
pourtant however, nevertheless
pousser to push, shove, thrust
  pousser quelqu'un à faire quelque chose to induce (urge) someone to do something
  pousser un cri to let out a shriek, utter a cry, scream
pouvoir, *m.,* power, influence, authority
pouvoir to be able, can, may
  ne pouvoir s'empêcher de not to be able to help (doing something)
  pouvoir s'offrir to be able to treat oneself to ..; to afford
prairie, *f.,* meadow
pratique, *f.,* practice
pré, *m.,* meadow
précéder to precede, go before
précieux, précieuse precious, valuable
précipiter to throw down, hurl down
précipiter (se) to dash forth, rush forward
préférer to prefer; to like better
premier, première first
  les premières années de . . . the beginning of
  du premier coup at once, right away
prendre to take, seize
  prendre la tête de l'armée to take command of the army
  prendre les armes to take up arms
  prendre parti pour to side with
  prendre (quelque chose) pour un chef-d'œuvre to think (something) is a masterpiece
  prendre son repas to have one's meal, take one's meal
  prendre une tasse de café to have (drink) a cup of coffee
  prendre un premier contact to become acquainted
préparation, *f.,* preparation
préparer to prepare
  se préparer to be fomenting; to get ready
  un orage se prépare a storm is brewing (is in the making)
  se préparer à to prepare for
près, près de near
  à peu près about, nearly
  de très près very closely, at close range
  le plus près possible as near as possible
  tout près (de) very close (to)
présenter to present
présenter(se) to come, appear, present oneself
presque almost
presqu'île, *f.,* peninsula
pressé, -e pressed, hurried
  être pressé to be in a hurry
presser (se) to hurry, make haste; to press, crowd, throng
prestige, *m.,* prestige; influence; reputation
prêt, -e ready, prepared
prétendre to affirm, assert, maintain
prétexte, *m.,* pretext, excuse
prêtre, *m.,* priest
préventif, préventive preventive
prier to pray; to ask, beg
  je vous (en) prie! please
  je vous prie de le croire I assure you
  se faire prier to require urging
prière, *f.,* prayer; request, entreaty
primaire, *adj.,* elementary, primary
prince, *m.,* prince
principe, *m.,* principle
printemps, *m.,* spring, springtime
  au printemps in the spring
pris past participle of **prendre**
prise, *f.,* taking, capture
prison, *f.,* jail
  mettre en prison to jail, imprison
prisonnier, *m.,* prisoner
privé, -e private
prix, *m.,* value, worth, cost; price
  à tout prix at any cost, at all cost

probablement — quelque chose

probablement probably
problème, *m.,* problem
procession, *f.,* procession
prodigieux, prodigieuse prodigious, stupendous
production, *f.,* production; product
produire to produce, bring about
  produire une impression profonde to to make a great impression
  se produire to occur, happen; to take place
professeur, *m.,* teacher; professor
profession, *f.,* profession
professorat, *m.,* professorship; teaching career
profiter de to take advantage of; to avail oneself of
  profiter d'une occasion to avail oneself of an opportunity
profond, -e deep, profound; keen, sharp
profondément deeply
programme, *m.,* program; curriculum
projet, *m.,* project, plan, scheme
promenade, *f.,* walk, stroll, ride
  en promenade while walking
  promenade en bateau boat ride
promener (se) to stroll, walk; to go for a walk (for a ride, for a drive)
promesse, *f.,* promise
  manquer à sa promesse to break one's promise
  tenir une promesse to keep a promise
promettre to promise
prononcer to pronounce; to say
  prononcer un discours to deliver (make) a speech
prophète, *m.,* prophet
propos, *m.,* purpose; subject
  à propos by the way
  à propos de with regard to, about
proposer to propose; to suggest; to recommend
proportionnellement proportionately
propre neat, clean; very, own
prose, *f.,* prose
prospérité, *f.,* prosperity
protéger to protect, shield, guard
protestant, -e Protestant
Provençal, *m.,* **(Provençaux,** *pl.*) Provençal
Provence, *f.,* old province in southern France
proverbe, *m.,* proverb
province, *f.,* province
provincial provincial
provoquer to cause, bring about
prudent, -e prudent, cautious
Prusse, *f.,* Prussia

pu past participle of **pouvoir**
public, publique public
publier to publish, bring out
puis then, next; besides
puis present indicative of **pouvoir**
puisque since, as
puissance, *f.,* power; strength
  puissance de travail capacity for working
puissant, -e powerful
puisse, puissiez present subjunctive of **pouvoir**
punir to punish
pur, -e pure
put past definite of **pouvoir**
pyramide, *f.,* pyramid
Pyrénées, *f. pl.,* chain of mountains between France and Spain

Q

qu', que
quai, *m.,* pier, quay; embankment, bank
qualité, *f.,* qualité
  gens de qualité gentlefolk, people of the nobility
quand when
quant à . . . as to, as for
  quant à moi for my part, as for me
quarantaine, *f.,* (about) forty; quarantine
  la quarantaine le roi the king's quarantine
quarante forty
quart, *m.,* quarter; fourth
quartier, *m.,* quarter; district, part (of town)
quatorze fourteen
quatorzième fourteenth
quatre four
quatre-vingts eighty
  quatre-vingt-quatre eighty-four
quatrième fourth
que which, whom, that; what
  Que ce soit fini! Stop that!
  qu'est-ce que c'est (que cela)? what is that?
  qu'est-ce qu'il y a? what is the matter?
  que faire? what was I to do?
  que je suis ravi! how delighted I am!
  qu'importe? what does it matter?
  alors que when
  Oh! que de vieux parents . . . Oh! how many old fathers and mothers . . .
quel, quelle what, which
  Quel homme? Which man?
quelque, quelques some, a few
quelque chose something, anything

quelquefois sometimes
quelqu'un somebody
  quelques-uns a few, some
querelle, *f.*, quarrel, dispute
question, *f.*, question
  poser des questions to ask questions
queue, *f.*, tail
qui who, whom, which, that
Quiberon a harbor on the southern coast of Brittany
quinzaine, *f.*, about fifteen
quinze fifteen
quinzième fifteenth
quitter to leave
quoi what
  à quoi bon? what is the use?
  de quoi dîner enough to eat, the wherewithal to have dinner
  de quoi écrire something to write with
quoique though

R

Rabelais, François (1490?-1553) French writer, satirist and humorist
race, *f.*, race
raconter to relate, tell, narrate
radieux, radieuse radiant; jubilant
rage, *f.*, rabies
raide stiff
raison, *f.*, reason
  avoir raison to be right
raisonnable reasonable
raisonner to reason; to think
ramasser to collect; to pick up
Rambouillet a city, south of Paris
rame, *f.*, oar
ramener to bring back
rameur, *m.*, rower, oarsman
rancune, *f.*, grudge, bitterness
rancunier, rancunière spiteful, vindictive
rang, *m.*, row; rank; order
ranger to arrange; to set rows; to draw up
rapidement swiftly, rapidly
rappeler to call back; to remind one of something
  se rappeler to remember
rapport, *m.*, relation, connection; friendly terms
rapporter to bring back
  rapporter des faits vrais to relate true facts
  se rapporter à to have reference to, refer to
rare rare, scarce
rarement seldom

raser to shave
rassurer to reassure, comfort, hearten
rat, *m.*, rat
ravi delighted, overjoyed
ravir to delight
  à ravir delightfully, ravishingly, becomingly
  être ravi to be delighted
réalisme, *m.*, realism
réaliste realistic
réalité, *f.*, reality
  en réalité actually
rebelle rebellious
récemment recently
réception, *f.*, reception, party, entertainment
recevoir to receive, get; to welcome
  recevoir un accueil enthousiaste to be well received
  recevoir une injure to be wronged
  être reçu à l'école to be admitted to school
  tenir à recevoir to desire to get; to be anxious to receive
recherche, *f.*, search
  faire des recherches to engage in research
récit, *m.*, narration, relation (of events)
réciter to recite
recommander to recommend, advise
recommencer to begin, start over again
récompense, *f.*, reward
  en récompense de as a reward for
recompter to count again
reconnaissance, *f.*, gratitude
reconnaître to recognize; to know, tell; to proclaim
  reconnaître pour roi to acknowledge as king
  se reconnaître to get one's bearings, collect oneself
recopier to copy over; to write a clean copy
reçu past participle of **recevoir**
refermer to shut, close again
réfléchir to reflect, consider
  sans réfléchir without thinking, hastily
réforme, *f.*, reform
refuge, *m.*, shelter
réfugié, *m.*, refugee
réfugier (se) to take refuge; to find shelter
refus, *m.*, refusal
refuser to refuse
regard, *m.*, glance
  détourner le regard to look away
  jeter un regard to give a glance

regarder — républicain   xxxviii

regarder to look at
   regarder quelque chose de près to watch, examine, something closely
   regarder quelqu'un de côté to cast a sidelong glance at someone
Régent (le): Philippe d'Orléans (1674-1723) Regent of France (1715-1723)
régime, *m.,* regime; form of government or administration; rules
   L'Ancien Régime the old regime (the system of government in France before 1789)
régiment, *m.,* regiment
région, *f.,* region, area
régler to regulate, order
règne, *m.,* reign
régner to reign, rule; to prevail, be prevalent
Régnier, Henri de (1864-1936) French writer
regretter to regret, be sorry; to miss
réhabiliter to rehabilitate; to vindicate
Reims Rheims, a city in the east of France, where in olden times, the coronation of French kings took place
reine, *f.,* queen
rejeter to reject, dismiss, refuse
rejoindre to join
réjouir (se) to rejoice; to be glad; to be delighted
relever to raise, lift again; to set someone on his feet again
   se relever to rise again; to recover from
religieux, religieuse religious
religion, *f.,* religion
remarquable remarkable, noteworthy
remarque, *f.,* remark
remarquer to remark, observe, notice
remède, *m.,* remedy
   ordonner des remèdes to prescribe remedies
remédier to remedy; to correct; to redress
remercier to thank
   remercier de to thank for
remettre to put, set back (again); to hand, hand over
   remettre en liberté to set free
   se remettre en marche to start off again
remmener to take back (people)
remonter to go up again; to go up stream; to go back to, date from
remords, *m.,* remorse
   être accablé de remords to be overcome with remorse; to be conscience-stricken
remplir to fill, fill up

remporter to carry back, to carry away
   remporter la victoire to win the victory
remuer to move, to stir
renaissance, *f.,* rebirth
   La Renaissance the Renaissance
Renan, Ernest (1823-1892) French historian and critic
rencontre, *f.,* meeting, encounter; occasion
rencontrer to meet, encounter
   se rencontrer to meet (each other)
rendez-vous, *m.,* rendezvous, appointment; place of meeting, haunt
   donner rendez-vous à to make an appointment with
   se donner rendez-vous to agree to meet
rendre to give back, return
   rendre fameux to make famous
   rendre hommage à to render, do, pay homage to
   rendre la justice to administer justice
   rendre visite to visit, pay a visit
   se rendre to surrender, give in
   se rendre à to go to
   se rendre malade to make oneself sick
renoncer (à) to renounce, give up
renseignement, *m.,* information
rentrer to come (go) in again; to re-enter; to return; to come back
renverser to overthrow; to throw down; to spill
renvoyer to dismiss, discharge; to send back; to refer
répandre (se) to spread, gain ground
réparer to repair; to rectify
repartir to set out again, start again
répartir to divide; to split up
répliquer to retort, answer back
repas, *m.,* meal
répéter to repeat
répondre to answer, reply
réponse, *f.,* answer, reply
reposer (se) to rest, take a rest
reprendre to take again; to go on; to go back again; to resume; to reply; to find fault with
   reprendre le chemin de to take the road back to
représentant, *m.,* representative
représentation, *f.,* performance (of a play)
représenter to represent, stand for; to show, depict, portray
reprit past definite of **reprendre**
reproche, *m.,* reproach
   faire des reproches to reproach
reprocher to reproach (for)
républicain, -e republican

réputation, *f.*, reputation
  acquérir une grande réputation to make a name for oneself
résidence, *f.*, residence
résider to reside, live
résistance, *f.*, resistance, opposition
résister to resist
résoudre to resolve; to solve; to decide
  se résoudre à to bring oneself to
respect, *m.*, respect, regard
respecter to respect
respirer to breathe
ressembler (à) to resemble, be like someone
ressentir to feel; to experience
reste, *m.*, rest, remainder; remains
  du reste moreover, besides
rester to remain; to be left
  il ne lui reste plus un sou he has not a cent left
  il n'en reste qu'un there is only one left
résultat, *m.*, result, outcome
résumer to sum up; to summarize
rétablir to restore, set up again
retard, *m.*, delay, slowness
retardataire, *adj.* behind time; late; backward
retenir to hold back; to keep (back)
retirer to pull out, draw out
  se retirer to retire, withdraw
retour, *m.*, return, coming back, going back
  de retour back again
retourner to return, go back
  se retourner to turn around
retrouver to find again, recover
réunir to reunite, assemble, join, connect
  se réunir to meet, gather together
réussir to succeed, be successful
  réussir à un examen to pass an examination
  bien réussir to turn out well
rêve, *m.*, dream
réveiller (se) to wake up
revendre to resell, sell again
revenir to come back, return
rêver to dream; to long for
revoir to see again, meet again
révolte, *f.*, revolt, rebellion
révolter (se) to revolt, rebel
révolution, *f.*, revolution
  La Révolution française The French revolution of 1789
révolutionnaire revolutionary
revue, *f.*, review, magazine
Rhin, *m.*, the Rhine
Rhône, *m.*, the Rhone

riant, -e cheerful, pleasant, agreeable
riche rich, wealthy
Richelieu, Cardinal de (1585-1642) Prime minister under Louis XIII of France. (Founder of the "Académie Française")
richesse, *f.*, wealth; **les richesses** riches
rideau, *m.*, curtain
ridicule ridiculous, laughable
ridicule, *m.*, ridiculous habit, ridiculous trait
rien nothing, not anything
  Rien ne sert de courir It is useless to run
  rien que nothing but, only
  cela ne fait rien it does not matter
  cela n'est rien! it is of no importance!
  ne servir à rien to be useless
rigoureux, rigoureuse rigorous, severe; hard
rire, *m.*, laughter, laughing
rire to laugh
  rire au nez de quelqu'un to laugh in someone's face
  rire de bon cœur to laugh heartily
  éclater de rire to burst out laughing
risquer to risk, venture, chance
  cela risquerait de le fatiguer that might tire him
rive, *f.*, bank (of a river)
rivière, *f.*, river, stream
roc, *m.*, rock
rocheux, rocheuse rocky, stony
Rohan, Chevalier de a French nobleman
roi, *m.*, king
  Le Grand Roi Louis XIV
rôle, *m.*, part
  jouer un rôle important to play an important part
Rollon (860?-932) a Viking, the first duke of Normandy
romain, -e Roman
Romains (les), *m.*, the Romans
roman, -e Romance, Romanic
roman, *m.*, novel
romancier, *m.*, novelist
romantique romantic
  Les romantiques the romanticists
rond, -e round
rond, *m.*, circle, ring, round
rose pink
rôti, *m.*, roast
rôtisserie, *f.*, cook-shop
rôtisseur, *m.*, cook-shop owner
Rouen former capital of Normandy
rouge red
rouler to roll

Rousseau, Jean-Jacques (1712-1778) French writer born in Geneva, Switzerland
route, *f.*, way, road
roux, rousse reddish-brown, red; red-haired
royaliste, *m.*, royalist
rudiments, *m. pl.*, the elements of knowledge
rue, *f.*, street
ruine, *f.*, ruin
Russie, *f.*, Russia
rustique rustic

S

s', se
s', si before **il** and **ils**
sa his, her, its
sache present subjunctive of **savoir**
sacré, -e holy, sacred
    Sacré-Cœur Sacred Heart of Jesus, the name of a famous church in Paris
sage wise
    un enfant sage a good child, a good boy
sagement wisely
sagesse, *f.*, wisdom
saint, -e holy, saintly; godly
saint, *m.*, saint
Saint-Bernard (1091-1153) French theologian and preacher
Sainte-Geneviève (420-512) Saint Geneviève, patron saint of Paris
Sainte-Hélène Saint Helena, British Island in the Atlantic Ocean
Saint-Louis or **Louis IX** (1215-1270) king of France (1226-1270)
Saint-Malo French seaport in northern Brittany
Saint-Michel Saint Michael
Saint-Pierre Saint Peter
saisir to seize, grasp
saison, *f.*, season
    la belle saison the summer months
sale dirty
Salis, Louis-Rodolphe (1852-1897) French humorist
salle, *f.*, room, hall
    salle à manger dining room
Salomon Solomon
salon, *m.*, drawing-room
    dans les salons in fashionable circles
saluer to salute, bow
salut, *m.*, bow; greeting; salvation
sang. *m.*, blood
sangloter to sob
sans without
    sans cesse unceasingly

santé, *f.*, health, well-being
    Comment va la santé? How are you?
satire, *f.*, satire
satirique satirical
satisfaire to satisfy, content, gratify
satisfait, -e satisfied, pleased
saut, *m.*, leap, jump
    faire un saut to take a leap; to jump
sauter to jump, leap, skip
sauvage wild
sauver to save
savant, -e learned, scholarly
savant, *m.*, scientist; scholar
savoir, *m.*, knowledge, learning
savoir to know, know how, be able
savon, *m.*, soap; cake of soap
scandinave Scandinavian
Scandinavie, *f.*, Scandinavia
scène, *f.*, scene; argument; stage
science, *f.*, science
scientifique scientific
scolaire, *adj.* scholastic
    la vie scolaire school life
    le système scolaire the system of education
sculpter to sculpture, carve
sculpteur, *m.*, sculptor
sculpture, *f.*, sculpture, carving; carved work
se himself, herself, itself, oneself, themselves; each other, one another
sec, sèche dry
second, -e second
secouer to shake
secours, *m.*, help, relief, aid
    appeler au secours to call for help
secret, secrète secret, hidden
secret, *m.*, secret
secrétaire, *m. and f.*, secretary
secrètement secretly, in secret
section, *f.*, section; branch
seigneur, *m.*, lord; nobleman
Seine, *f.*, French river which flows into the English Channel
seize, *adj.*, sixteen
seizième sixteenth
séjour, *m.*, stay, sojourn; residence, place
séjourner to stay, stop, reside
selon according to
semaine, *f.*, week
semblable similar, like
semblant, *m.*, semblance, appearance
    faire semblant to pretend
sembler to seem
sénat, *m.*, senate
sénateur, *m.*, senator
sens, *m.*, sense, judgment, intelligence

bon sens   common sense
sensible   sensitive
  elle fut sensible à ce cadeau   she appreciated that gift
sentiment, *m.,* feeling; opinion, view
sentir   to feel, be conscious of, realize; to smell
  se sentir   to feel, be felt
séparer   to separate
sept   seven
septembre, *m.,* September
Séquanais, *m. pl.,* Sequani, a tribe of ancient Gaul, which lived near the sources of the Seine river
série, *f.,* succession
sérieux, sérieuse   serious; serious-minded, grave; important
serment, *m.,* solemn oath
sermon, *m.,* sermon
serrer   to press, squeeze, clasp
servante, *f.,* servant
  elle est votre servante   she is your obedient servant
service, *m.,* service
serviette, *f.,* napkin
  serviette de classe   briefcase, portfolio
servir   to serve; to be used
  à quoi cela sert-il?   what is the good (the use) of that?
  ne servir à rien   to be useless, answer no purpose
  pour vous servir, Monsieur   at your service, Sir
  servir à   to be used for, be useful for
  se servir de   to use, make use of
serviteur, *m.,* servant
  je suis votre serviteur   I am your obedient servant
ses *plural of* **son** *and* **sa**
seul   only, sole, single; alone
  un seul peuple   a single nation, only one nation
seulement   only
sévère   severe, hard, strict
Shakespeare, William   (1564-1616) English poet and dramatist
si   if, whether; so, what if, suppose; yes (*instead of* **oui** *after a negative interrogative sentence*)
  si bien que   with the result that
  si humble que vous fussiez   however humble you might be
  si longtemps   for such a long time
  s'il vous plaît   (if you) please
siècle, *m.,* century
siège, *m.,* seat; center; chair; siege
  mettre le siège devant   to lay siege to
sien   his, hers
  les siens   his own (family)
signe, *m.,* sign
silence, *m.,* silence
  en silence   silently
  garder le silence   to keep silent
silencieux, silencieuse   silent; peaceful, calm
silhouette, *f.,* silhouette; profile
simple   simple; simple-minded, unsophisticated
simplement   simply, in a plain way; just, merely
sincère   sincere
singe, *m.,* monkey, ape
Sire, *m.,* (title of address) Sire
sirène, *f.,* siren, mermaid
site, *m.,* site
sitôt   as soon as
situation, *f.,* situation; position; condition; circumstances
  une belle situation   a fine job, a good position
situé, -e   situated, located
six   six
sixième   sixth
social, -e   social
société, *f.,* society
sœur, *f.,* sister
soi   oneself; himself, herself, itself
  rentrer chez soi   to return home
  rester chez soi   to stay home
soigner   to take care of
  soigner un malade   to nurse, tend a patient
soin, *m.,* care; **soins**   attentions, care
  avoir soin de   to take care of
soir, *m.,* evening; **le soir** in the evening
  du matin au soir   from morning till night
soixante   sixty
soixante-dix   seventy
sol, *m.,* soil, earth, ground
soldat, *m.,* soldier
soleil, *m.,* sun; sunshine
  coucher de soleil   sundown, sunset
  grand soleil   bright sunshine
  le Roi Soleil   Louis XIV
solennel, solennelle   solemn
solfège, *m.,* solfeggio; music
solide   solid, strong, sound
sombre   dark, somber, gloomy
sombrer   to founder, to go down, to sink
somme, *f.,* sum (of money)
sommeil, *m.,* sleep, slumber

sommet — surpasser

sommet, *m.*, top, summit
somptueux, somptueuse sumptuous, gorgeous, splendid
son his, her, its
son, *m.*, sound
songer to dream, to muse, to think
sonner to sound, ring
Sorbon, Robert de (1201-1274) French churchman, founder of the Sorbonne
Sorbonne, *f.*, the Sorbonne, seat of the University of Paris
sorcière, *f.*, sorceress, witch
sort, *m.*, lot; fate
sorte, *f.*, manner, way, sort, kind
  de sorte que so that
  de toute sorte of all kinds
  se conduire de la sorte to behave like that
sortie, *f.*, going out, coming out
sortir to come out, go out, leave; to take out
sot, sotte foolish, stupid
sot, *m.*, fool
sou, *m.*, sou (five centimes)
  cent sous five francs
  quarante sous two francs
souci, *m.*, care, worry
soudain suddenly, all of a sudden
souffle, *m.*, breath
  être à bout de souffle to be out of breath
souffler to blow; to blow out (a candle)
souffrance, *f.*, suffering, pain
souffrir to suffer, grieve
souhaiter to wish, desire
soulever to raise, lift
soulier *m.*, shoe
soupçonneux, -euse suspicious, distrustful
sourire, *m.*, smile
sourire to smile
  en souriant smilingly, with a smile
souris, *f.*, mouse
sous under
  sous les yeux before the eyes
  sous sa dictée from his dictation
  sous toutes ses formes in all its forms
  sous une latitude in a latitude
sous-lieutenant, *m.*, second-lieutenant
soutenir to support; to maintain, uphold
souvenir, *m.*, remembrance, memory
  avoir gardé un mauvais souvenir de to have an unpleasant recollection of
souvenir (se) de to remember, recall
souvent often
spectacle, *m.*, spectacle, play, entertainment
spirituel, spirituelle witty, humorous
splendide, *adj.*, splendid, magnificent

sport, *m.*, sports; game
sportif, -ive athletic
squelette, *m.*, skeleton
statue, *f.*, statue
stupéfait, -e amazed, astounded
stupeur, *f.*, stupor, amazement
style, *m.*, style
su past participle of **savoir**
succéder to succeed
succès, *m.*, success
sucre, *m.*, sugar
sud, *m.*, south
  sud-ouest southwest
Suédois, *m.*, Swede
Suisse, *m.*, Swiss
Suisse, *f.*, Switzerland
suite, *f.*, continuation
  à la suite de following
  tout de suite at once, immediately
suivant, -e following
suivant according to
suivre to follow
  suivre des cours to take courses
  suivre le conseil de quelqu'un to take someone's advice
sujet, *m.*, subject; topic
  à ce sujet on that subject, concerning that
  un sujet d'importance an important topic
Sully, Duc de (1560-1641) French statesman
sultan, *m.*, sultan
superbe magnificent, splendid
supérieur, -e superior, higher; aristocratic
  École normale supérieure Teachers' training college
supplier to beseech, implore
  je vous en supplie I beg of you
supporter to support, hold up, prop; endure, suffer, tolerate
  supporter mal to endure with difficulty
supprimer to suppress, put an end to; to put out
  supprimer la lumière to put out the light
suprême supreme, highest; last
sur on, upon
  sur ce ton in that tone
sûr, -e sure
  au pied sûr sure-footed
  bien sûr surely
sûrement surely, certainly
surent past definite of **savoir**
sûreté, *f.*, safety, security, safekeeping
surnom, *m.*, nickname
surnommer to call; to nickname
surpasser to surpass, exceed

surprenant, -e astonishing, strange, surprising
surprendre to surprise, catch unawares; to come unexpectedly upon
surprise, *f.,* surprise
surtout above all, especially
surveiller to watch, have an eye upon
suspendre to hang, hang up
sut past definite of **savoir**
Swift, Jonathan (1667-1745) English writer
symbole, *m.,* symbol
symbolique symbolical
symétrique symmetrical
système, *m.,* system
   système métrique metric system
   le système scolaire the system of education

T

table, *f.,* table
   la table des matières table of contents
   La Table Ronde the Round Table
tableau, *m.,* picture, painting
tabouret, *m.,* stool; foot-stool
tache, *f.,* stain, spot
tacher to stain, spot
tâcher to try, strive
taciturne taciturn, silent
tailler to cut, trim, prune
taire (se) to be silent, remain silent
   faire taire quelqu'un to silence someone, keep someone quiet
talent, *m.,* talent
tambourin, *m.,* drum; tabor
tandis que while, whereas
tant so much, so many
   tant mieux so much the better; good!
   tant pis so much the worse, it can't be helped!
   tant que as long as
tantôt presently, soon
   tantôt ... tantôt sometimes, ... sometimes, now ... now
tape, *f.,* pat, slap
tapisserie, *f.,* tapestry
tapissier, *m.,* upholsterer; interior decorator
tard late
   plus tard later
Tartuffe a comedy by Molière, the principal character of which, Tartuffe, is a sanctimonious hypocrite
tasse, *f.,* cup
taverne, *f.,* tavern, inn
technique, *adj.,* technical

tel, telle, such, like
   telle personne such and such a person
   tels qu'ils sont as they are
Tell, Guillaume a hero of Switzerland
tellement so, so much, to such a degree
témoigner to show, display
tempête, *f.,* storm
temple, *m.,* temple
temps, *m.,* time; weather
   à quelque temps de là some time after that
   au bout de quelque temps after a while
   de temps à autre now and then
   de temps en temps from time to time
   il fait mauvais (temps) the weather is bad
   pendant quelque temps for a short while
   peu de temps avant shortly before
tendre tender, loving
tendre to stretch; to hold out; to hand
   tendre la main to hold out one's hand
tendresse, *f.,* tenderness, love
tenir to hold, keep
   tenir à recevoir to desire to get; to be anxious to receive
   tenir une promesse to keep a promise
   tiens, attrape! here, take that!
   se tenir to be, remain, stand
   se tenir debout to be standing
   se tenir sur ses gardes to be on one's guard
   se tenir tranquille to keep still
tentation, *f.,* temptation
tente, *f.,* tent
terme, *m.,* term, expression
   Il en parla en termes élogieux. He spoke of it in high terms.
   il s'exprima en ces termes he spoke as follows
terminer to finish, end
   terminer ses études to finish one's education; to graduate
   se terminer to end; to come to an end
terrain, *m.,* ground, field
   terrain de jeux playground
terrasse, *f.,* terrace, pavement
terre, *f.,* earth; land; ground, soil
   coin de terre small village, plot of land
   jeter par terre to throw on the ground
   tomber par terre to fall down
Terre-neuve, *f.,* Newfoundland
la Terre Sainte the Holy Land
terreur, *f.,* terror
terrible terrible, awful, dreadful
   terriblement terribly, awfully

testament, *m.*, testament
  l'Ancien Testament   the Old Testament
  le Nouveau Testament   the New Testament
tête, *f.*, head; leadership, command
  perdre la tête   to lose one's head
  prendre la tête de l'armée   to take command of the army
  se creuser la tête   to rack one's brains
tête-à-tête, *m.*, confidential conversation
  en tête-à-tête (avec quelqu'un)   alone with someone
têtu, -e   stubborn, obstinate
texte, *m.*, text
théâtre, *m.*, theater, playhouse; stage
théologie, *f.*, theology
timide   shy, bashful
tir, *m.*, shooting-gallery
tirer   to pull; to shoot; to draw; to extract; to pull out
titre, *m.*, title; grade
toi   you, yourself
toile, *f.*, cloth, linen cloth
  toile d'araignée   cobweb
toit, *m.*, roof
  toit de chaume   thatched-roof
tolérance, *f.*, tolerance, toleration (in religious matters)
tolérer   to tolerate; to allow
tombe, *f.*, tomb, grave
tombeau, *m.*, tomb; monument (over grave or vault)
tomber   to fall
  tomber gravement malade   to become seriously ill
  tomber par terre   to fall down
  le jour tombant   nightfall, close of day
  se laisser tomber dans   to drop into
tort, *m.*, wrong
  avoir tort   to be wrong
tortue, *f.*, tortoise; turtle
toucher   to touch
toujours   always; still
  toujours est-il   the fact remains
Toulon   French port on the Mediterranean coast
Toulouse   a town in southern France
Toulouse-Lautrec   (1864-1901) French painter
tour, *m.*, turn
  à leur tour   in their turn, in turn
  faire un mauvais tour   to play a nasty trick
tour, *f.*, tower
  la Tour Eiffel   the Eiffel Tower, an iron structure in Paris, 984 feet high, built in 1889
Touraine, *f.*, old province in western France
touriste, *m.* and *f.*, tourist
tourmenter   to torment, harass, trouble
tourner   to turn, revolve
  se tourner   to turn
tournoi, *m.*, tournament, tourney
tous, toutes   plural of tout, -e
tout, toute, tous, toutes   all, any, whole
  tous les deux   both
  tous les jours   every day
  tout le monde   everyone
  toutes les fois   every time
  à tout moment   constantly
  à tout prix   at any cost, at any price
  à toute vitesse   at full speed
  avoir tout le loisir   to have plenty of time
  de toute sorte   of all kinds
  en toute liberté   freely, without restraint
tout   quite, entirely, completely
  tout à coup   suddenly
  tout à fait   quite
  tout bas   softly
  tout d'abord   at first
  tout de suite   at once
  tout en larmes   in tears
  tout en parlant   while speaking
  tout entier   entire, entirely
  tout haut   aloud
  tout près de   very close to
  il était encore tout enfant   he was still quite little
  pas du tout   not at all
  un tout petit peu   a tiny bit
tout, *m.*, all; everything
toutefois   yet, still, nevertheless, however
tradition, *f.*, tradition
traditionnel, traditionnelle   traditional
tragédie, *f.*, tragedy
trahir   to betray
train, *m.*, train; line; mouvement, pace
  être en train de ...   to be engaged in ..., to be busy doing
  mettre en train   to put in good spirits, animate
traîner   to drag, pull, haul; to linger, loiter, loaf
trait, *m.*, stroke; feature
  avoir trait à   to have reference to; to refer to
traitement, *m.*, treatment
traiter   to treat
tranquille   quiet, calm, still
  laissez-nous tranquilles   leave us alone
  se tenir tranquille   to keep still

vivre tranquille to live in peace
tranquillement quietly, peacefully
tranquillité, *f.,* tranquillity
transformer to transform, change, convert
transporter to transport, carry
travail, *m.,* **(travaux** *pl.*), work
  au travail! let us get to work!
travaillé, -e worked, wrought
travailler to work; to study; to work upon; to wear
  Ils travaillent dur. They study diligently.
travers, *m.,* breadth; fault
  à travers through, across
traverser to cross, go through, pass through
treize thirteen
treizième thirteenth
trembler to tremble, shake
  trembler de froid to shiver with cold
tremper to dip
trentaine, *f.,* (about) thirty
très very
trésor, *m.,* treasure
Trianon name of two small castles in the Park of Versailles: the *Grand Trianon* was built in 1687 by Louis XIV, the *Petit Trianon* by Louis XV in 1755.
tribu, *f.,* tribe
triomphant, -e triumphant
triomphe, *m.,* triumph
triompher to triumph
triste sad; dreary, dismal, cheerless
tristesse, *f.,* sadness
trois three
troisième third
tromper to deceive, mislead, cheat
  se tromper to be mistaken, be wrong
trône, *m.,* throne
trop too, too much, too many
trottoir, *m.,* sidewalk
trou, *m.,* hole
trouble, *m.,* confusion, disorder
  les troubles public disturbances
trouver to find, to think, deem
  aller trouver to go to see
  comment ils le trouvent how they like him, what they think of him
  ne point trouver mauvais not to disapprove
  on trouve there are
  se trouver to be, stand; to find oneself
tu you
tuer to kill, slay
  se tuer to kill oneself, get killed
  tuer d'un coup de couteau to stab to death
tuilerie, *f.,* tile-works

Les Tuileries famous gardens in Paris
Turc, *m.,* Turk
Turquie, *f.,* Turkey
type, *m.,* type
tyrannie, *f.,* tyranny

U

un, -e a, (an) one
  les uns ... les autres some ... others
  l'un des officiers one of the officers
  quelques-uns a few
uni, -e united
  Les Nations Unies The United Nations
uniforme, *m.,* uniform
union, *f.,* union
unique sole, only, single; unique, unrivalled, unparalleled
unir to unite
universel, universelle universal, worldwide
universellement universally
universitaire belonging to the university
  La cité universitaire The University town
université, *f.,* university
usage, *m.,* usage, use
usé, -e worn, worn out
usine, *f.,* factory, mill
utile useful
utiliser to use, to make of; to utilize
Utrillo, Maurice (1883-1955) contemporary French painter

V

vacances, *f. pl.,* vacation, holidays
vache, *f.,* cow
vagabond, *m.,* vagabond, vagrant
vague, *f.,* wave
vain, -e vain; conceited
  en vain in vain; vainly
vaincre to vanquish, defeat, beat
vainqueur, *m.,* victor, conqueror
vais present indicative of **aller**
vaisselle, *f.,* dishes
valeur, *f.,* value, worth
vallée, *f.,* valley
valoir to be worth
  en valoir la peine to be worth the trouble
  Il valait mieux avouer. It was better to confess.
  il vaut mieux it is better
  une promesse en vaut une autre one promise is as good as another

vanité — voilà

vanité, *f.,* vanity; conceit
varié, -e varied; varying
varier to vary; to change
vaste vast, spacious, immense
vaut, vaux, *pres. ind.* of **valoir**
vécu, past participle of **vivre**
veiller to watch
    veiller sur to take care of, look after
vendre to sell
vendredi, *m.,* Friday
vengeance, *f.,* revenge
venger (se) to have one's revenge
venir to come, arrive
    en venir aux coups to come to blows
    faire venir to send for; to summon; to bring
    venir de (+ inf.) to have just ...
    venir en aide to help
vénitien, vénitienne Venetian
vent, *m.,* wind
ventre, *m.,* belly, abdomen
Vercingétorix (about 72-46 B.C.) Chief of the Gauls
verger, *m.,* orchard
véritable real, true
vérité, *f.,* truth
Verlaine, Paul (1844-1896) French poet
verrai, verras future of **voir**
verre, *m.,* glass
vers towards; about
vers, *m.,* verse, line (of poetry)
Versailles city, 12 miles southwest of Paris
verser to shed (tears)
vert, -e green
    peint en vert painted green
vertu, *f.,* virtue
vêtement *m.,* garment; clothes
veut, veux, *pres. ind.* of **vouloir**
veuve, *f.,* widow
viande, *f.,* meat
vice, *m.,* vice
victime, *f.,* victim, sufferer
victoire, *f.,* victory
    remporter la victoire to win the victory
vie, *f.,* life; animation, liveliness
    genre de vie way of life
    la vie est chère the cost of living is high
Vienne, *f.,* a French river, tributary of the Loire
vient, viennent, *pres. ind.* of **venir**
vierge, *f.,* virgin
    La Vierge The Blessed Virgin (Mary)
vieux, vieil, vieille old
    la pauvre vieille the poor old woman
vif, vive bright, vivid; alive, living; lively, quick, keen

    de vives critiques sharp criticism
    des yeux vifs sparkling eyes
    être brûlée vive to be burned alive (*f.*)
    joie vive keen joy
vigne, *f.,* vine, vineyard
vigueur, *f.,* vigor, strength
    en vigueur in force
village, *m.,* village
ville, *f.,* town
    en ville downtown, in town
    ville natale birthplace
Villon, François (1431-about 1463) French poet
vin, *m.,* wine
Vincennes suburb of Paris
Vinci, Léonard de (1452-1519) Leonardo da Vinci, Italian painter
vingt twenty
vingt-cinq twenty-five
vingt-deux twenty-two
vingt-huit twenty-eight
vingtième twentieth
vingt-neuf twenty-nine
vingt-quatre twenty-four
vingt-sept twenty-seven
violence, *f.,* violence
violent, -e violent; fierce
violet, violette violet, purple-colored
violon, *m.,* violin; violin player
violoncelle, *m.,* cello
virgule, *f.,* comma
visage, *m.,* face
visite, *f.,* visit; (social) call
    faire une visite, rendre visite à quelqu'un to visit, call on someone
visiter to visit
vite quickly, fast
    allons vite come, make haste
vitesse, *f.,* speed
    à toute vitesse (at) full speed
vitrail, *m.,* (**vitraux,** *pl.*) stained glass window
vitre, *f.,* window-pane
vivait, imperfect of **vivre**
vivant, -e alive, living; lively
vive, feminine of **vif**
vivre to live
    éprouver le plaisir de vivre to experience the joy of living
vocabulaire *m.,* vocabulary
vocation, *f.,* vocation, inclination
vœu, *m.,* wish
voguer to sail
voici here is, here are
    nous voici here we are
voilà there is, there are

voilà deux heures que nous marchons we have been walking for two hours
voilà pourquoi that is why
voilà qu'il me les donne there he gives them to me
voir to see
  il n'y voyait pas he could not see
  Je vois bien. I realize.
  voyons un peu just let me see
voisin, -e neighboring, adjoining
voisin, *m.,* neighbor
voisine, *f.,* neighbor
voiture, *f.,* carriage, car
  aller en voiture to ride, take a ride; to be riding in a carriage
voix, *f.,* voice
  à haute voix aloud
  à mi-voix in a low voice, undertone, subdued voice
  à voix basse in a low voice
voler to steal; to fly
voleur, *m.,* thief
volonté, *f.,* will
Voltaire (pseudonym of François-Marie Arouet) (1694-1778) French philosopher and author
Vosges, *f., pl.,* mountains in northeastern France
votre your
vouloir to will, wish, want
  vouloir bien to be willing
  vouloir dire to mean
  vouloir du mal à quelqu'un to wish someone ill
  en vouloir à to bear a grudge against
  Il en voulait à son père. He was angry with his father.
  Je voudrais bien l'avoir. I wish I had it. I should like to have it.
voyage, *m.,* journey, trip
  faire un (petit) voyage to take a (short) trip
  être en voyage to be travelling
voyager to travel
voyageur, *m.,* traveler
  voyageur de commerce travelling salesman
vrai, -e true
vraiment really, truly
vue, *f.,* sight, view

W

Waterloo village in Belgium

Y

y there, in it, into it; of it, to it
  il y a très longtemps very long ago
  je n'y suis pas I am not at home
  Qu'est-ce qu'il y a? What is the matter?
yeux, plural of **œil**
Ys legendary city in Brittany, engulfed by the sea in the IVth or Vth century

Z

zodiaque, *m.,* zodiac